Beat Schaller

# Die Macht der Sprache

## 101 Werkzeuge für eine überzeugende Kommunikation

Wirtschaftsverlag Langen Müller/Herbig

3. Auflage 2002
© 1998 by Wirtschaftsverlag Langen-Müller/Herbig in
F. A. Herbig Verlagsbuchhandlung GmbH, München
Alle Rechte vorbehalten
Schutzumschlag, Gestaltung und Motiv: Atelier Bachmann, Reischach
Satz: Fotosatz Völkl, Puchheim
Druck: Jos. C. Huber KG, Dießen
Binden: Buchbinderei Oldenbourg, Heimstetten
Printed in Germany
ISBN 3-7844-7380-6

Beat Schaller

# Die Macht der Sprache

# Inhalt

## A  Die Einführung

## B  Der Werkzeugkasten mit 101 Werkzeugen

7

## C  Die Anwendung

## Anhang

# A
# Einführung

# Kommunikation mit geballter Kraft – Werkzeuge zum Fluch oder zum Segen?

Spätestens jetzt ist der Zeitpunkt gekommen, Ihnen – geschätzte Leserin, geschätzter Leser – reinen Wein einzuschenken. Warum? In »Die Macht der Sprache. 101 Werkzeuge für eine überzeugende Kommunikation« lernen Sie eine ganze Menge in hieb- und stichfester Rhetorik – nicht jedoch in Ethik. Deshalb muß ich Ihnen von allem Anfang an ein Versprechen abringen.

Bitte lesen Sie das Buch nur unter der Voraussetzung, daß Sie mit reinem Gewissen hohen ethischen Ansprüchen zu genügen vermögen. Sollten Sie an Ihrer Ethik auch nur im geringsten zweifeln, warne ich Sie dringend vor der Lektüre: Weiterlesen kann Ihre Ethik gefährden. Sollten Sie sich ethisch jedoch sattelfest und standhaft fühlen, wünsche ich Ihnen beim Erwerb der 101 sprachlichen Werkzeuge viel Vergnügen.

Technik heißt auf griechisch »techne« und bedeutet Werkzeug. Mit dem Buch haben Sie sich mehr als ein Werkzeug erworben. Erworben haben Sie sich einen Werkzeugkasten mit 101 rhetorischen Gestaltungsmitteln für Ihre Rede und Schreibe. Ich freue mich, Ihnen diesen Werkzeugkasten an die Hand geben zu dürfen.

Ein Werkzeug ist an sich weder gut noch böse. Einzig der verantwortungsvolle Umgang des Menschen entscheidet über Fluch oder Segen. Über Gebrauch und Mißbrauch – über »uso ed abuso« – entscheidet letztlich jeder einzelne. Daß die Rhetorik über einen Schrank mit Giftspritzen verfügt, wird niemand bestreiten. Sie gehören weggesperrt. Deshalb wird von ihnen ausführlich die Rede sein: zur Warnung vor unbewußtem Gebrauch und zur Entwicklung von Abwehrstoffen.

Das schlimmste Beispiel aus der Geschichte dürfen und wollen wir uns nicht ersparen. Adolf Hitler hat sich, als rhetorische Ethik im Umgang mit sprachlichen Gestaltungsmitteln wahrlich nicht hoch im Kurs stand, in seinem wirren Erguß »Mein Kampf« zur Bedeutung der Rede und der Rolle des Redners geäußert: »Die Macht aber, die die großen historischen Lawinen religiöser und

politischer Art ins Rollen brachte, war seit ewig die Zauberkraft des gesprochenen Wortes. Die breite Masse eines Volkes vor allem unterliegt immer nur der Gewalt der Rede. Alle großen Bewegungen aber sind Volksbewegungen, sind Vulkanausbrüche menschlicher Leidenschaften und seelischer Empfindungen, aufgeführt durch die grausame Göttin der Not oder durch die Brandfackel des unter die Massen geschleuderten Wortes und sind nicht limonadige Ergüsse ästhetisierender Literaten und Salonhelden.« Adolf Hitler hat die sprachlichen Werkzeuge zur Verrichtung grauenhafter Schmutzarbeit eingespannt – zum Fluch der Menschheit. Vor der geballten Kraft des Wortes warnt Heinrich Böll in »Sprache als Hort der Freiheit« eindringlich: »Worte wirken, wir wissen es, haben es am eigenen Leib erfahren. Worte können Krieg vorbereiten, ihn herbeiführen, nicht immer sind es Worte, die Frieden stiften. Das Wort, dem gewissenlosen Demagogen ausgeliefert, dem puren Taktiker, dem Opportunisten, es kann zur Todesursache für Millionen werden, die meinungsbildenden Maschinen können es ausspucken wie ein Maschinengewehr seine Geschosse ... Eine beliebig zu klassifizierende Gruppe von Mitbürgern kann durch Worte dem Verderben ausgeliefert werden. Ich brauche nur ein Wort zu nennen: Jude. Es kann morgen ein anderes sein: das Wort Atheist oder das Wort Christ oder das Wort Kommunist, das Wort Konformist oder Nonkonformist.«
Sie haben weitergelesen. Folgerichtig darf ich getrost annehmen, daß Sie hohen ethischen Ansprüchen zu genügen vermögen, daß Sie sich also dem verantwortungsvollen Umgang mit den Werkzeugen verpflichten. So gesehen steht nichts mehr im Wege, Sie in die »Elocutio«, in die wirksame Handhabung der sprachlichen Werkzeuge einzuführen. Hierfür werde ich die Werkzeuge nicht einfach im Schaufenster eines Gemischtwarenladens ausstellen. Die Werkzeuge sollen gründlich entfaltet werden, besser noch: sich selbst ausfalten – praktisch und konkret, nützlich und anregend für Ihre persönliche Rede und Schreibe.

# Die Drehzahl beschleunigt –
# Auf dem Informationskarussell

Wie einfach hatten es doch Adam und Eva im Paradies. Nur eine Senderin: Eva. Nur ein Empfänger: Adam. Nur eine Botschaft: Versuche dich am Apfel. Wie schwierig haben wir es heute: viele unterschiedliche Sender, viele unterschiedliche Empfänger, viele unterschiedliche Botschaften und viele unterschiedliche Medien. Nichts ist in unserer Welt mehr vorgezeichnet. Ob wir es wollen oder nicht: Wir tauchen immer schneller in immer andere Lebensfelder ein. Wir packen immer schneller immer andere Aufgaben an. Und wir begegnen immer schneller immer anderen Menschen. Immer schneller immer anders und andere! Ungebremst verläuft die Entwicklung auf dem Informationskarussell. Nichts spricht dafür, daß diese Entwicklung künftig zu einem Ende kommen wird. Die andauernde gegenseitige Aufschaukelung der verschiedenen Beschleunigungskräfte verheißt eher das Gegenteil. Nicht der Wandel, sondern die *Geschwindigkeit* auf dem Informationskarussell ist schwindelerregend. Wir tun gut daran, uns darauf einzustellen: uns ständig zu bewegen, uns ständig neu auszurichten, ständig neue Fähigkeiten zu entwickeln, uns damit abzufinden, daß wir nie wissen, was wir morgen wissen werden, aber in der Zuversicht, daß uns gerade dieses Nichtwissen für alles Neue offen, beweglich und lernfähig macht, wie wir es zur Bewältigung benötigen.
Zur *Bewältigung (oder »Beweltigung«)* der schwindelerregenden Geschwindigkeit brauchen wir sprachliche Werkzeuge, die der beschleunigten Drehzahl Rechnung tragen. Seien wir uns im klaren: Wir kommen mit unserer Rede nicht mehr an, wenn wir irgendwie sprechen. Und wir kommen mit unserer Schreibe nicht mehr an, wenn wir irgendwie schreiben. Wir haben nur dann eine Chance, unsere Botschaften auf dem beschleunigten Informationskarussell »rüberzubringen«, wenn wir die 101 sprachlichen Gestaltungsmittel des Werkzeugkastens konsequent in den Dienst unserer Rede und Schreibe stellen.

# Werkzeuge für Worte –
## Sprachlich gekonnt statt entnervt

Die hohe Geschwindigkeit gesellschaftlicher Beschleunigungskräfte macht die nachhaltige Vermittlung von Botschaften für alle Menschen schwierig. Viele Zeitgenossen wissen nicht mehr, wie sie es anpacken sollen, wenn sie etwas sagen oder etwas schreiben wollen. Sobald Botschaften vermittelt werden sollen, steigt heutzutage in vielen Menschen ein Schwindelgefühl auf. Tatsächlich gelingen ihnen auf dem Informationskarussell allerhöchstens noch sechs halbherzige Halbheiten in Serie:

1. Von dem, was sie mitteilen wollen, *können sie die Hälfte mitteilen.*
2. Von dem, was sie mitteilen können, *empfangen die Partner die Hälfte.*
3. Von dem, was die Partner empfangen, *bejahen sie die Hälfte.*
4. Von dem, was die Partner bejahen, *vergessen sie die Hälfte.*
5. Von dem, was die Partner nicht vergessen, *brauchen sie die Hälfte.*
6. Von dem, was die Partner brauchen, *ist die Hälfte beim Gebrauch veraltet.*

Rein rechnerisch entsprechen die sechs mal sechs Halbheiten in Serie einer mageren Ausbeute von sage und schreibe 1,56 Prozent dessen, was ursprünglich mitgeteilt werden wollte ... Diese magere Ausbeute – Formel: 6(0,5) – spricht eine deutliche Sprache. Entnervt? Also vergessen Sie es. Nein! Vergessen Sie es nicht. Vermitteln Sie weiter Botschaften – nur anders. Wie anders? Inszenieren statt nur informieren heißt die Losung: *Gekonnt* sprechen und schreiben mit dem stets griffbereiten Werkzeugkasten. *Gekonnt* mit einem Gleichgewicht in Form und Inhalt. Dann klappt's.

14

# Die gelungene Rede und Schreibe – Gleichgewicht in Form und Inhalt

Zum einen muß ich sachkundige Fachkräfte enttäuschen. Denn gerade hervorragende Fachleute sind in hohem Masse anfällig für die Schieflage ihrer Botschaften. Nur mit Gehalt, Inhalt und Substanz geht jede noch so sachkundige Fachkraft im beschleunigten Wettbewerb der Informationen sang- und klanglos unter. Der Botschaft fehlt die Gestalt, die Form und die Brillanz, um nachhaltige Durchschlagskraft zu erzeugen. Prompt droht sachkundigen Fachkräften Absturz statt Aufstieg, Ausgrenzung statt Einbindung. So merken sich sachkundige Fachleute:

*Nicht gekonnt* sind Botschaften nur mit Gehalt – jedoch ohne Gestalt.

*Nicht gekonnt* sind Botschaften nur mit Inhalt – jedoch ohne Form.

*Nicht gekonnt* sind Botschaften nur mit Substanz – jedoch ohne Brillanz.

Zum andern muß ich Dauerredner und Vielschreiber enttäuschen. Denn bei jedem noch so formvollendete Vertreter dieser Gattung verpuffen seine Kräfte wirkungslos, wenn Gehalt, Inhalt und Substanz fehlen. Auch ihnen droht Absturz statt Aufstieg, Ausgrenzung statt Einbindung. So merken sich Dauerredner und Vielschreiber:

*Nicht gekonnt* sind Botschaften nur mit Gestalt – jedoch ohne Gehalt.

*Nicht gekonnt* sind Botschaften nur mit Form – jedoch ohne Inhalt.

*Nicht gekonnt* sind Botschaften nur mit Brillanz – jedoch ohne Substanz.

*Gekonnt* sind alle Botschaften, die ein Gleichgewicht zwischen Gehalt und Gestalt, zwischen Inhalt und Form, zwischen Substanz und Brillanz halten. Das Grundgesetz für kommunikativ aktive Personen lautet: *Nicht viel, nur gekonnt.*

Letzteres haben die einen oder anderen schon hautnah in anderen Lebensbereichen erfahren: Wer viel küßt, ist noch lange kein hervorragender Liebhaber. Wer viel schießt, ist noch lange kein hervorragender Schütze. Und wer viel spricht und schreibt, ist noch lange kein hervorragender Kommunikator. Also spricht der hervorragende Kommunikator nicht viel. Auch schreibt der hervorragende Kommunikator nicht viel.

Der hervorragende Kommunikator spricht und schreibt nur gekonnt – Gehalt und Gestalt, Inhalt und Form, Substanz und Brillanz stets im Gleichgewicht haltend. Dadurch verbessern Sie die Durchschlagskraft Ihrer Schlüsselbotschaften nachhaltig.

# Nützlich und anregend – Ein Werkzeugkasten, anders als all die andern

Der vorliegende Werkzeugkasten mit sprachlichen Gestaltungsmitteln ist anders als all die anderen! Erfrischend keck und kühn, diese Behauptung, nicht wahr? Erfrischend wahr, diese Ankündigung! Vergewissern Sie sich ruhig. Dazu führe ich gerne zehn gute Gründe an:

## 1. Repertoire – anders als all die andern

Der Werkzeugkasten bietet insgesamt 101 sprachliche Gestaltungsmittel. Sie haben richtig gelesen. Sie lernen nicht zwanzig, nicht dreißig, sondern 101 erfolgserprobte rhetorische Tricks und Kniffe kennen und schätzen. Ich will Sie mit einem möglichst breiten Repertoire an rhetorischen Werkzeugen ausrüsten. – Andere Sachbücher kupfern oft die immer gleichen zwanzig bis dreißig rhetorischen Figuren ab.

16

## 2. Dynamik – anders als all die andern

»Die Macht der Sprache. 101 Werkzeuge für eine überzeugende Kommunikation« ergänzt die klassischen rhetorischen Figuren der alten Griechen und Römer mit neuen und zeitgemäßen Werkzeugen. Wir können die Welt von heute, geschweige denn die von morgen nicht einzig und allein mit den sprachlichen Darstellungsmitteln von gestern bewältigen. Ich will damit der Erkenntnis Rechnung tragen, daß wir uns in der Auswahl der sprachlichen Gestaltungsmittel entweder zeitgemäß verhalten oder aber hoffnungslos veralten. – In anderen Sachbüchern beginnt Rhetorik mit den Figuren der alten Griechen und Römer und – das ist verheerend – endet Rhetorik mit den alten Griechen und Römern.

## 3. Fundament – anders als all die andern

»Die Macht der Sprache. 101 Werkzeuge für eine überzeugende Kommunikation« baut wissenschaftlich auf einem breit abgestützten Fundament auf. Ich stütze mich auf mehrere Wissenschaftsdisziplinen – namentlich linguistische und publizistische, juristische und politologische, theologische und historische, psychologische und ökonomische, didaktische und methodische. Neue Erkenntnisse der genannten Disziplinen fließen in die Entwicklung und Fertigung der rhetorischen Werkzeuge ein. – Andere Sachbücher begnügen sich oft mit nur einer einzigen Wissenschaftsdisziplin.

## 4. Illustration – anders als all die andern

»Die Macht der Sprache. 101 Werkzeuge für eine überzeugende Kommunikation« führt fünfhundertsiebenundsiebzig gelungene rhetorische Beispiele an. Die Beispiele stammen aus unterschiedlichen Gesellschaftsfeldern. Die Zuordnung der Beispiele zu den Gestaltungsmitteln unterliegt keiner Systematisierungswut. Alle Beispiele dienen einzig der Veranschaulichung der Gestaltungsmittel. – Andere Sachbücher beschränken sich oft auf einige wenige Beispiele aus einigen wenigen Lebensbereichen.

# 5. Übung – anders als all die andern

Verbreitet ist die Annahme, zum Reden und Schreiben müsse man geboren sein. Dabei hat jeder einmal klein angefangen und mußte hart arbeiten, um seine Fertigkeit zu erlangen. Demosthenes (384–322 v. Chr.), ein Stotterer, wurde ein berühmter Rhetor trotz seiner anfänglichen Schwierigkeiten. Er machte Sprechübungen mit Kieselsteinen im Mund und sprach gegen den Lärm des Meeres an, um die Stimme zu stärken. Demosthenes beweist, daß die Handhabung rhetorischer Werkzeuge weitgehend erlernt werden kann. Aus dieser Erkenntnis heraus liefert Ihnen»Die Macht der Sprache. 101 Werkzeuge für eine überzeugende Kommunikation« insgesamt achtundsiebzig praktische Übungsprogramme mit Lösungsvorschlägen. Die Übungen sind didaktisch-methodisch aufbereitet. – Andere Sachbücher unterlassen oft die Aufbereitung von Übungsprogrammen.

# 6. Quellen – anders als all die andern

»Die Macht der Sprache. 101 Werkzeuge für eine überzeugende Kommunikation« zapft – um nur einige zu nennen – sehr unterschiedliche Quellen an: Konrad Adenauer ebenso wie American Express, Bayern München ebenso wie Ludwig van Beethoven, Cäsar ebenso wie Coca-Cola, Konfuzius ebenso wie die Korinther! Diese und andere Belegstellen scheinen auf den ersten Blick unvereinbar. Gerade damit will ich zeigen, daß der gelungene Einsatz sprachlicher Gestaltungsmittel nicht ein Vorrecht einiger weniger, sondern ein Recht aller darstellt. – Andere Sachbücher bearbeiten oft nur Quellen der sogenannten gehobenen Sprache (elaborierter Code).

# 7. Praxis – anders als all die andern

»Die Macht der Sprache. 101 Werkzeuge für eine überzeugende Kommunikation« umfaßt Gestaltungsmittel für das gesprochene und geschriebene Wort. Ich will damit zeigen, mit welchen Gestaltungsmitteln Sie in der Rede und Schreibe am wirksamsten informieren (docere), beweisen (probare), gewinnen (conciliare), erfreuen (delectare), bewegen (movere), aufstacheln (concitare). – Andere Sachbücher richten sich entweder an den redenden oder an den schreibenden Menschen.

## 8. Qualitätspflege – anders als all die andern

»Die Macht der Sprache. 101 Werkzeuge für eine überzeugende Kommunikation« ermöglicht im Anschluß an die Erarbeitung der 101 Werkzeuge eine persönliche Qualitätspflege in Form einer Lernkontrolle. Drei Reden, von Goebbels, Churchill und Kennedy, werden eingehend nach sprachlichen Gestaltungsmitteln untersucht. Einem Chirurgen gleich, kann der Leser die drei Reden mit dem Skalpell sezieren. Ich will damit zeigen, daß gute und böse Mächte mit denselben rhetorischen Figuren arbeiten. Der Leser soll verstehen, wie berühmte und wirksame Texte konstruiert, ja komponiert sind. – Andere Sachbücher schaffen keine Möglichkeit zur Qualitätspflege.

## 9. Kompaß – anders als all die andern

»Die Macht der Sprache. 101 Werkzeuge für eine überzeugende Kommunikation« ist ein nützliches Handbuch und zugleich ein leicht zugängliches Nachschlagewerk. Die 101 Gestaltungsmittel sind allesamt nach demselben Grundmuster aufgebaut: Nummer und Titel des Gestaltungsmittels, Definition (ausführliche Begriffsbestimmung), Beispiele (aus verschiedenen Anwendungsbereichen), zu vielen Werkzeugen Übungen (zur Umsetzung der Gestaltungsmittel mit Lösungsvorschlägen), Kommentar (Ratschläge zum Einsatz des Gestaltungsmittels). Mit diesem einheitlichen Grundmuster will ich erreichen, daß der Leser schnell findet, was er sucht. Als Hilfsmittel dienen außerdem ein Sach- und ein Namenregister. – Andere Sachbücher weisen eine wenig leserfreundliche Gliederung auf.

## 10. Sie – anders als all die andern

»Die Macht der Sprache. 101 Werkzeuge für eine überzeugende Kommunikation«macht aus Ihnen einen anderen Menschen. Sie werden anders sprechen. Und Sie werden anders schreiben. Ihre Rede und Schreibe wird verständlicher, abwechslungsreicher, unterhaltsamer, spannender und eindringlicher. Warum? Weil Sie Gehalt und Gestalt, Inhalt und Form, Substanz und Brillanz gekonnt im Gleichgewicht halten werden.

Oktober 1997                                    Dr. Beat Schaller
                                                Eichlistrasse 9
                                                CH-6405 Immensee

# B
# Der Werkzeugkasten
# mit 101 Werkzeugen

# Nr. 1 Die Wiederholung: Epizeuxis
## Einmal ist keinmal

## • Definition:
Epizeuxis heißen die sprachlichen Wiederholungen.

## • Beispiele:
»Sie fragen, was unser Ziel sei? Ich antworte mit einem Wort: *Sieg.*
*Sieg* um jeden Preis. *Sieg*, ungeachtet allen Terrors. *Sieg*, wie lang
und mühsam der Weg auch sein mag. Denn ohne *Sieg* gibt es kein
Überleben.« Winston Churchill, Blut-und-Tränen-Rede

»Wir haben *nein* gesagt. Wir werden *nein* sagen und wir werden
*nein* sagen, solange ein Atemzug in uns lebendig ist.«
Ernst Reuter

»Aber *wehe, wehe, wehe!* Wenn ich auf das Ende sehe.«
Wilhelm Busch

»Aber alles ist *Liebe, Liebe, Liebe.*« Clemens Brentano

»*Schaun! schaun!* Die *Post* zur *Post.*« James Joyce

»Ein *Pferd! Ein Pferd!* Mein Königreich für 'n *Pferd!*«
William Shakespeare, Richard III.

»*Menschen! – Menschen!* falsche heuchlerische Krokodilsbrut!«
Friedrich von Schiller

Philipp (wie im Traum):»Sie hat mich *nie geliebt, nie geliebt.*«
Giuseppe Verdi, Don Carlos

»Die Blätter *fallen, fallen* wie von weit.« Rainer Maria Rilke, Herbst

»Singet *leise, leise, leise.*« Clemens Brentano, Wiegenlied

»Wie man *ganz* einfach *ganz* klare Verhältnisse schafft.«

Miele, Geschirrspüler

»*caffé-caffé*«    Italienische Lobpreisung des wahren Kaffees

»Regel 1: *Laßt ihn das Auto fahren!* Regel 2: *Laßt ihn das Auto fahren!* Regel 3: Laßt ihn das Auto fahren!*«
Paragraph 120 des Volvo-Verkaufshandbuches 1936
zur Behandlung der Kunden beim
Verkauf des damals neuen Volvo PV51

Jung ist er. Und furchtlos. Der Slowene Primoz Peterka segelt an die Weltspitze und gewinnt ein Skispringen nach dem anderen. »Primoz Peterka *fliegt und fliegt und fliegt.*«
»Blick«, Schweizer Tageszeitung

»Vertraut aber nicht auf die Lügenworte: *Der Tempel Jahwes, der Tempel Jahwes, der Tempel Jahwes* ist hier.«    Jeremia 7, 4

## • Übung:

### 1. Macduff, der schottische Edelmann
Welchen Ausdruck singt Macduff, der schottische Edle, in Giuseppe Verdis »Macbeth« gleich zweimal hintereinander? Welchen Ausdruck wiederholt er, um die Kernaussage zu verdeutlichen?
»Hab mich davongemacht, versteckt,
ihr schluchzet ungehört,
ein letztes Mal nach mir.«

### 2. Der Besuch der alten Dame
Friedrich Dürrenmatt hat dem Arzt in »Der Besuch der alten Dame« einen Ausdruck zweimal in den Mund gelegt. Welchen Ausdruck wiederholt der Arzt im Originaltext, um die Aussagekraft zu erhöhen?
*Der Arzt (leise)*:»… Krankenhäuser müssen nun einmal her in Güllen, die Volksgesundheit ist auf dem Hund, ich habe geschuftet, habe eine Berufung um die andere abgelehnt, nur um den Leuthen hier zu helfen, wer käme denn sonst in dieses Nest?«

- **Lösungen:**
1. »… ein letztes Mal, ein letztes Mal…« (Akt IV, Szene 1)
2. »… ich habe geschuftet und geschuftet…«

- **Kommentar:**
Gestatten Sie eine Empfehlung. Wiederholen Sie die Schlüsselbotschaften in Ihrer Rede und Schreibe! Wiederholen Sie diese immer wieder. Und verlernen Sie schleunigst das eine, was Sie in der Schule gelernt haben. In Schulaufsätzen galten Wiederholungen als Fehler – vielleicht erinnern Sie sich noch an das große »W« am Heftrand. Jahrelang wurden wir getrimmt, gefälligst auf Wiederholungen zu verzichten. Verlernen Sie es! Vergessen Sie es! Warum? Lernpsychologisch stimmt das Gegenteil. Schreiben Sie sich hinter die Ohren: Einmal ist keinmal. Wer anderen etwas vermitteln will, muß die Kernbotschaft mehrmals wiederholen. Wer nicht wiederholt, unterliegt dem »Göschenen-Airolo-Effekt« (Botschaft zum einen Ohr hinein, zum anderen hinaus). Wiederholungen erst erhöhen die Wahrscheinlichkeit, daß Botschaften verankert werden können. Wiederholungen erst steigern den Erinnerungswert.

Wahr wird, was genügend oft wiederholt wird. Durch Wiederholung werden Behauptungen zu Beweisen. Darin liegt die Macht und zugleich die Gefahr von Wiederholungen. Unterschätzen Sie die Macht des wiederholten Wortes nicht. Schon viele sind auf sprachliche Wiederholungstäter hereingefallen, denn mit der Zahl der Wiederholungen einer Behauptung wächst die Bereitschaft bei der Hörerschaft, die Aussage als wahr anzuerkennen. Dies gilt für alle Behauptungen, die dem Hörenden nicht auf Anhieb als unwahr erscheinen. Gerüchte zählen dazu. Ein Trommelfeuer der Wiederholungen macht aus Gerüchten allmählich so etwas wie Wahrheit. Troststiftend und hilfreich zugleich, daß Gerüchte wie ein kollektiver Kaugummi wirken: Alle kauen mit, er bläst sich auf, und am Ende platzt die Blase.

# Nr. 2 Die Wortverdoppelung: Gemination
## Der Doppelschlag

- **Definition:**

Wortverdoppelung, oft (aber nicht nur) in der Form: Gesagt ist gesagt. Getan ist getan.

- **Beispiele:**

*»Versprochen ist versprochen.«*     Arnold Schwarzenegger, Filmtitel

*»Gewählt ist gewählt.«*     Politiker, der mit einer Mehrheit von nur einer Stimme gewählt wurde

*»Gewonnen ist gewonnen.«*     Sportler, der mit nur einer Hundertstelsekunde Vorsprung gewann

»Im *Herzen meines Herzens* halt' ich ihn eingeschlossen.«
     Friedrich von Schiller

»Da *knixtest* du *höflich* den *höflichsten Knix.*«
     Heinrich Heine, Buch der Lieder

»… eines *Freundes Freund* zu sein …«
     Friedrich von Schiller, An die Freude

*»Beobachten von Beobachtungen* und *Beschreiben von Beschreibungen«*     Niklas Luhmann, Erkenntnis als Konstruktion

- **Kommentar:**

Die Gemination holt gleichsam zum Doppelschlag aus. Die Wortverdoppelung verdichtet die Aussage zu einer Zwangsläufigkeit. Es gibt kein Zurück mehr. Der »point of no return« ist überschritten. An der Tatsache gibt es nichts zu rütteln. Die Wortverdoppelung eignet sich zur Verdeutlichung der Geradlinigkeit des Handelns (Polyptoton).

# Nr. 3  Die Wortwiederholung am Satzanfang: Anapher

## Am Anfang war das Wort

• **Definition:**

Die Anapher besteht in der Wiederholung eines Wortes oder mehrerer Wörter zu Beginn aufeinanderfolgender Sätze oder Satzteile.

• **Beispiele:**

»*Er sah* Unrecht *und versuchte*, es zu beseitigen. *Er sah* Leiden *und versuchte*, sie zu lindern. *Er sah* Krieg *und versuchte*, ihn zu beeinflussen.«
Edward Kennedy bei der Trauerfeier<br>für seinen ermordeten Bruder Robert

»*Keine* Regel ist so allgemein, *keine* so heilig zu halten, *keine* führt so sicher dahin, uns dauerhaft Achtung und Freundschaft zu erwerben, wie die: unverbrüchlich, auch in den geringsten Kleinigkeiten, Wort zu halten, seiner Zusage treu und stets wahrhaftig zu sein in seinen Reden.«
Adolph Freiherr von Knigge, Über den Umgang mit Menschen

Remigius zu Salvatore: »*Sag ihnen, daß du* nur unter der Folter geredet hast! *Sag ihnen, daß du* alles erfunden hast!«
Umberto Eco, Im Namen der Rose

»*Der Papa* wird's schon richten. *Der Papa* macht's schon gut.«
Peter Alexander, Schlager

»*Für* den Körper. *Für* die Sinne.«
Dessous von Triumph International

»*Mehr* Leistung, *mehr* Charakter, *mehr* Stil.«
Toyota

»*Voll*mundig. *Voll*kommen.«
Asbach Uralt

»*Sie nicken* zum Preis. *Sie nicken* zum Service. *Sie nicken* ein.«
Die Deutsche Bahn, Slogan für den Intercity Night

»*Extrem* gründlich. *Extrem* leise. *Extrem* sparsam.«    Miele

»*Entscheide* gut,
*entscheide* frei,
*entscheide* für die Volkspartei.«
Wahlwerbung für die Österreichische Volkspartei (ÖVP)

»*Ewig* stumm, *ewig* blind, *ewig* taub.«
»Sonntags-Zeitung«, kritischer Artikel über
die Rolle der Schweiz im Zweiten Weltkrieg

• **Kommentar:**
Wer ein Wort am Anfang eines (zusammengesetzten) Wortes oder
Satzes wiederholt, verdeutlicht seine Botschaft. Das immer gleiche Wort am Anfang erleichtert die Erkennbarkeit des Textes und
verleiht ihm einen gefälligen Rhythmus.

## Nr. 4 Die Wortwiederholung am Satzende: Epipher
### Ende gut, alles gut

• **Definition:**
Die Epipher besteht in der Wiederholung eines Wortes oder
mehrerer Wörter am Ende aufeinanderfolgender Sätze oder
Satzteile.

• **Beispiele:**
»Warum duften die Levkojen so viel schöner *bei der Nacht?* Warum brennen deine Lippen so viel röter *bei der Nacht?*«
Theodor Storm

28

»Welches Gesetz galt in dieser Sache? *Die Gewalt.* Wer saß zu Gericht? *Die Gewalt.* Wer vollstreckte das Urteil? *Die Gewalt!*«

Cicero

»Drei Tore braucht der Bauer zum Glück: Haus*tor*, Scheunen*tor*,
Trak*tor.*«

Kalauer, Herkunft unbekannt

»Lieber Meilen*steine* als Stolper*steine.*«

Redewendung

»Ticket *weg*, Paß *weg*, Geld *weg.* Wer holt Sie jetzt da *weg?*«

Allianz-Versicherung

## • Kommentar:

Wer ein Wort am Satz- oder Wortende wiederholt, verdeutlicht
seine Botschaft. Das immer gleiche Wort am Ende eines Wortes
oder Satzes macht den Text einprägsamer.

## Nr. 5  Die Wiederholung als Satzverknüpfung: Anadiplose
### Das Scharnier

## • Definition:

Das Wort am Ende eines Teilsatzes oder am Ende eines Satzes
wird am Anfang des nächsten wiederholt.

## • Beispiele:

»Am Anfang schuf Gott Himmel und *Erde, die Erde* aber war wüst
und leer.«

Genesis 1, 1

»Wir rühmen uns auch der *Trübsale*, dieweil wir wissen, daß *Trüb-
sal Geduld* bringt; *Geduld* aber bringt *Erfahrung; Erfahrung* aber
bringt *Hoffnung; Hoffnung* aber läßt nichts zuschanden werden.«

Martin Luthers Bibelübersetzung, Röm 5, 3–5

»... gute Ratschläge sind besser als *schöne Worte; schöne Worte* findet man *bei Hofe; bei Hofe* gibt es *Kurtisanen; Kurtisanen* gehen nach der *Mode; Mode* kommt von der *Phantasie* her; die *Phantasie* ist eine Fähigkeit der *Seele;* die *Seele* gibt uns das Leben; ... die Reichen sind nicht *arm;* die *Armen* leiden *Not; Not* kennt kein *Gesetz;* wer kein *Gesetz* kennt, ist ein unvernünftiges Tier: und infolgedessen seid Ihr des Teufels.«   Molière, Don Juan

»Mit dem Schiffe spielen *Wind und Wellen, Wind und Wellen* nicht mit seinem Herzen.«   Johann Wolfgang von Goethe

»Die alle können's nicht wissen,
Nur Eine kennt meinen Schmerz:
Sie hat ja selbst *zerrissen,*
*Zerrissen* mir das Herz.«   Heinrich Heine, Buch der Lieder

»Erdöl – das schwarze *Gold. Gold* – Sinnbild des Lebens. Erdöl – Energiequelle des *Fortschritts. Fortschritt* – Unterpfand des Glückes. Erdölindustrie – der Fleiß vieler für den Wohlstand aller.«   Esso

Vielen Eltern bereitet der Fernsehkonsum der Kinder Sorge: die Kinder zu jung, die Sendungen zu gewaltsam, die Werbung zu verführerisch. Gemeinsam gestalten ARD und ZDF ein Fernsehprogamm ausschließlich für Kinder: den »Kinderkanal« – ein Programm voll von Klassikern guter Kinderunterhaltung von Pumuckl bis Pippi Langstrumpf. ARD und ZDF wünschen als Kernbotschaft: Der Kinderkanal zielt erstens auf Kinder ab drei Jahren, kommt zweitens ohne Gewalt aus und wird drittens nicht durch Werbung unterbrochen. Der Scharnier-Slogan von ARD und ZDF lautet: »Gewalt*frei.* Werbe*frei. Frei* ab drei.

• **Kommentar:**
Häufig kommen Satzverknüpfungen in Bedingungsketten vor. Die Anadiplose flößt nicht nur eine gewisse Zwangsläufigkeit im Ablauf eines Gedankenganges ein, sie wirkt wie aus einem Guß.

# Nr. 6  Die Umrahmung: Inclusio
## Abgerundet

- **Definition:**

Die Umrahmung greift denselben Inhalt am Anfang und am Ende einer Rede oder Schreibe auf. Das Ergebnis: eine abgerundete Sache.

- **Beispiele:**

*fehlbuchung*
*irrtum*
*storno*

der kunde
wollte nur
einen tagesausflug
in den garten
der lüste

wir lieferten
aus versehen
ein unlimitiertes
abonnement
fürs paradies

*fehlbuchung*
*irrtum*
*storno*

Gedicht von Annette Kast-Riedlinger

»*Ihr* seid müßig, müßig seid *ihr*.«        Bibel, Altes Testament

»*Sittlichkeit*: den Hochstehenden Respekt erweisen, den Alten Pietät, den Jungen Liebe, den Halbwüchsigen Freundschaft, den Niedrigen Güte – das ist *Sittlichkeit*.«        Ta Tai Li, China

*»Unwissender, niederträchtiger Kerl!* … Kannst du dir denn aber nicht einbilden, daß die, welche im Kabinette hat sein dürfen, auch Erlaubnis haben werde, in der Stube zu sein? *Unwissender, niederträchtiger Kerl!«*

Gotthold Ephraim Lessing

*»Just to be close to you, girl*
Just for a moment
Just for an hour
*Just to be close to you, girl«*

Lionel Richie, Commodores

• **Übung:**
Sie erhalten aus Bertolt Brechts »Der gute Mensch von Sezuan« vier Zeilen eines fünfzeiligen Liebesgedichtes. Das Gedicht reimt sich nicht. Hingegen wählte Bertolt Brecht eine Umrahmung – eine der vier vorgegebenen Zeilen setzte er also an den Anfang und das Ende des Gedichts. Welche? Versuchen Sie nun, die Zeilen in die von Bertolt Brecht gewählte Abfolge zu bringen.
  1 Ich will nicht ausrechnen, was es kostet.
  2 Ich will nicht nachdenken, ob es gut ist.
  3 Ich will mit ihm gehen, den ich liebe.
  4 Ich will nicht wissen, ob er mich liebt.

• **Lösung**
Reihenfolge nach Bertolt Brecht: 3 – 1 – 2 – 4 – 3.

• **Kommentar:**
Erst mit einer Umrahmung runden wir einen Gedankengang ab. Letzteres kann sich ausnahmsweise auf einzelne Sätze, gelegentlich auf ganze Abschnitte und vorzugsweise auf ganze Texte beziehen.
In meiner Übungspraxis stoße ich immer wieder auf Kursteilnehmerinnen und Kursteilnehmer, die in Form und Inhalt gleichsam mit einem Feuerwerk in eine Präsentation einsteigen (Fun!). Und immer wieder stelle ich fest, daß der hervorragend gelungene Anfang einer Rede oder einer Schreibe allzu selten am Schluß nochmals aufgegriffen wird. Wer den gelungenen Anfang am Schluß nicht nochmals im Sinne einer Abrundung aufgreift, begeht eine rhetorische Unterlassungssünde. Zur Stärkung der Aus-

druckskraft in Schrift und Wort empfehle ich Ihnen wärmstens: Setzen Sie die Umrahmung ein. Greifen Sie am Schluß auf, was Sie am Anfang gesprochen oder geschrieben haben. Sie wiederholen sich bewußt, um die Vermittlung der Kernaussage abzusichern. Und vor allem runden Sie die Sache zu einem in sich stimmigen Ereignis ab.

## Nr. 7  Die Wiederholung der Umrahmung: Symploke
### In die Zange genommen

- **Definition:**
Symploke heißt die Wiederholung eines oder mehrerer Schlüsselwörter am Anfang und am Ende mehrerer Satzeinheiten.

- **Beispiele:**
»*Ich liebe Den*, dessen Seele übervoll ist, so daß er sich selber vergißt, und alle Dinge in ihm sind: so werden alle Dinge sein *Untergang*.
*Ich liebe Den*, der freien Geistes und freien Herzens ist: so ist sein Kopf nur das Eingeweide seines Herzens, sein Herz aber treibt ihn zum *Untergang*.«
Friedrich Wilhelm Nietzsche,
Also sprach Zarathustra

»*Alles* geben die Götter, die unendlichen / Ihren Lieblingen *ganz*,
*Alle* Freuden, die unendlichen, / Alle Schmerzen, die unendlichen,
*ganz*.«
Johann Wolfgang von Goethe

»*Ohne* Vision und Einsatz für unsere Ziele – *kein Rotary*
*Ohne* politische Freiheit – *kein Rotary*
*Ohne* Anerkennung der freien Meinungsäußerung – *kein Rotary*«
Robert R. Barth,
Auszug aus seinen Thesen zu Rotary

33

- **Kommentar:**

Die Schlüsselwörter rahmen eine Aussage *wiederholt* ein. Dieselben Schlagwörter, die einen Gedankengang am Anfang und am Ende umrahmen, werden mehrmals in aufeinanderfolgenden Satzeinheiten verwendet. Im Unterschied zur Inclusio (Umrahmung) werden in der Symploke (Wiederholung der Umrahmung) dieselben Anfangs- und Schlußwörter über mehrere Satzeinheiten hinweg unverändert eingesetzt.

## Nr. 8  Die Umbenennung: Synekdoche
### In den Sternen steht geschrieben

- **Definition:**

Synekdoche heißt die verkürzte Umschreibung einer Sache oder eines Menschen durch kennzeichnende Eigenschaften (Periphrase). Mit einer Synekdoche wird ein Begriff durch einen engeren oder weiteren Begriff umbenannt. Die Synekdoche vertauscht inhaltlich verwandte oder zueinander in Beziehung stehende Begriffe: Er zündete den Christbaum an (das Ganze steht für den Teil). Das Zweihundert-Seelen-Dorf (der Teil steht für das Ganze). Er trank ein Glas (das Gefäß steht für den Inhalt).

- **Beispiele:**

»Und haben wir im *Traubensaft* / Die *Gurgel* ausgebadet …«

Friedrich von Schiller, Traubensaft steht<br>für Wein, Gurgel für den Menschen

»Auch dieser *Stern* wird mehrfach die Erde umkreisen.«

Mercedes-Benz

Statt immer oder jederzeit: »Die *Tages*creme. Die *Nacht*creme.«

Nivea

»Auf in die Zukunft ... aber nicht auf *roten Socken!*«
Slogan der Christlich-Demokratischen Union CDU 1994

»Der *Kreml* und das *Weiße Haus* kamen überein ...«
»*Moskau* und *Washington* kamen überein ...«

»Scientology beschwert sich in *Brüssel* über *Bonn*.«
(statt: Europäische Union und deutsche Bundesregierung)
»Welt am Sonntag«

»Von der *Fußsohle* an bis zum *Haupt* ist nichts Heiles an dir.«
Jesaja 1, 6

»Da bewunderte ich von neuem ... die Struktur dieses *Hauptteils*
des Mannes.«
J. Cleland

»Durch die Periphrase werden vermeintlich oder wirklich unzüchtige, schmutzige, niedrige Ausdrücke vermieden. Unzüchtig, schmutzig und niedrig aber klingt, was unter dem Rang ist, der dem betreffenden Gegenstand oder der betreffenden Person zukommt.«
Quintilian

»Könnt ihr den *Kelch* trinken, den ich trinken werde?«
(statt: Könnt ihr den Inhalt des Kelches trinken ...)
Matthäus 20, 22b

»Sokrates trank den *Becher*.«
(den giftig-tödlichen Schierlingssaft aus dem Becher)

»Trinken Sie noch ein *Glas* Chianti?«
(Das Glas steht für die Flüssigkeit.)

Der Autor wird für das Werk gesetzt, das Instrument gar für die Musikerin:
»Gestern abend hörte ich *Beethoven*. Hervorragend war *die Geige*.«
(statt: Ludwig van Beethovens Konzert für Violine und Orchester D-dur op. 61 mit Anne-Sophie Mutter, Violine, und den Berliner Philharmonikern unter der Leitung von Herbert von Karajan)

35

## • Übung:

**1. Sie erhalten eine Liste mit Synekdochen, mit kennzeichnenden Eigenschaften von Sachen. Nennen Sie den ursprünglichen Begriff.**

| *Die kennzeichnende Eigenschaft (Synekdoche)* | *Der ursprüngliche Begriff (Wer oder was ist gemeint?)* |
|---|---|
| 1 Bretter, die die Welt bedeuten | _____ |
| 2 Die größte Baustelle der Welt | _____ |
| 3 Leuchtenstadt | _____ |
| 4 Pasta, Pizza, Pistolen | _____ |
| 5 Wo die Zitronen blühen | _____ |
| 6 Das Reich der Mitte | _____ |
| 7 Die Ewige Stadt | _____ |

**2. Sie erhalten eine Liste mit Synekdochen, mit kennzeichnenden Eigenschaften von Produkten und Personen aus der Geschäftswelt. Nennen Sie den ursprünglichen Begriff.**

| *Die kennzeichnende Eigenschaft (Synekdoche)* | *Der ursprüngliche Begriff (Wer oder was ist gemeint?)* |
|---|---|
| 1 Testa Rossa | _____ |
| 2 L'avvocato | _____ |
| 3 L'ingegnere | _____ |
| 4 Kleenex | _____ |
| 5 Levi's | _____ |
| 6 Polaroid | _____ |

**3. Sie erhalten eine Liste mit Begriffen aus der Welt des Sports. Wie heißt die passende Synekdoche (kennzeichnende Eigenschaft)?**

| *Der ursprüngliche Begriff (Wer oder was ist gemeint?)* | *Die kennzeichnende Eigenschaft (Synekdoche)* |
|---|---|
| 1 Der Ball | _____ |
| 2 Das Spielfeld | _____ |
| 3 Eintracht Frankfurt (launische Spielweise des Fußball-Bundesligaclubs) | _____ |

4 1. FC Kaiserslautern
  (Stadion)                      —————————————————
5 Juventus Turin
  (Traditionsverein des
  italienischen Fußballs)        —————————————————
6 Eishockeyclub Lugano
  (spielt in schwarzweißen
  Dresses)                       —————————————————

• **Lösungsvorschläge**

**1.** 1 Theater
  2 Berlin
  3 Luzern
  4 Italien
  5 Italien
  6 China
  7 Rom

**2.** 1 Ferrari
  2 Fiat-Chef Gianni »commendatore« Agnelli
  3 Olivetti-Boß Carlo De Benedetti
  4 Jedes Trockentuch beliebiger Marke
  5 Jede Jeans beliebiger Marke
  6 Jede Sofortbildkamera beliebiger Marke

**3.** 1 Das Leder
  2 Der Rasen
  3 Die Diva
  4 Betzenberg
  5 La vecchia Signora
  6 I bianco-neri

• **Kommentar:**
Die heimlichen Markenführer erzeugen mit Synekdochen eine
hervorragende Wirkung. Kleenex, Levi's, Polaroid gelten als
Inbegriff für alle Trockentücher, für alle Jeans oder alle So-
fortbildkameras. Ein Teil steht also für das Ganze (»pars pro
toto«).

Das Gegenteil von »pars pro toto« heißt »totum pro parte« (das Ganze steht für den Teil). In Esra 4, 18 schreibt der persische König: »Das Schriftstück, das ihr uns zugesandt (uns statt mir), ist deutlich vorgelesen worden.« Der persische König setzt das Ganze (uns) für den Teil (mir).

Bei der Emphase – dem »totum pro parte« ähnlich – wird eine genauere Bezeichnung durch eine weniger genaue mit größerem Bedeutungsumfang ersetzt, um durch sprachliche Ungenauigkeit etwas zu verhüllen: »Er ist ein Mann« für »standhaft, stark«. Oder: »Chefs sind auch nur Menschen« für »nicht ohne Fehler«.

## Nr. 9 Die Bedeutungsübertragung: Metonymie
## Lob des Reizes – Lob der Verführung

• **Definition:**
Metonymie heißt Wortbedeutungsübertragung durch Reizworte. Durch Einflechtung eines ausgewählten Reizwortes werden bestimmte Gedankenverknüpfungen erzeugt. Reizworte stellen Gedankenverknüpfungen (Assoziationen) her.

• **Beispiele:**
Mit Reizworten wie »*Glut*«, »*Tastenhengst*«, »*Judas*« oder »*Schotte*« erzeugen wir so verschiedene Gedankenverknüpfungen wie »Liebe«, »Pianist«, »Verräter« oder »Geizkragen«. »*Sizilianisch*« benehmen sich tatsächlich und selbst auch vermeintlich gehörnte Männer, wenn sie die Eifersucht übermannt.

»Wenn ich den Armen etwas zu essen gebe, nennt man mich einen *Heiligen*. Aber wenn ich frage, warum die Armen nichts zu essen haben, nennt man mich einen *Unruhestifter*.«

Dom Helder Câmara

Rating-Agenturen machen sich die Beurteilung der Zahlungs(un)-fähigkeit von Schuldnern zur Aufgabe:»Rating-Agenturen als *Polizisten* am Kapitalmarkt.« »Neue Zürcher Zeitung«

»Für Männer: Überzeugen ist *unfruchtbar.*«
Walter Benjamin, Einbahnstraße

Jörg Haider brachte am 8. Juni 1994 im ORF als Argument gegen den EU-Beitritt:»Erdbeerjoghurt, das nie Früchte, sondern nur *Schildläuse* gesehen hat«, und drohte dem Volke Österreichs, daß nun»*Läuse, Schlangen und anderes Viehzeug* in seinem Essen sind«.

»Damit aus Ihren Kunden *Liebhaber* werden ...«
Maestrani, Schokoladen

• **Übung:**

**1. Freiheitskämpfer oder Rebell?**
Studenten wehren sich auf Pekings Tiananmen-Platz gegen das chinesische Regime. Journalist A bezeichnet die Studenten als»*Freiheitskämpfer«.* Journalist B bezeichnet die Studenten als»*Rebellen«.* Welche unterschiedlichen Gedanken rufen die Journalisten A und B hervor?

**2. Demonstrant oder Chaot?**
Auf einer Großkundgebung – es kommt zu Ausschreitungen zwischen Teilnehmern der Großkundgebung und den Ordnungshütern – vor dem Bundeshaus in Bern treten Landwirte für die Anliegen des Bauernstandes ein. Journalist X bezeichnet die Landwirte als»*Demonstranten«.* Journalist Y bezeichnet die Landwirte als»*Chaoten«.* Welche unterschiedlichen Gedanken rufen die Journalisten X und Y hervor?

• **Lösungen**

**1.** Journalist A erzeugt mit»Freiheitskämpfer« die Gedankenverknüpfung»Einsatz zugunsten einer gerechten Sache«. Journalist B erzeugt mit»Rebell« die Gedankenverknüpfung»Auflehnung gegen die Obrigkeit«.

**2.** Journalist X erzeugt mit »Demonstrant« die Gedankenverknüpfung »legal, gerechtfertigt«. Journalist Y erzeugt mit »Chaot« die Gedankenverknüpfung »illegal, ungerechtfertigt«.

- **Kommentar:**
Vorsicht: Die Wahl eines Reizwortes (Rebell oder Freiheitskämpfer, Chaot oder Demonstrant) sagt etwas über die Werthaltung des Sprechenden oder Schreibenden aus.

## Nr. 10 Der Vergleich: Allegorie
## Haut – pfirsichzart

- **Definition:**
Vorgänge – so abstrakt und theoretisch sie auch sind – werden mit Lebewesen, mit Gegenständen oder mit anderen Situationen verglichen.

- **Beispiele:**
»Jede Hausfrau kann *besser rechnen als* der Finanzminister.«

Wahlwerbung für Erhard Busek von der<br>Österreichischen Volkspartei gegen<br>Bundesfinanzminister Hannes Androsch

»Eine Haut *wie Samt und Seide.*«

Christian Dior

Über sechsundachtzig Prozent der Einzelteile einer Kodak Fun Einfilmkamera können wiederverwendet werden.
»*Wie die Katzen* haben auch die Kodak Fun Kameras sieben Leben!«

Kodak

»Das Volk muß für sein Gesetz kämpfen gleich *wie für seine Ringmauern.*«

Heraklit von Ephesus, 6. Jahrhundert v. Chr.

*»Peter Glotz* ist nicht *Kurt Schumacher!«*   Heiner Geissler

Britanniens ewiger Thronfolger schwingt immer wieder lustvoll, locker und lässig über die Skipisten in Klosters (Grau-
bünden):
»Prinz Charles locker *wie der Pulverschnee«,* »Seine Verfolger
schüttelt er ab *wie das alte Jahr mit den bitteren Scheidungstagen
von Diana.«*      »Blick«, Schweizer Tageszeitung

»Warum also ist die VW-Form so zeitlos? Weil sie vernünftig ist.
Und praktisch. Und so verblüffend einfach. *Wie das Ei des Kolumbus.«*       Volkswagen

Die United Colours of Benetton arbeiten ohne Pflichtenhefte.
Denn der Chef ist überzeugt: »Una stretta di mano vale più di una
firma.« (»Ein Handschlag gilt mehr als eine Unterschrift.«)
      Luciano Benetton

»Wir treten zögernd in den Schlaf ein *wie in eine Höhle ...«*
      Ernst Jünger, Afrikanische Spiele

## • Übung:

Der Geschmack des Weines wird auf der Zunge und im Mund
beurteilt. In der Mundhöhle sind die Geschmacksknospen an verschiedenen Stellen auf wall-, pilz- oder blattförmige Papillen verteilt. Ein erwachsener Mensch hat noch ungefähr zweitausend
Geschmacksknospen im Mund. Nur vier Grundempfindungen
können wir unterscheiden: bitter, salzig, sauer und süß, alle übrigen Empfindungen sind Verbindungen aus diesen. Die Zungen-
spitze reagiert auf süß und weich, die Seitenzonen auf sauer und
salzig, und der Zungengrund hinten empfindet bitter, herb, rauh,
tannin.
Die subjektiven Eindrücke und Worte, um einen Wein zu beschreiben, sind so vielfältig wie die Weine selbst. Die Fach-
sprache des Degustators weist viele bildhafte *Vergleiche* auf.
Testen Sie sich: Inwiefern kennen Sie das Vokabular des Wein-
freundes?

| Der Degustator sagt: | Der bildhafte Vergleich bedeutet: |
|---|---|
| 1 »Der Wein hat einen *Apfel*geruch.« | _____ |
| 2 »Der Wein hat einen *Essig*ton.« | _____ |
| 3 »Der Wein ist *blumig*.« | _____ |
| 4 »Der Wein ist *körperreich*.« | _____ |
| 5 »Der Wein ist *nervig*.« | _____ |
| 6 »Der Wein hat *Tränen, Kirchenfenster*.« | _____ |

• **Lösungsvorschläge**

1 Der Vergleich mit dem Apfel läßt auf einen frischen, rohen, unreifen, jungen Wein schließen.

2 Dieser Vergleich läßt auf einen Wein schließen, der scharf in die Nase sticht und aggressiv im Gaumen ist.

3 Der Vergleich mit Blumen läßt auf einen wohlriechenden Wein mit frischem Aroma oder gutem Geschmack schließen.

4 Dieser Vergleich läßt auf einen extraktreichen Wein mit viel Alkohol schließen. Er füllt den Mund.

5 Dieser Vergleich läßt auf einen kräftigen und feinen Wein schließen, der eine gute Konstitution für die Lagerung aufweist.

6 Der Vergleich mit Kirchenfenstern und Tränen läßt auf einen alkoholreichen Wein schließen (Tropfen, die nach dem Schwenken am Glas runterlaufen).

• **Kommentar:**

Bildhafte Vergleiche können der Veranschaulichung dienen. Solche Bilder bleiben in den Köpfen der Zuhörerschaft haften.

Ein Vergleich ist mit dem Gleichnis wesensverwandt. Ein Gleichnis gilt als erweiterter und fortgesetzter Vergleich zur näheren Veranschaulichung eines Sachverhaltes.

## Nr. 11 Die Ähnlichkeit von Verhältnissen: Analogie
### Macht der Großvater die hundert Meter in zehn Sekunden?

• **Definition:**
Analogie bedeutet Entsprechung, Ähnlichkeit oder gar Gleichheit von Größenverhältnissen zwischen Menschen und/oder Gegenständen.

• **Beispiele:**
Emily Kempin-Spyri hieß die erste Juristin im deutschsprachigen Raum. Die Beschaffenheit der Frau – so verkündete ihr der Vater – sei ganz auf Empfangen und Gebären ausgerichtet, eigne sich also mitnichten für den öffentlichen Dienst. Die junge Emily dachte in einer Analogie:»Meine *Mutter* hat mich aus ihrem *Leib* entlassen, ... aber der *Vater* hat mich noch nicht aus seinem *Kopf* geboren.«
Eveline Hasler, Die Wachsflügelfrau

»Der *Stein* leidet geduldig den bildenden *Meißel*, und die *Saiten*, die der Tonkünstler anschlägt, antworten ihm, ohne seinem *Finger* zu widerstreben. Der *Gesetzgeber* allein bearbeitet einen selbsttätigen widerstrebenden Stoff – die menschliche *Freiheit*!«
Friedrich von Schiller

»Ich glaube, daß ein *Christenmensch* für die *Kirche* das ist, was ein *guter Bürger* für die *Stadt*.«
Huldrych Zwingli

»Eigenartig, daß wir für ein *Auto* mehr von den *Steuern* abziehen können als für ein *Kind*.«
»Beobachter«, Schweizer Zeitschrift

»Der Unterschied zwischen dem *richtigen Wort* und dem *beinah richtigen Wort* ist der gleiche wie der zwischen dem *Blitz* und dem *Glühwürmchen*.«
Mark Twain

43

Der alte und zugleich neue Porsche 911 Turbo ist seit über dreißig Jahren mit einem kaum veränderten Chassis ausgerüstet:»E' come se mio nonno facesse i 100 m in 10".« (»Das ist, wie wenn mein Großvater die 100 Meter in 10 Sekunden machen würde.«)

»Auto oggi«, italienische Fachzeitschrift

»Wenn der *Spiegel* ein *Nachrichtenmagazin* ist, dann ist der *Playboy* ein *Mitteilungsblatt des Heiligen Stuhls*.«          Heiner Geissler

Lothar Matthäus, Fußballprofi beim FC Bayern München:»Daß ich die *Dinge mit einer Überlegung weniger* als andere sage, das weiß jeder.«
Kommentar der Zeitung »Die Zeit«:»So spricht nur einer, der auch den *Ball mit einer Drehung weniger* an den Mann bringt.«

Sie wollen mir – einem neugierigen Laien in atomarer Physik – die Größenverhältnisse zwischen einem Atomkern und einem Elektron darlegen? Dann tun Sie gut daran, mir diesen abstrakten Sachverhalt mit einer Analogie zu erläutern:»*Atomkern* und *Elektron* verhalten sich zueinander wie ein *Fußball* auf der Quaibrücke in Zürich zu einem *Tennisball* in Rapperswil am oberen Zürichsee.« Der neugierige Laie dankt es Ihnen herzlich.

Eine Novelle erzählt die Geschichte des Holländers Hauke Haien, der seine ganze Lebenskraft dem Dammbau verschrieb. Nur soviel ist sicher: Hauke Haien ging mit Frau und Kind in der Flut unter. Der Flut trotzte und trotzt auch hundert Jahre später der Hauke-Haien-Deich:
»Der Dank ... ist ... ausgeblieben; denn so ist es, Herr: dem *Sokrates* gaben sie ein *Gift* zu trinken, und unsern Herrn *Christus* schlugen sie an das *Kreuz!* Das geht in den letzten Zeiten nicht mehr so leicht; aber – einen Gewaltsmenschen oder einen bösen stiernackigen Pfaffen zum Heiligen, oder einen tüchtigen Kerl wie *Hauke Haien*, nur weil er uns um Kopfeslänge überwachsen war, zum *Spuk und Nachtgespenst* zu machen – das geht noch alle Tage.«          Theodor Storm, Der Schimmelreiter

## • Übung:

Nur etwa zweihundertfünf der heute bekannten zweitausend Nuklide – Kerne gleicher Zusammensetzung – sind stabil. Die anderen haben die Eigenschaft, sich ohne Einfluß von außen umzuwandeln, zu zerfallen. Solche Nuklide sind nicht stabil, sondern radioaktiv. Man nennt sie Radionuklide. Radionuklide kommen in der Natur vor, können aber auch künstlich erzeugt werden.

| Radionuklide | Halbwertzeiten |
|---|---|
| Radon-222: | 3,8 Tage |
| Strontium-90 | 28 Jahre |
| Jod-131: | 8 Tage |
| Cäsium-134 | 2 Jahre |

Der Zeitpunkt des Zerfalls kann für einen einzelnen radioaktiven Kern nicht vorausgesagt werden. Hingegen kennt man die Zeit, nach der jeweils die Hälfte einer großen Zahl vorhandener radioaktiver Kerne zerfallen ist: Dies ist die (physikalische) Halbwertzeit. Die Halbwertzeit ist für jedes Radionuklid charakteristisch und reicht von Bruchteilen einer Sekunde bis zu Jahrmilliarden.

Eine Analogie besteht zwischen den Halbwertzeiten von Radionukliden und den Halbwertzeiten unseres Wissens. Immer kürzer werden die Halbwertzeiten unseres Wissens. Der schulische Rucksack der Erstausbildung reicht mitnichten aus, um im beschleunigten Wandel der beruflichen Anforderungen zu bestehen.

Gesetzt den Fall, Sie sind ein erfahrener Physikprofessor. Sie wollen jungen Naturwissenschaftlern klarmachen, wie schnell das Wissen »frisch von der Hochschule« überholt ist. Wie formulieren Sie?

## • Lösung

»Die Radionuklide unterliegen Halbwertzeiten ebenso wie unser Wissen in Physik. Als ich mein Studium in Physik vor mittlerweile fünfunddreißig Jahren abgeschlossen hatte, galten Halbwertzeiten – greifen wir zur Analogie mit den Radionukliden – in der Größenordnung von Strontium-90. Heute gilt für das Wissen in Physik die Halbwertzeit von Cäsium-134.«

- **Kommentar:**
Vergleiche zwischen Größenverhältnissen dienen der Veranschaulichung. Analogien gelten als hervorragende Verständlichmacher – sofern sie zielgruppengerecht (Strontium-90 und Cäsium-134 für Physikerinnen und Physiker) eingesetzt werden. Analogien allerdings, die befremden und gleichsam an den Haaren herbeigezogen wirken, stoßen ab. Beispiel: Ein Floh springt zweiunddreißig Zentimeter weit und zwanzig Zentimeter hoch. Auf unsere Größe umgerechnet, müßten wir Menschen Sprünge von zweihundertzehn Meter Länge und hundertfünfunddreißig Meter Höhe machen können. Das wären Sprünge über unsere höchsten Münstertürme.

## Nr. 12  Das Sprachbild: Metapher
### Die Königsfigur?

- **Definition:**
Eine Metapher besteht in der bildhaften Übertragung eines sprachlichen Ausdrucks. Bestimmte Personen oder bestimmte Sachverhalte werden bildlich dargestellt. In der Rhetorik gilt die Metapher als *Königs*figur (die geneigte Leserschaft beachte die Verwendung der Königsmetapher zur Würdigung der Metapher).

- **Beispiele:**
»Unerfindlich bleibt, wem es eigentlich nützt, *mit Elefantenbeinen auf Terrain zu trampeln, wo selbst Engel nur auf Zehenspitzen zu tapsen wagen.*«                    Theo Sommer,»Die Zeit«

In seinem Gleichnis vom törichten und vom klugen Menschen setzt Matthäus eine Metapher ein. Ersterer baut sein Haus auf einem Felsen, letzterer auf Sand.
*»Darum wer diese meine Rede hört und tut sie, den vergleiche ich*

*einem klugen Manne, der sein Haus auf den Felsen baute.* Da nun ein Platzregen fiel und die Wasser kamen und wehten die Winde und stießen an das Haus, fiel es doch nicht; denn es war auf den Felsen gegründet. *Und wer diese meine Rede hört und tut sie nicht, der ist einem törichten Manne gleich, der sein Haus auf den Sand baute.* Da nun ein Platzregen fiel und die Wasser kamen und wehten die Winde und stießen an das Haus, da fiel es und tat einen großen Fall.«
Matthäus 7, 24–27

»Ich mag diese Kneipe, weil die Stimmung familiär ist und alle vertraut miteinander sind. *Außerdem kannst du für einen oder zwei Kirsch fliegen, ohne daß du Flügel hast.*«
Nagib Machfus, Die Kneipe<br>»Zur Schwarzen Katze«

Mercedes-Benz kündigt die kompakte A-Klasse mit einer Sandwich-Metapher an:
»Wo ist bei einem Auto von nur 3,6 m Länge noch Platz für die lebenswichtige Knautschzone? Ganz einfach: unterm Boden. Das Prinzip heißt *Sandwich*konzept und sorgt dafür, daß sich der Motor bei einer Kollision unter den Fahrzeugboden schiebt. Und dort kann er Ihnen auch nicht weh tun.«
Mercedes-Benz

»Mit Verlaub: Es hat mir die *Schuhe* ausgezogen. Ich habe immerhin den Trost, daß man mich als *Fahnenträger* der Bewegung bezeichnet.«
Udo Jürgens, Schlagersänger

»Ihre Stimme ist *voller Geld*.«
Schilderung der reichen Daisy in F. Scott Fitzgeralds<br>Roman »Der große Gatsby«
Natürlich hätte Fitzgerald schreiben können:»Alles deutet darauf hin, daß Daisy sehr reich ist«, aber seine Ausdruckskraft geht weiter. Fitzgerald legt dem Titelhelden zur Beschreibung von Daisy eine reizende Metapher in den Mund:»Ihre Stimme ist voller Geld. Das war es. Ich hatte es bis dahin nie begriffen. Die Stimme war voller Geld – das war der unergründliche Charme in ihrem Steigen und Fallen, das metallische Klingeln darin, der Zimbel-Klang …«

- **Übung:**

**1. Suchen Sie eine Metapher, die den Sachverhalt trifft.**

1 Politiker sollten mehr miteinander statt gegeneinander handeln.

_____

2 Ein Neuling mischt sich vorwitzig in alles ein.

_____

3 Jemand ist verliebt.

_____

**2. Nennen Sie für jeden sprachlichen Ausdruck eine Metapher (mit Farben).**

| *Der sprachliche Ausdruck* | *Die Metapher (mit Farben)* |
|---|---|
| 1 Die Feuersbrunst | Der rote Hahn |
| 2 Der letzte Rang | _____ |
| 3 Der Außenseiter | _____ |
| 4 Die Kapitulation | _____ |
| 5 Das reine Gewissen | _____ |
| 6 Der Lawinentod | _____ |
| 7 Irland | _____ |
| 8 Der Adel | _____ |
| 9 PTT | _____ |
| 10 IBM | _____ |

- **Lösungsvorschläge**

**1.** 1 Brücken schlagen / aus dem Schneckenhaus herauskommen / Gräben zuschütten
2 Noch Eierschalen am Hintern haben / die Nase zuvorderst haben / noch grün hinter den Ohren sein.
3 Schmetterlinge im Bauch spüren / von Amors Pfeilen getroffen sein, usw.

**2.** 1 Der rote Hahn
2 Rote Laterne
3 Schwarzes Schaf
4 Weiße Fahne
5 Weiße Weste

48

6 Weißer Tod
7 Grüne Insel
8 Blaues Blut
9 Gelber Riese
10 Blauer Riese

## • Kommentar:

Die Metapher ist wohl eines der wirksamsten Mittel, um den Bedeutungsraum zu weiten. Menschen lieben Bilder: Ein Bild sagt mehr als tausend Worte! Packende Bilder bleiben in Erinnerung – zahlreiche Merktechniken beruhen darauf. Mit der Metapher befinden Sie sich immer auf einer Art Gratwanderung. Ist sie zu »leicht«, wird sie nicht mehr wahrgenommen, ist sie zu »schwer«, nicht mehr verstanden. Wählen Sie stets gefällige Bilder. Das Bild muß nicht dem Sender, sondern dem Empfänger gefallen. Oder in einem Sprachbild: Der Köder muß dem Fisch schmecken, nicht dem Angler. Ein Bildbruch liegt vor, wenn zwei nicht zusammengehörende Bilder in einem Gedanken vermengt werden. Die Gefahr des Bildbruchs ist zu bannen:»Das ist ein zweischneidiges Schwert, bei dem der Schuß nach hinten losgeht.« –»Der Zahn der Zeit, der schon manche Träne getrocknet hat, wird auch über diese Wunde Gras wachsen lassen.« Furchtbar, furchtbar, furchtbar. Ein Bildbruch kann die Aufmerksamkeit steigern, birgt aber die Gefahr der Lächerlichkeit in sich.

# Nr. 13  Die Erweiterung des Sprachbildes: Annexion
## Die wundersame Vermehrung

## • Definition:

Einem bildhaften Ausdruck wird ein nicht übertragener Ausdruck hinzugefügt. Etwas Gemeintes wird durch eine ausführlichere Beschreibung erläutert.

49

## • Beispiele:

»Der Panzer *der Gerechtigkeit,* der Schild *des Glaubens,* der Helm *des Heils*, das Schwert *des Geistes*.«    Epheser 6, 14ff.

»Mit unserem Glauben werden wir fähig sein, aus dem Berg *der Verzweiflung* einen Stein *der Hoffnung* zu hauen.«

Martin Luther King

## • Kommentar:

Die Erweiterung des Sprachbildes dient der ausführlicheren und oft auch wertenden Beschreibung.

# Nr. 14 Die Erzählung: Narratio
# Nichts als die halbe Wahrheit

## • Definition:

Zwar überschneidet sich die Erzählung oft mit den übrigen epischen Gattungen der Literatur. Dabei ist eines gewiß: Die Erzählung ist kürzer und weniger verdichtet in Handlung und Idee als der Roman. Einen Roman müssen Sie hier nicht schreiben. Darüber dürften Sie kaum unglücklich sein.

Zum Glück gibt es die kurzen, treffenden und oft witzigen Erzählungen zur Charakterisierung von wirklichen und erfundenen Geschehnissen. Als Stoff eignen sich alle Begebenheiten, deren Gepräge im kleinen oder größeren Zusammenhang den charakteristischen Zug einer Person, einer Situation oder Epoche, eines Metiers oder Milieus treffend hervorheben. Eine Erzählung in Form einer Anekdote wartet mit einer überraschenden Pointe auf. In dieser Pointe steckt ein Körnchen Lebenswahrheit. Ein erzählter Aphorismus entspricht nie voll und ganz der Wahrheit, entweder ist er eine halbe Wahrheit, oder aber die Wahrheit ist halb.

- **Beispiele:**

*Nicht immer macht Reichtum glücklich.* Zuweilen ziehen reiche Leute gar wenig Glück aus ihrem Einkommen: Der alte John Davison Rockefeller verdiente in der Woche mehr als eine Million US-Dollar, konnte aber für sein Essen nur gerade fünf US-Dollar ausgeben, denn er war krank und durfte nur Gemüsebrei und Kartoffelpüree essen ...

*Vertrauen ist gut, Kontrolle ist besser.* Danach lebte auch Henry Ford. Er traute den Banken nie so richtig über den Weg. In seiner Hausbank ging er eines Tages an einen Schalter und hob einhundertfünfzigtausend US-Dollar ab. Er zählte sie in aller Ruhe nach, ging an einen anderen Schalter und zahlte sie wieder ein. Gefragt, was er denn damit bezwecke, antwortete er, er habe nur sehen wollen, ob alles seine Richtigkeit habe.

*Zukunftsweisende Entwicklungen sind vorzugsweise frühzeitig zu erkennen.* Richard Joshua Reynolds – der Mann, mit dem alles anfing. Reynolds spürte früher als andere, daß der Trend immer stärker vom Kautabak in Richtung Zigarette wies. Seine Idee war es, eine Zigarette auf den Markt zu bringen, die in immer gleichbleibender Mischung und Qualität den Geschmack einer ganzen Nation und später der ganzen Welt treffen sollte. Man schrieb das Jahr 1913 – und es war die Camel. Kam die Rede auf den Jungunternehmer, hieß es in Winston bald: Richard Joshua Reynolds kann weiter nach vorne sehen als die meisten Leute nach hinten. Mit Erfolg. Denn nicht nur Märchen, auch Erfolgsgeschichten werden wahr. 1995 stammten vier der zehn meistverkauften Zigarettenmarken in den USA aus dem Hause R. J. Reynolds Tobacco.

*Glück in Form von Geldgewinn verleitet zum Leichtsinn.* »Ein bettelarmer Algerier namens Mustafa hatte sich in Paris ein Lotterielos gekauft, auf das er seine letzte Hoffnung setzte. Er ließ sich die Ziehungsliste von einem Schriftgelehrten vorlesen, da er weder lesen noch schreiben konnte, und wurde vor Freude halb wahnsinnig, als sich herausstellte, daß er eine halbe Million gewonnen hat. Ein Kaufmann lieh ihm Geld, damit er sich einen anständigen

Anzug kaufen konnte. Um zu zeigen, daß es nun mit der Armut zu Ende sei, zündete er seine alten Lumpen an und vollführte um dieses Feuer einen Freudentanz. Erst als die Lumpen verbrannt waren, fiel ihm ein, daß er das Lotterielos in der Tasche seiner alten Hose gelassen hatte. Nun weiß er nicht, wovon er den neuen Anzug bezahlen soll.«                                    Heinrich Bausinger

*Erstens kommt es anders. Und zweitens als man denkt.* Kolumbus plante, den Seeweg nach Indien zu finden. Es kam anders. Er entdeckte Amerika. Aber immerhin ist er in See gestochen.

• **Übung:**
**Erbärmliches Machwerk oder kunstvoller Bau?**
*Sage mir, wer vor dir steht, und ich sage dir, wie du sprichst.* Ganz offensichtlich schlagen sich Machtverhältnisse in sprachlichen Äußerungen nieder. Zur Erläuterung dieser Erfahrung dient die ganz und gar fabelhafte Erzählung »Berechnung« von Rudolf Kirsten. Ordnen Sie die Sätze dieser Fabel in der richtigen Reihenfolge.

1 »Welch erbärmliches Machwerk!«
2 Als er aber erfuhr, der kleine Zaunkönig habe es erbaut, lachte er höhnisch und rief:
3 Ein Eichelhäher fand auf seinen Streifzügen ein kunstvolles Nestchen:
4 Als ihm gesagt wurde, das sei das Nest des Adlers, rief er voll Bewunderung: »Welch ein kunstvoller Bau!«
5 Ein andermal gewahrte er auf einer Felsplatte einen Haufen zusammengeworfenen Gestrüpps mit Heu und Federn in der Mitte.

• **Lösung**
Richtige Reihenfolge der Sätze: 3 – 2 – 1 – 5 – 4

• **Kommentar:**
Die Erzählung dient der Verdeutlichung wichtiger Botschaften und der Charakterisierung von Personen und Situationen (Locus communis). Die Erzählung macht Ihre Rede und Schreibe lebendiger.

# Nr. 15  Das Beispiel: Konkretisierung
## Wie nur sage ich es meinem Kinde?

• **Definition:**

Die Konkretisierung verdeutlicht einen abstrakten (gedanklich verallgemeinerten) Sachverhalt durch ein treffendes Beispiel.

• **Beispiele:**

Ein Oberbegriff wird in mehrere beispielhafte Unterbegriffe zerlegt:

»Sie werden sagen: in welch begrenzter Welt mußte sich der junge Mensch heranbilden! Zwischen einem *Kolonialwarengeschäft*, einer *Bäckerei* und einer *Gemüsehandlung* mußte er sein Rüstzeug fürs spätere, mannhafte Leben zusammenlesen.«

Günter Grass, Die Blechtrommel

Der Lehrer Habrecht nimmt Abschied von seinem Schüler Pavel. Zum Schluß will der Lehrer seinem Zögling eine letzte Lebensregel mit auf den weiteren Lebensweg geben.

*Lehrer Habrecht:* »Meine letzten Worte, lieber Pavel, merk sie dir! Präg sie dir ins Hirn, in die Seele. Gib acht: Wir leben in einer vorzugsweise lehrreichen Zeit. Nie ist den Menschen deutlicher gepredigt worden: Seid selbstlos, wenn aus keinem edleren, so doch aus Selbsterhaltungstrieb … Aber ich sehe, das ist dir wieder zu hoch – *anders also!* In früheren Zeiten konnte einer ruhig vor seinem vollen Teller sitzen und sich's schmecken lassen, ohne sich darum zu kümmern, daß der Teller seines Nachbars leer war. Das geht jetzt nicht mehr, außer bei den geistig völlig Blinden. Allen übrigen wird der leere Teller des Nachbars den Appetit verderben – den Braven aus Rechtsgefühl, den Feigen aus Angst … Darum sorge dafür, wenn du deinen Teller füllst, daß es in deiner Nachbarschaft so wenig leere Teller als möglich gibt. Begreifst du?«

*Pavel:* »Ich glaube, ja.«

Marie von Ebner-Eschenbach, Das Gemeindekind

## • Testlauf statt Übung:

In»101 Werkzeuge …« arbeite ich von Figur zu Figur mit Bei-
spielen. Statt einer Übung bitte ich Sie zu testen: Verwende ich im
vorliegenden Buch gelungene Beispiele? Konkretisieren die ge-
wählten Beispiele den abstrakten»Terminus technicus« (Fachbe-
griff) treffend? Testen Sie stichprobenartig. Steigen Sie zum Beispiel mit»Chronologie« (Vorannahme, Nr. 89) ein.

## • Kommentar:

Oft kommt eine Verständigung durch ein geeignetes Beispiel zustande. Die exemplarische Konkretisierung abstrakter Sachverhalte stellt den Fall einer Übertragung auf eine andere Sprach-
und Vorstellungsebene dar – Schritt für Schritt, in bildhaft-an-
schaulicher Sprache, bis der Hörer am Ende sagen kann:
»Ich begreife.«

# Nr. 16  Die Veranschaulichung: Evidentia
## Augenzeugen gesucht

## • Definition:

Evidentia heißt Veranschaulichung durch die Vorführung eines
Gegenstandes oder die Vorstellung einer Person. Die Veranschaulichung vermittelt selbst Details möglichst echt, möglichst wirk-
lichkeitsgerecht, im Format eins zu eins also. Die Veranschaulichung läßt die Wirklichkeit so krude und unmittelbar wie möglich
auf den Empfänger einwirken.

## • Beispiele:

»Als ich am Tatort ankam, lag Gefängnisaufseher Kautsky auf
einer Bahre, er atmete noch (jedoch der herbeigerufene Arzt erkannte, daß keine Hilfe mehr möglich sei) … Aus den Fenstern
der Wohnungen, in denen Christbäume brannten, schauten er-
schreckte Menschen. Der Neubau war von Hunderten Neugieri-

54

gen umstellt – Kommissare, Schutzleute und Polizeihunde suchten alle Gerüste ab, alle Aufzüge, alle Ziegel- und Bretterhaufen ...«

Egon Erwin Kisch, Stille Nacht, heilige Nacht

»Nicht eine Sekunde vom Arbeitslohn geht verloren, Tag und Nacht rollt das Band, an das Menschen geflochten sind. Ein Griff nach der Kette, Auflegen der Schraubenmutter, ein Griff nach der Kette, Einstecken der Schraube, ein Griff nach der Kette, zwei Hammerschläge, ein Griff nach der Kette, Ansetzen des autogenen Bohrers, Funken stieben, ein Griff nach der Kette, Befestigung der Bleilamelle, Paraffinpappe, eine Hülse, ein Bündel Kerzen, eine Kurbelwelle, und immer dazwischen ein Griff nach der Kette, Handbewegung und Ergebnis, Körperhaltung und Einsatz, Mensch und Maschine, immerfort gleich. Die Motoren, fertig, rattern an Probeständen.«

Egon Erwin Kisch, Meister der klassischen Reportage, schildert die Fließbandarbeit in seiner Reportage »Bei Ford in Detroit«

In Kriegswirren ist es für die Gegner bedeutsam, den Standort der IKRK-Delegierten einwandfrei zu erkennen. So steht im Genfer Rotkreuzabkommen geschrieben:»Eine deutlich erkennbare und übereinstimmende Fahne soll bei den Feldlazaretten, den Verbandsplätzen und Depots aufgesteckt werden. *Die Fahne ... soll ein rotes Kreuz auf weißem Grund tragen.*«

Internationales Komitee des Roten Kreuzes IKRK

»Es ist leicht für uns, von Gott zu sprechen nach einem guten Frühstück und vor einem noch besseren Mittagessen; aber wie soll ich den Millionen Menschen, die täglich auf zwei Mahlzeiten verzichten müssen, von Gott sprechen? Für sie kann sich Gott nur in Form von *Brot und Butter* offenbaren.«    Mahâtma Gandhi

In Ödön von Horváths Schauspiel »Zur schönen Aussicht« sprechen Max und Strasser aus Anlaß von Christines erstem Auftritt über die Frau, über die Frau als Lustobjekt.

»Max leise:        Es ist ein Frauenzimmer hier, das dich sprechen will.
Strasser ebenso:  Mich? Wie sieht es denn aus?

| | |
|---|---|
| Max: | Geschmacksache. |
| Strasser grinst: | Dünn? Dick? Lang? Kurz? Stämmig? |
| Max: | Ich weiß nicht, was du darunter verstehst. |
| Strasser: | *So laß mal sehen.*« |

Es ist Strasser, der auf einer»Gegenüberstellung« und damit auf einer Veranschaulichung besteht.

Der faschistische Diktator Mussolini empfängt die Presse. Ernest Hemingway berichtet als Journalist:»Jedermann kam. Wir drängten in den Raum. Mussolini saß an seinem Schreibtisch und las ein Buch. Sein Gesicht zeigte die bekannte einschüchternde Pose ›Marke Diktator‹. Da er selber ein alter Zeitungsmann ist, wußte er, wie viele Leser von den Berichten der anwesenden Journalisten über die Pressekonferenz, die er jetzt geben wollte, erreicht werden würden. Er blieb versunken in sein Buch. Er sah schon die Schlagzeilen der zweitausend Zeitungen vor sich, für die die zweihundert Korrespondenten schrieben. ›Als wir den Raum betraten, sah der Diktator der Schwarzhemden nicht von dem Buch auf, in dem er gerade las. Seine Fähigkeit, sich zu konzentrieren, ist so stark, daß ...‹ und so weiter. *Ich ging auf Zehenspitzen um ihn herum, um zu sehen, welches Buch ihn so leidenschaftlich interessiere. Es war ein französisch-englisches Wörterbuch, und er hielt es verkehrt herum.*«
Ernst Hemingway, Mussolini: Der größte Bluffer Europas

Christoph Müller, Dozent für Wirtschaftskriminalistik an der Universität St. Gallen, spricht über»Korruption und unternehmerische Ethik«. Wie nur erkennt man Wirtschaftskriminelle? Es seien umgängliche, gesellschaftlich angepaßte Leute, definierte Müller das Profil. Um dies zu verdeutlichen, forderte er die Gäste auf:»*Schauen Sie bloß Ihren Nachbarn an.*« Unter den Gästen, die erst leicht verdutzt, dann schmunzelnd um sich schauten: Führungskräfte aus der Wirtschaft.

Der Rabbi fragte seine Schüler:»Wann wird die Nacht zum Tage?« Darauf antwortete einer seiner Schüler:»Vielleicht, wenn man einen Hund von einem Schaf unterscheiden kann?«»Nein«, antwortete der Rabbi. Da meinte ein anderer Schüler:»Vielleicht, wenn man einen Dackel von einem großen Baum unterscheiden kann?«»Nein«, antwortete der Rabbi. Da bedrängten ihn seine Schüler:»Sag uns doch, wann wird denn die Nacht zum Tage?« Darauf antwortete der Rabbi:»*Wenn du in das Gesicht eines Menschen blickst und dabei entdeckst, daß er dein Bruder ist!*«

Aus der jüdischen Überlieferung

Was das Auge wahrnimmt, scheint wahr und wichtig zu sein:»Wenn einer einen Tintenklecks auf dem Kinn hat und damit ernste Sachen redet, dann färbt die Tinte auf das Ernste ab, und alle seine Argumente werden lächerlich. So kindisch sind wir Menschen.«

Kurt Tucholsky, Sprache ist eine Waffe

## • Übung:

### 1. Opferbereitschaft
Wie erhöht ein Abt die Opferbereitschaft der Pilgerschar, um sein Kloster renovieren zu können? Für den Unterhalt und Betrieb eines jeden Klosters ist Geld unabdingbar. Die Renovierung der kunstvollen Bauten verursacht hohe Kosten. Gesetzt den Fall: Sie sind Abt, stehen also einem Kloster vor. Was machen Sie, um die Opferbereitschaft der Pilgerschar zu erhöhen? Was unternehmen Sie, um der Pilgerschar eine milde Gabe zu entlocken? Womit *veranschaulicht* der Abt den Renovierungsbedarf des Klosters, um den Zufluß an Spendengeldern zu erhöhen?

### 2. Eine heimliche Geliebte?
Die besten Geschichten schreibt das Leben. Folgende wahre Geschichte stammt aus einem Ferienort in den Bergen:
»Der bereits etwas betagte und vor allem etwas sehr betuchte Hotelier G. aus M. hielt sich gerüchteweise eine Geliebte – die junge und hübsche Gouvernante seiner Kinder –, munkelte im Dorf jung und alt. Nur sicher war sich die Gemeinde nicht. Denn in der Öffentlichkeit sah sie nie jemand zusammen. Und auch im Hotel gingen sie auf Distanz. Je schwieriger sich nun die Beweisführung gestaltete, desto neugieriger wurde die Dorfgemeinschaft und desto hartnäckiger hielt sich das Gerücht, die Gouvernante sei die Geliebte des Gastwirts ...«

Was hat die Dorfgemeinschaft unternommen, um ein für allemal zu *veranschaulichen*, daß die Gouvernante tatsächlich die Geliebte des Hoteliers G. aus M. ist? Wie lautet die Fortsetzung der Geschichte?

- **Lösungsvorschläge**

**1.** Vor dem Kloster läßt der Abt einen Baukran aufstellen, in der Klosterkirche ein Gerüst errichten. Kran und Gerüst veranschaulichen glaubwürdig, daß das Kloster Geld braucht und einsetzt, um die kunstvollen Bauten zu erhalten.

**2.** »Eines Nachts traf sich die neugierige Schar aus dem Dorf vor dem Hotel. Sie schrien gemeinsam: ›Hilfe, Feuer! Es brennt, Hilfe!‹ Augenblicklich öffnete der Hotelier G. aus M. das Fenster seines Schlafgemachs. Und schon schaute die Gouvernante über seine Schulter ebenfalls zum Fenster hinaus. Es brannte nicht. Nur wußte jetzt die neugierige Schar Bescheid.«

- **Kommentar:**

Ein Augenschein verhilft nicht nur zu einer einleuchtenden Erkenntnis, er steigert die Glaubwürdigkeit der Botschaft.

# Nr. 17  Die Meßbarkeit: Indikator
## Dein Glaube sei Zahl und Ziffer

- **Definition:**

Aussagen sollen – wann immer sinnvoll und möglich – meßbar sein. Die Meßbarkeit von Aussagen macht eine Botschaft vertrauenswürdiger.

- **Beispiele:**

Manager entscheiden, entscheiden, entscheiden. Percy Barnevik liebt kein Wischiwaschi. Er legt seine Trefferquote klipp und klar auf den Tisch:

58

»Wenn ich *zehn* Entscheidungen schnell fällen muß, sind *drei* falsch. Aber auf die *sieben* richtigen kann ich nicht verzichten.«

Percy Barnevik, ABB

Der Bauch wölbt sich. Und die Taille schwindet. Doch Top-Model Natalie Bachmann fühlt sich schöner denn je. Selbstbewußt zeigt das schwangere Model auch im sechsten Monat mal legere, mal figurbetonte Mode für alle Gelegenheiten. »98 Zentimeter, und täglich wächst das Glück.«

»Maxi«, Zeitschrift

»Hugo Boss ist ein *junges Unternehmen*. Nicht nur, weil die Mitarbeiter im Durchschnitt *35 Jahre* alt sind, sondern weil sie nicht an den Dogmen der Bequemlichkeit festhalten. Sie werden schon früh mit verantwortungsvollen Aufgaben betraut, müssen sich international bewähren.«

Hugo Boss, Jahresbericht 1995

»Bereits nach *8 Tagen* wirkt Ihre Haut sichtbar jünger.«

Lancôme, Paris

»*30 Prozent* des Jahresumsatzes werden bei 3M mit Produkten gemacht, die jünger sind als *vier* Jahre.«   3M

»Our strength is in our numbers: *19 %* growth in earnings per share, *27 %* increase in annual dividend rate.«

Philip Morris, Jahresbericht 1994

»Um dies auch gleich hier klarzustellen: mit dem Ergebnis, mit der Popularität der Aktiendirektanlage und der Aktienanlage an sich, bin ich nicht zufrieden. Auch wenn 1996 nach einer Studie des Mannheimer Institutes für praxisorientierte Sozialforschung *ipos* bereits rund 7,5 Mio. Deutsche oder *12,5 Prozent der Wahlberechtigten (also eine andere Meßgröße) Aktien besitzen (die Bundesbank sagt immer noch 5,5 Prozent der Haushalte)* und fast jeder zweite Befragte sich Aktien gegenüber aufgeschlossen zeigte, auch wenn zwei Drittel der Befragten der klaren Ansicht waren, mit Aktien ließen sich hohe Gewinne erzielen, so gilt doch: Wir müssen noch viel tun.«   Heinz-Jörg Platzek, Dresdner Bank

- **Kommentar:**
Beharren Sie auf der Anwendung – meßbarer – objektiver Kriterien. Oft umkämpft ist die Frage nach der Wahl und Ausgestaltung der Meßgrößen: Mit welchen Meßgrößen sollen Leistungen und Sachverhalte gemessen werden?

## Nr. 18 Die Rangreihenfolge: Plazierung
### Gold Medal, Médaille d'or, Goldmedaille

- **Definition:**
Die Rangreihenfolge zeigt die Zuordnung an einen bestimmten Platz aufgrund bestimmter Gesichtspunkte.

- **Beispiele:**
»*Nr. 1* – Jagertee-Punsch ist der meistgetrunkene Seelenwärmer in der Schweiz und in Österreich.«  Freihof, Jagertee-Punsch

»Vor einigen Wochen fand ich beim Blättern im amerikanischen ›Fortune Magazine‹ eine Aufstellung der *500* größten Industriefirmen der USA. Wir haben die 1993er Zahlen der SMH in diese Liste übertragen, um die Gewichtung und den Stellenwert unseres Konzerns in den USA abzuschätzen. Die *Plazierung* war für mich unerwartet interessant, denn nach dieser Liste vom April 1994 entdecken wir folgende *Rangierung*: Im Umsatz würden wir zwischen Position *220* und *230* liegen, im Gewinn (in US-Dollars ausgedrückt) zwischen Position *67* und *70*, d. h. nur etwa *70* amerikanische Firmen haben nach Steuern mehr Gewinn in US-Dollars erwirtschaftet als die SMH. Betrachten wir den Gewinn in Prozenten vom Umsatz, so liegt die SMH auf Position *19–21*. Im Prozentsatz auf die Gesamtaktiven liegt sie zwischen Position *21* und *23*, in Prozenten des Eigenkapitals auf Position *42* bis *44* und im Marktwert zwischen Position *100* und *120*.«  Nicolas G. Hayek, SMH

Das Gestaltungsmittel der Plazierung dient Nicolas G. Hayek als eine Meßlatte, ein Maßstab und eine Motivation für all jene Mitarbeiterinnen und Mitarbeiter, die sich Tag und Nacht für das Unternehmen einsetzen.

»Tot ist tot, das gilt für Jude und Christ, *verzeih die Reihenfolge, Kommissar.* Für einen Toten gibt es keine Papiere, das mußt du zugeben, und keine Grenzen.«                                     Max Frisch, Andorra

• **Kommentar:**
Rangierungen und Plazierungen ermöglichen eine ebenso verständliche wie einprägsame Darstellung von Sachverhalten. Nehmen wir es sportlich, denn mit Rangierungen und Plazierungen – sie sind von Kindesbeinen an beliebt – wird ein regelrechter Volkssport betrieben. Warum? Geht es um Rangierungen, kann jeder mitreden, weiß in einer sonst eher orientierungslosen Zeit jeder, was zu machen ist, um in der Rangierung ein paar Plätze nach vorn zu rücken.

## Nr. 19  Die Rechenkunst: Arithmetik
$$1 + 1 = 3 \text{ und } 2 \times 2 = 5?$$

• **Definition:**
Zum Einmaleins der Rhetorik gehört die Rechenkunst.

• **Beispiele:**
»Steuerreform + Rentenreform = mehr Arbeitsplätze.«         CDU

»Intellectual Capital = Human Capital + Structural Capital«
Skandia

Die starre Gesetzmäßigkeit der Rechenkunst steht im Widerspruch zur Willenskraft des Menschen:

»Ach, meine Herrschaften, was kann es denn da noch für einen eigenen Willen geben, … wenn nur noch Zweimal-zwei-gleich-vier im Gange ist? *Zweimal-zwei wird ja auch ohne meinen Willen vier sein.* Sieht denn eigener Wille etwa so aus?«

Fjodor Dostojewski, Aufzeichnungen aus dem Untergrund

## • Übung:

Prozentrechnen tun viele als kinderleichte Milchbüchleinrechnung ab. Dabei setzt sich oftmals unbewußt Fallen aus, wer – und wer muß schon nicht? – mit Prozenten rechnet.

### 1. Hohn statt Lohn

Abteilungsleiter Rechbühler führt ein Einstellungsgespräch mit Frau Merkens:
Neununddreißig Wochenstunden entsprechen einer vollen Anstellung. Frau Merkens will in Teilzeit arbeiten: Sechsundzwanzig Wochenstunden – ein Zweidrittel-Pensum also – werden vereinbart. Abteilungsleiter Rechbühler macht in mathematischer Exaktheit und schlägt logischerweise seinem Chef Hundertwasser vor, Frau Merkens mit sechsundsechzig Prozent des vollen Gehalts zu entlohnen. Rechbühler jedoch macht die Rechnung ohne seinen Vorgesetzten Hundertwasser, der Zehnerreihen über alles liebt und außerdem die Sparanstrengungen seines Vorgesetzten Tausendwasser vollauf unterstützt: »Frau Merkens beginnt mit sechsundzwanzig Wochenstunden und sechzig Prozent des vollen Gehalts. Ende der Durchsage.«
Rechbühler – selbstverständlich trotz aller Peinlichkeit der Loyalität verpflichtet – teilt Frau Merkens mit:»Sie verdienen nicht sechsundsechzig, sondern sechzig Prozent des vollen Gehaltes, gegenüber unserer Besprechung als *sechs Prozent weniger.*« Für Rechbühler stimmt die Rechnung. Stimmt diese Rechnung auch für die Teilzeitangestellte Merkens? Wo liegt für Frau Merkens der Hund begraben?

### 2. Rabatt

Der Konditor Sahne rechnet der Lehrtochter vor:»Für eine kleine Schwarzwälder Torte will ich zehn Mark behalten können. Also schlage ich zuerst zehn Prozent drauf, damit ich dann im Laden einen Rabatt von zehn Prozent gewähren kann.«

Und schon tappt er in die Falle, wäre da nicht seine Lehrtochter, die glücklicherweise in der Berufsschule aufgepaßt hat:»Sie wollen zuerst zehn Prozent auf die zehn Mark aufschlagen. Das macht elf Mark. Und dann wollen Sie im Laden auf die elf Mark einen Rabatt von zehn Prozent gewähren. Zehn Prozent von elf Mark sind eine Mark und zehn Pfennige. Ziehen Sie die eine Mark und die zehn Pfennige von den elf Mark ab, erhalten Sie neun Mark neunzig. Sie können also nicht mehr zehn Mark, sondern nur noch neun Mark neunzig behalten.«

Erstaunt notiert sich Konditor Sahne die Rechnung der Lehrtochter:

$$10,- \text{DM} + 10 \text{ Prozent} = 11,- \text{DM}$$
$$11,- \text{DM} - 10 \text{ Prozent} = 9,90 \text{ DM}$$

»Richtig«, anerkennt der Lehrmeister die Rechnung der Auszubildenden,»die Lösung stimmt. Mit neun Mark neunzig würde ich ja meine Gewinnmarge beschneiden. Wie muß ich nun rechnen, wenn ich nichtsdestotrotz zehn Mark für mich behalten will?«Wie nun erhält Konditor Sahne den Verkaufspreis, wenn er mit zehn Prozent Rabatt immer noch zehn Mark für sich behalten will?

**3. MwSt. inkl.**
Sie zahlen an der Kasse einen Betrag von fünzig Schweizer Franken. Auf dem Kassabon steht: Mehrwertsteuer 6,2 Prozent inklusive. Wie hoch ist der Anteil der Mehrwertsteuer in Schweizer Franken?

**4. Verrechnet?**
Sie arbeiten in einer Firma, die neue Arbeitsplätze schafft. Die Anzahl der neuen Arbeitsplätze wächst um drei Prozent im Jahre 1995, um viereinhalb Prozent im Jahre 1996 und um ein halbes Prozent im Jahre 1997.

1 Wie hoch ist die Gesamtwachstumsrate G der neugeschaffenen Arbeitsplätze 1995 bis 1997 in Prozenten (gesamtes Wachstum)?

2 Wie hoch ist das Durchschnittswachstum D im Verlauf der drei Jahre 1995, 1996, 1997 (jährliches Wachstum)?

• **Lösungen**

**1.** Abteilungsleiter Rechbühler bezieht die sechs Prozent auf das Gehalt einer Vollzeitanstellung. Ergo stimmt die Rechnung für Rechbühler. Für Frau Merkens stimmt die Rechnung nicht. Sie rechnet:»Sechs weniger auf eine Summe von sechsundsechzig, das heißt eine Lohnverringerung von neun Prozent!« Merken Sie es sich bitte. Prozentrechnen ist anfällig für Machenschaften. Die Streitfrage lautet: Prozent ist der hundertste Teil wovon? Für Rechbühler von einer Vollzeitanstellung, für Frau Merkens von einer Zweidrittelanstellung. Und schon ist es mit der exakten Wissenschaft dahin.

**2.** Der Verkaufspreis muß 11,11 DM sein, wenn der Konditor zehn Prozent Rabatt gewähren und zehn Mark für sich behalten will (zehn Mark entsprechen neunzig Prozent des gesuchten Betrages). Formel: $x = 10,00 \div 0,90 = 11,11$ Mark.

**3.** Die Formel zur Berechnung des Mehrwertsteueranteils lautet:
$x = 50 \div 1,062 = 47,08$ Schweizer Franken
$x = 50 - 47,08$
$x = 2,92$ Schweizer Franken
Der Mehrwertsteueranteil beträgt 2,92 Schweizer Franken.

**4.** 1 Gesamtwachstum $G = (1,03)\,(1,045)\,(1,005) - 1$
$= 1,0817318 - 1 \approx 1,082 - 1$
$\approx 0,082$
$\Rightarrow + 8,2$ Prozent
Die Gesamtwachstumsrate 1995 bis 1997 beträgt 8,2 Prozent.
2 Durchschnittswachstum $D = \sqrt[n]{1 + G} - 1$
$= \sqrt[3]{1 + 0,082} - 1$
$= 1,0266 - 1$
$= 0,0266$
$\Rightarrow 2,66$ Prozent
Die jährliche Durchschnittswachstumsrate beträgt 2,66 Prozent.

• **Kommentar:**
Im alltäglichen Umgang mit Zahlen unterliegen wir noch und noch der »Illusion der Präzision« – der Hochstapelei mit Zahlen. Wenn wir in einer uns fremden Ortschaft fragen: »Wo bitte geht es zur Post?« und einer sagt: »Ungefähr drei Kilometer geradeaus, dann links«, ein anderer aber: »2,4 Kilometer geradeaus, dann rechts«, wem glauben wir? Gehen wir an der kritischen Kreuzung nach links oder nach rechts? Die meisten gehen nach rechts. Deshalb, weil wir genauen Zahlen eher vertrauen als groben Schätzungen.

## Nr. 20 Der Gegensatz: Antithese
## Ziehen Sie Gegensätze an?

• **Definition:**
Zu bestimmten Sachverhalten werden Gegensätze gekoppelt
(These und Antithese). Zum Beispiel: Sein – Schein, Wort – Tat,
Tag – Nacht, Himmel – Hölle, Freund – Feind, Licht – Schatten.
Die Gegenüberstellung derart einprägsamer Gegensätze erleich-
tert die Darstellung schwieriger Sachverhalte ungemein.

• **Beispiele:**
»Es macht ein *bitteres* Herz *süß*,
ein *trauriges froh*,
ein *armes reich*,
ein *törichtes weise*,
ein *verzagtes kühn*,
ein *schwaches stark*,
ein *blindes sehend*,
ein *kaltes brennend*.
Es zieht den *großen* Gott in ein *kleines* Herz.«

Mechtild von Magdeburg

Folgendes Bibelzitat zeigt den meisterhaften Umgang mit Ge-
gensätzen:
»3, 1: Alles hat seine Stunde, und eine Zeit für jedes Vorhaben unter dem Himmel:
3, 2: Eine Zeit fürs *Geborenwerden*, und eine Zeit fürs *Sterben*; eine Zeit fürs *Pflanzen*, und eine Zeit, das *Gepflanzte auszureißen*.
3, 3: Eine Zeit, zu *töten*, und eine Zeit, zu *heilen*; eine Zeit, *einzu-
reißen*, und eine Zeit, *aufzubauen*.
3, 4: Eine Zeit, zu *weinen*, und eine Zeit, zu *lachen*; eine Zeit, zu
*klagen*, und eine Zeit, zu *tanzen*.
3, 5: Eine Zeit, Steine zu *werfen*, und eine Zeit, Steine zu *sammeln*.
Eine Zeit, zu *umarmen*, und eine Zeit, der Umarmung sich zu *enthalten*.

3, 6: Eine Zeit, zu *suchen*, und eine Zeit, zu *verlieren*; eine Zeit, *aufzubewahren*, und eine Zeit, *wegzuwerfen*.

3, 7: Eine Zeit, zu *zerreißen*, und eine Zeit, zu *nähen*; eine Zeit, zu *schweigen*, und eine Zeit, zu *reden*.

3, 8: Eine Zeit, zu *lieben*, und eine Zeit, zu *hassen*; eine Zeit für den *Krieg*, und eine Zeit für den *Frieden*.«

Im Bibelbuch der Prediger 3, 1–8

»Wenn auf eine Lehre, dann paßt auf den Bolschewismus das Wort, daß ein Unterschied zwischen Theorie und Praxis besteht. Denn seine *Theorie* ist bunt und schillernd in allen gleißenden Farben. Sie trägt in sich das Gift der gefährlichen Verführung. Seine *Praxis* ist demgegenüber furchtbar und grauenerregend, sie ist gezeichnet mit Millionen Opfern, die zu seiner höheren Ehre durch Blei, Strang, Beil oder Hunger starben.«

Joseph Goebbels

»Wenn er aufhört, über uns *Lügen* zu verbreiten, werden wir aufhören, über ihn die *Wahrheit* zu verbreiten.«

Harold Wilson über Edward Heath

»Nicht um zu *essen*, *lebe* ich, sondern um zu *leben*, *esse* ich.«

Quintilian

»*Weichheit* ist unsere *Stärke*.«          Kleenex, Trockentuch

»… der Tag *geht* … Johnnie Walker *kommt*.«

Johnnie Walker, Whisky

»Franz Schubert – Musik der *Stille* für eine *lärmige* Welt«

András Schiff, Pianist,<br>zum zweihundertsten Geburtstag von Franz Schubert 1997

»Für Männer, die beim *Anziehen* auch ans *Ausziehen* denken.«

Jockey-Wäsche

»Wenn du nicht *kannst*, was du *willst*, so *wolle*, was du *kannst*!«

Augustinus, Über das Glück

Zur Förderung des Seelenheils vollzogen die Menschen im Mittelalter eine Abwendung vom Diesseits und eine Hinwendung zum Jenseits:

»Ihr sollt euch *auf Erden keine Schätze sammeln*, wo sie der Rost und die Motten verzehren und wo sie die Diebe ausgraben und stehlen; sondern *sammelt euch Schätze im Himmel*, wo sie weder Rost noch Motten verzehren und wo sie die Diebe nicht ausgraben noch stehlen. Denn wo dein Schatz ist, da ist auch dein Herz.«

Matthäus 6, 19

• **Übung:**
Schlüpfen Sie in die Rolle eines Redakteurs. Verfassen Sie aufmerksamkeiterheischende, leserfreundliche und zugleich aussagekräftige *Titel mit Gegensatzpaaren* für ausgewählte Zeitungsartikel. Beachten Sie eine Rahmenbedingung, wie sie gerade in Redaktionen nicht ganz unüblich ist: Die Zeit ist beschränkt. Suchen Sie fünf Titel in vier Minuten. Den ersten Titel liefere ich mit im Sinne eines Beispiels.

| *Thema des Zeitungsartikels* | *Titel mit einem Gegensatzpaar* |
|---|---|
| 1 Wilhelm Tell | Wilhelm Tell – Mythos oder Realität? |
| 2 Weltumsegelung für Alleinsegler | _____ |
| 3 Skilehrer | _____ |
| 4 Kirche im Widerstreit der Meinungen | _____ |
| 5 Tradition | _____ |

• **Lösungsvorschläge**
2 Letztes Abenteuer oder gefährlicher Leichtsinn? (Detlef Jens)
3 Pistengigolo oder Sportcoach? (Brückenbauer)
4 Sozialkonzern oder Stiftung Christi? (Walter Brandmüller)
5 Höheres Gesetz oder verhandelbare Spielregeln? (Regula Heusser)

• **Kommentar:**
Offen gestanden: Gegensätze ziehen mich an. Warum? Vor allem

67

in der Rede gelten Gegensätze als *die* Verständlichmacher par excellence. Gegensätze schaffen klare Verhältnisse – wie im Boxring! Sieg oder Niederlage, oben oder unten, entweder oder. Die Sprache sei nicht schwammig-schwammig oder sowohl-als-auch, die Sprache sei pointiert, sei Klartext.

## Nr. 21 Der Aufprall von Gegensätzen: Ossimoro
## Knall auf Fall aufgeprallt

• **Definition:**
Zwei gegensätzliche Wörter oder zwei gegensätzliche Ausdrücke prallen aufeinander (contradictio in adiecto). Ossimoro bezeichnet die oft scharfsinnige, manchmal auch witzige Verbindung widerstreitender Begriffe (»alter Knabe«, »bittersüß«, »Eile mit Weile«).

• **Beispiele:**
»Das Prinzip der Monarchie überhaupt ist der verachtete, der verächtliche, der *entmenschte Mensch*.«              Karl Marx

»*K.O.? O.K.!*«                              Franziskaner Weißbier

»*Unvernünftig vernünftig.*«                              Toyota

»Das *Unerwartete erwartet* Sie.«                              Volvo

»Es ist *wahrscheinlich*, daß das *Unwahrscheinliche* geschieht.«
                                            Aristoteles

Als Julia entdeckt, daß Romeo ihren Vetter Tybalt getötet hat, steigert sie sich in einen spannungsgeladenen Wortschwall widerstreitender Begriffe hinein. In Julias Augen ist Romeo in diesem Augenblick die Gegensätzlichkeit in Person.

»O Schlangenherz, von Blumen überdeckt!
Wohnt' in so schöner Höhl' ein Drache je?
*Holdsel'ger Wütrich! Engelreicher Unhold!*
*Ergrimmte Taube! Lamm mit Wolfesgier!*
Verworfne Art in göttlicher Gestalt!
Das rechte Gegenteil des, was mit Recht
Du scheinest: ein *verdammter Heiliger!*
Ein *ehrenwerter Schurke!* – O Natur!
Was hattest du zu schaffen in der Hölle,
als du des holden Leibes Paradies
Zum Lustsitz einem Teufel übergabst?
War je ein Buch, so arger Dinge voll,
So schön gebunden? Oh, daß Falschheit doch
Solch herrlichen Palast bewohnen kann!«

William Shakespeare, Romeo und Julia

»Bei uns hat *Alter Zukunft.*«

Sozialdemokratische Partei Deutschlands SPD,
»argumente«

• **Übung:**

**Bilden Sie zu folgenden Ausdrücken Gegensatzpaare. Lassen Sie gegensätzliche Wörter und Ausdrücke aufeinanderprallen.**

| *Ausdruck* | *Gegensatzpaar* |
|---|---|
| `1 Er hatte Glück. | Er hatte *Glück* im *Unglück.* |
| 2 Von dir habe ich noch nie geträumt. | _____ |
| 3 Ich fühle mich unsicher. | _____ |
| 4 Im Ruhestand ist es mir nie langweilig. | _____ |
| 5 Ich habe keine Hoffnung auf Besserung. | _____ |
| 6 Sie führt ein Hotel der besten Kategorie. | _____ |
| 7 Schweigen sagt mehr als tausend Worte. | _____ |

• **Lösungsvorschläge**

2  Du bist für mich ein *ungeträumter Traum.*
3  Das einzig *Sichere* ist meine *Unsicherheit.*
4  Ich erfahre den *Ruhestand* als *Unruhestand.*
5  *Hoffnungslos* ist eine *Hoffnung* auf Besserung.
6  Sie führt eine *Luxus-Scheune.*
7  *Beredtes Schweigen*

• **Kommentar:**

Das Aufeinanderprallen von Gegensatzpaaren ist erwünscht. Je stärker der Aufprall der gegensätzlichen Ausdrücke, desto eindringlicher und nachhaltiger die Wirkung der Botschaften.

## Nr. 22  Die Verneinung des Gegenteils: Litotes
## Der Sultan von Brunei ist nicht gerade arm.

• **Definition:**

Bei der Litotes handelt es sich um die Verneinung des Gegenteils.

• **Beispiele:**

Getrost darf der mehr als fünfzig Milliarden Deutsche Mark schwere Sultan von Brunei als »sehr reich« eingestuft werden. Derselbe Sachverhalt kann mit der Verneinung des Gegenteils ausgedrückt werden. Dann bedienen wir uns einer Litotes: Der Sultan von Brunei ist »nicht gerade arm«.

»Ich werde *nicht gegen* den Herrn *Fröhlich* stimmen, wohl aber *für* Herrn *Ehrsam.*«

Peter Noll, Der kleine Machiavelli

- **Übung:**

**Ändern Sie die Aussagen, indem Sie das Gegenteil verneinen. Verwenden Sie also die Litotes.**

| *Ursprüngliche Aussage* | *Litotes (Verneinung des Gegenteils)* |
|---|---|
| 1 Sie ist groß. | Sie ist nicht gerade klein. |
| 2 Er arbeitet langsam. | _____ |
| 3 Darin bist du Experte. | _____ |
| 4 Das ist ihr mißlungen. | _____ |
| 5 Er ist feige. | _____ |
| 6 Sie handelt abgeklärt. | _____ |
| 7 Er hat sie bekämpft. | _____ |
| 8 Dieses Vorgehen ist beinahe am dümmsten. | _____ |
| 9 Sehr selten treibt er Sport. | _____ |
| 10 Er arbeitet sehr viel. | _____ |

- **Lösungsvorschläge**
  2 Er arbeitet nicht gerade schnell.
  3 Darin bist du nicht gerade ein Laie.
  4 Das ist ihr nicht eben gelungen.
  5 Er ist nicht gerade tollkühn.
  6 Sie handelt nicht gerade kopflos.
  7 Er hat sich mit ihr nicht eben befreundet.
  8 Es ist nicht gerade das Klügste.
  9 Nicht gerade oft treibt er Sport.
  10 Er arbeitet nicht eben wenig.

- **Kommentar:**
Wie wirkt die Litotes im Vergleich zur ursprünglichen Aussage? Eher unverbindlich. Eher zurückhaltend. Eher abschwächend. Meist verniedlichend. Möglicherweise gar ironisch. Eine Litotes birgt oft (bewußt) eine Unschärfe. Wer sich nicht festlegen will, verwendet lieb und gerne die Litotes.

# Nr. 23 Die Überwindung des Gegensatzes: Synthese
## Optimist oder Pessimist?
### Lieber Realist

• **Definition:**
Zu bestimmten Sachverhalten werden vorerst Gegensätze (These und Antithese) aufgebrochen und aufgezeigt. Hernach lösen sich die Gegensätze in der Synthese auf. Synthese heißt Zusammenfügung, Verknüpfung oder Aufhebung des sich in These und Antithese Widersprechenden in einer höheren Einheit.

• **Beispiele:**
»Suchen Ihre 500 Franken eher *Sicherheit* oder eher *Rendite?* Oder eher *beides?*« Schweizerischer Bankverein
These (Sicherheit), Antithese (Rendite), Synthese (beides)

»Falls Ihnen der *Golf* zuwenig Passat und der *Passat* zuwenig Golf ist: der *Vento.*« Volkswagen
These (Golf), Antithese (Passat), Synthese (Vento)

Der pragmatische Deng Xiaoping stellt eine Abkehr von Maos sozialutopischem Programm dar. Dengs berühmter Satz:»Es kommt nicht darauf an, ob die *Katze schwarz* oder *weiß* ist, wenn sie nur *Mäuse* fängt.« Deng Xiaoping
These (schwarze Katze), Antithese (weiße Katze), Synthese (Mäuse fangen)

»Ihr Boß sagt *Business*. Ihr Rücken sagt *First*. Continental sagt *Business First*.«
Oder:
»Ihre Bilanz sagt *Business*. Ihr Anspruch sagt *First*. Continental sagt *Business First*.« Continental Fluggesellschaft
These (Business), Antithese (First), Synthese (Business First)

72

»*Er kann. Sie kann. Nissan.*« Nissan
These (Er), Antithese (Sie), Synthese (Nissan)

Anstrengung ohne Lust verheißt: Wir arbeiten uns zu Tode. Lust ohne Anstrengung verheißt: Wir genießen uns zu Tode. Beides kann es doch nicht gewesen sein. Erfreulicherweise scheint es durchaus möglich, Anstrengung mit Lust zu erleben. Betrachten wir den Bergsteiger. Er empfindet schon das Klettern als lustvoll, nicht erst das Erreichen des Gipfels. »Nein, die richtige Lösung heißt weder *Lust ohne Anstrengung* noch *Anstrengung ohne Lust*, sie heißt einzig und allein: *Lust in der Anstrengung selbst.* Lust an Leistung.« Felix von Cube
These (Lust ohne Anstrengung), Antithese (Anstrengung ohne Lust), Synthese (Lust in der Anstrengung selbst)

»Picasso war *kein Clown.* Picasso war auch *kein Scharlatan.* Er war *ein sarkastischer Kommentator* seines verwirrten Zeitalters, *ein genialer Archivar* der menschlichen Dummheit.«
Ephraim Kishon, Picasso war kein Scharlatan
These (kein Clown), Antithese (kein Scharlatan), Synthese (sarkastischer Kommentator seines verwirrten Zeitalters, genialer Archivar der menschlichen Dummheit)

»It's *cool*, it's *hot* – *that*'s it.« Österreich-Werbung für Skiurlaub
These (cool), Antithese (hot), Synthese (beide Gefühle abwechslungsweise als Ferienerlebnis)

»Es ist wahr, Christine! Ich bin *weder ein Engel ... noch ein Phantom.* Ich bin *Erik!*« Gaston Leroux, Das Phantom der Oper
These (Engel), Antithese (Phantom), Synthese (Erik)

»Ich träume davon, daß eines Tages der Staat von Alabama, dessen Gouverneur heute nur Worte des Verbotes und des Hohnes kennt, in einen Staat verwandelt wird, in dem kleine schwarze Jungen und kleine schwarze Mädchen kleinen weißen Jungen und kleinen weißen Mädchen die Hände reichen als Schwestern und Brüder.« Martin Luther King
These (kleine schwarze Jungen und kleine schwarze Mädchen),

Antithese (kleine weiße Jungen und kleine weiße Mädchen), Synthese (Schwestern und Brüder)

Im Dezember 1996 schlagen die Terroristen der MRTA zu: Einhundertelf Geiseln nehmen sie in ihre Gewalt. Der peruanische Schriftsteller Mario Vargas Llosa schreibt in dem Artikel »Die guten Terroristen« über die Hintergründe des Geiseldramas. Seinem Artikel liegt – gekonnt aufgebaut – eine Synthese zugrunde.

»Ich höre, in Peru gebe es zwei terroristische Organisationen: eine radikale und fanatische, den Sendero Luminoso, und eine moderate und politischere, die Tupac Amaru (MRTA). Erstere sind brutaler und unnachgiebiger aufgrund ihres Gesellschaftsmodells, das dem von China während der Kulturrevolution und von Kambodscha unter den Roten Khmer entspricht; letztere sind flexibler und pragmatischer, weil sie bloß castristisch sind und sich möglicherweise in eine legale politische Partei verwandeln könnten. Als Beweis der moderaten Haltung der MRTA wird die gute Behandlung der Geiseln angeführt.
Ich habe diese Unterscheidung zwischen ›radikalen‹ und ›moderaten‹ Terroristen stets für falsch gehalten – und jetzt mehr denn je. Selbst wenn es wahr sein sollte, daß sich der Sendero Luminoso und die MRTA ideologisch voneinander unterscheiden, dann sind die Unterschiede bezüglich dessen, was eine politische Bewegung letztlich ausmacht, nämlich die Methoden, praktisch unsichtbar … Dies ist der Grund, weshalb ich von Anfang an mit derselben Überzeugung und Härte sowohl den Sendero Luminoso als auch die MRTA bekämpft habe. Ich habe stets unterstrichen, daß die wichtigere Sache nicht ihre ideologische Differenz ist, sondern das, was die beiden verbindet, nämlich die Niedertracht in ihrem Verhalten.«    Tages Anzeiger vom 28./29. Dezember 1996

These (Sendero Luminoso: radikale und fanatische Terroristen in Verbindung mit China und Kambodscha), Antithese (MRTA: moderate und politische Terroristen in Verbindung mit Kubas Fidel Castro), Synthese (ideologischer Unterschied ist nicht entscheidend, entscheidend sind dieselben niederträchtigen Methoden bei Sendero Luminoso und MRTA, Niedertracht des terroristischen Verhaltens ist stets abzulehnen)

74

## • Übung:

Carl Friedrich von Weizsäcker hat gerne die Geschichte vom Frosch in der Milch erzählt:»Drei Frösche sind in die Milch gefallen: ein Optimist, ein Pessimist, ein Realist. Der Optimist und der Pessimist gingen unter. Warum? Der optimistische Frosch in der Milch tat nichts, weil er dachte, es gehe sowieso gut. Der pessimistische Frosch in der Milch tat nichts, weil er dachte, es gehe sowieso schlecht. Nur der realistische Frosch sagte: Ein Frosch in der Milch kann nichts anderes als ...«

Suchen Sie zu These (Optimist) und Antithese (Pessimist) die Synthese (Realist). Wie führt Carl Friedrich von Weizsäcker die Geschichte zu Ende? Was sagt der realistische Frosch?

## • Lösung

»Ein Frosch in der Milch kann nichts anderes als strampeln. Also strampelte er. Plötzlich war Butter unter seinen Füßen. Und er sprang heraus.« Eine wunderbare Geschichte auf der Grundlage der Argumentationsfigur These – Antithese – Synthese.

## • Kommentar:

Die Argumentationsfigur»These – Antithese – Synthese« besticht gleich doppelt: Zum einen stellt sie in These und Antithese klipp und klar Gegensätze auf. Gegensätze sind hervorragende Verständlichmacher. Zum anderen überwindet die Synthese die Gegensätze.

Tip: Verstricken Sie sich künftig nicht in den Klein-Klein-Krieg zwischen These und Antithese. Positionieren Sie Ihre Statements in Form einer Synthese. Denn mit der Synthese wird die eigene Meinung ausführlich und überzeugend begründet, zugleich in These und Antithese die Gegenmeinung entscheidend geschwächt.

• **Definition:**

Kreuzstellung. Wir machen eine Überkreuzung der Begriffe, vorzugsweise entgegengesetzter Begriffe.

• **Beispiele:**

»Sind *sie* zu *stark*, bist *du* zu *schwach*.«    Fisherman's Friend

»Ihr werdet die *Schwachen* nicht *stärken*, indem ihr die *Starken schwächt*.«    Abraham Lincoln

»Wir müssen einen *kühlen Kopf* und ein *heißes Herz* haben.«
Konrad Adenauer

»Wir wollen nicht den *Menschen verstaatlichen*, sondern den *Staat vermenschlichen*.«    Theodor Heuss

»Wir *fürchten* keine *Verhandlungen*, aber wir werden niemals *aus Furcht verhandeln*.«    John F. Kennedy

»Niemals in der Geschichte menschlicher Auseinandersetzungen haben *so viele so wenigen so viel* zu verdanken gehabt.«
Winston Churchill

»Die Umverteilung in Europa darf nicht dazu führen, daß *die Faulheit der Südländer* auf Kosten *des Fleißes unserer Bürger* subventioniert wird.«
Jörg Haider von der Freiheitlichen Partei Österreichs
am 21. Mai 1994 in den »Salzburger Nachrichten«

»*Buy low, fly high.*«    Richard Branson, Fluggesellschaft Virgin

»*Nähe spüren, Weite genießen.*«    Studiosus, Reiseveranstalter

76

*»Genial einfach – einfach genial!«*
3M, Slogan für den »schlauen« Notizzettel »Post-it«

Die Basler Kantonalbank sieht sich als Partner im globalen Bankhandelsgeschäft:
*»Pass local, score global.«*
*»Produce local, sell global.«*          *Glo*Bâle Financial Products

*»Stimmung rauf – Preise runter.«*          HL Markt

Denner, Discounter in der Schweiz, heizt den Preiskrieg im Fleischmarkt mit dem Versprechen an: Fleischwaren bei Denner immer mindestens zwanzig Prozent billiger als bei Migros und Coop.
»Für *weniger Geld mehr Fleisch* am Knochen.«          Denner

## • Übung:
**Ergänzen Sie die Parolen und Slogans mit einer Überkreuzung der Begriffe:**
1 *Global denken – lokal handeln.*
2 Die *Idee* ist *einfach*, _____
3 Der *langen Rede* _____
4 Pläne *machen* ist *leicht*, _____
5 Vater *werden* ist *nicht schwer*, _____
6 Die *Linke* will *mehr Rechte*, _____
7 Wegen *hübscher* Frauen *kaufen* wir Bier, wegen

   _____
8 Lieber *reich* und *gesund* als _____
9 Sie haben *schwach angefangen* und dann _____
10 *Weniger Staat –* _____
11 *Kaufe heute –* _____

## • Lösungsvorschläge
2  … die *Realisation schwierig.*
3  … *kurzer Sinn.*
4  … Pläne *durchführen* ist *schwer.*
5  … Vater *sein* dagegen *sehr.*
6  … die *Rechte* will *weniger Linke.*

7 ... wegen *häßlicher trinken* Männer Bier.
8 ... *arm* und *krank.*
9 ... *stark nachgelassen.*
10 ... *mehr Freiheit.*
11 ... *bezahle morgen.*

• **Kommentar:**

Warum nur ist die Wirkung von Chiasmen so nachhaltig? Chiasmen überkreuzen Begriffe, zumeist Gegensatzpaare, nicht nur einmal, sondern gar doppelt. Merken Sie sich: Schlüsselbotschaften, die auf einer Kreuzstellung von zwei Gegensatzpaaren aufbauen, begünstigen einen durchschlagenden und nachhaltigen Erfolg Ihrer Rede und Schreibe.

## Nr. 25  Die Weichenstellung: Alternative
### Entweder oder

• **Definition:**

Bei der Alternative wird einzig die Wahl zwischen (zumeist zwei) vorgegebenen Möglichkeiten zugelassen.

• **Beispiele:**

»Fragt sich nur *welcher.*«                                    Toyota

»*Entweder* man *hat* sie. *Oder* man *braucht* sie.«   Goodyear, Reifen

»Schwedische Spezialitäten – zum *Mitnehmen oder Kommenlassen.*«                                                        IKEA

»Campari. *Was sonst?*«                                       Campari

• **Kommentar:**

*Ob* etwas zu tun sei oder nicht? Das ist nicht die Frage der Alternative. Es ist zu tun. Die Frage der Alternative lautet: Wie ist es zu tun? Wer sich der Alternative als Gestaltungsmittel bedient, gibt die Möglichkeiten vor. Die Alternative beraubt die Menschen nicht der Auswahl. Die Wahlmöglichkeiten werden »nur« eingeengt. Darin liegt das Perfide und zugleich Geniale der Alternative.

## Nr. 26 Die Verstellung: Ironie
### Wunderprächtiger Wetterfrosch

• **Definition:**

Die Ironie (»sich im Reden verstellen«) ist eine Stilfigur, bei der die Umstände es nahelegen, daß die Worte des Sprechers oder sein Verhalten das Gegenteil dessen ausdrücken, was sie vordergründig auszusagen scheinen.

• **Beispiele:**

»Ihr ertragt ja gerne die Narren, *ihr klugen Leute.*«
2. Korinther 11, 19f.

»Dumm sein und Arbeit haben, das ist das *Glück.*«
Gottfried Benn

»Wunderprächtig, dieses Wetter heute.«
Um zu sagen:»Häßliches, schlechtes Wetter heute.«

Der Trainer am Ende eines verlorenen Spiels:»Meine Herren, Bravo! Sehr gut! Ich danke für den Einsatz.«
Um zu sagen:»Meine Herren, es mangelte an Einsatz.«

Gesprochen mit näselnder Stimme und verzogenem Gesicht: »Nein, wirklich toll, wie das Parfüm ›Elegance‹ duftet.«
Um zu sagen:»Dieses Parfüm riecht nicht gut.«

Am Ende einer müden Diskussion mit mühsamen Teilnehmern:
»Ich danke für die rege Beteiligung.«
Um zu sagen:»Die Beteiligung war mangelhaft, dadurch zog sich
die Verhandlung schleppend dahin.«

»In ihrer ergiebigsten Form kommt Buchkritik zur Geltung, wenn
der Besprecher mit dem Besprochenen persönlich befreundet
oder verfeindet ist. Im ersten Fall wird der freundschaftlich er-
hellte Geist des Kritikers nicht umhin können, das Objekt vorteil-
haftest zu belichten, die ihm bekannten Werte des Verfassers an
Stelle der fehlenden Werte des Buches zu setzen. Im zweiten Fall,
dem der Feindschaft, muß der Beurteiler die Säure, die notwendig
ist, um auch die widerstandsfähigsten Qualitäten eines Buches zu
zerstören, nicht erst aus dessen Lektüre gewinnen, sondern er hat
sie, hochprozentig, schon in sich; und wir bekommen, dank ihr, von
dem, was das Buch nicht kann und nicht ist, ein ungemein klares
Bild, wie es der sogenannte objektive Kritiker niemals herzustel-
len vermöchte.« Alfred Polgar

• **Übung:**

**1. Ich wollte, meine Lieder ...**
Heinrich Heines Gedicht»Ich wollte, meine Lieder ...« bricht an
der entscheidenden Stelle ab. Vervollständigen Sie den dritten
Vierzeiler, indem Sie die für Heinrich Heine typische ironische
Brechung nachahmen.
»Ich wollte, meine Lieder
Das wären Blümelein:
Ich schickte sie zu riechen
Der Herzallerliebsten mein.

Ich wollte, meine Lieder
Das wären Küsse fein:
Ich schickt sie heimlich alle
Nach Liebchens Wängelein.

Ich wollte, meine Lieder
Das wären... «

**2. Ich dacht an sie den ganzen Tag …**
Auch Heinrich Heines Gedicht »Ich dacht an sie den ganzen Tag …« bricht an der entscheidenden Stelle ab. Vervollständigen Sie die letzten beiden Zeilen, indem Sie wiederum die für Heinrich Heine typische ironische Brechung nachahmen.

»Ich dacht an sie den ganzen Tag,
Und dacht an sie die halbe Nacht.
Und als ich fest im Schlafe lag,
Hat mich ein Traum zu ihr gebracht.
Sie blüht wie eine junge Ros,
Und sitzt so ruhig, still beglückt…«

• **Lösungen**
1.» … Das wären Erbsen klein: / Ich kocht eine Erbsensuppe, / Die sollte köstlich sein.«
2.»Ein Rahmen liegt auf ihrem Schoß / Worauf sie weiße Lämmchen stickt.«

• **Kommentar:**
Der feine, oftmals verdeckte Spott macht eine Person oder einen Sachverhalt unter dem auffälligen Schein der Billigung lächerlich. Der Spötter verdreht einen Sachverhalt kraft gewählter Ausdrucksformen – verbal mit Worten, nonverbal mit Mimik und Gestik – ins Gegenteil (Antifrasis). Achtung: Oft verstehen die Gesprächspartner die Ironie in einer Bemerkung nicht.

## Nr. 27 Die Zerfleischung: Sarkasmus
### Lieber vom Hunde gebissen als …

• **Definition:**
Beißender, ätzender und oftmals verletzender Spott, der vor allem davon lebt, daß er auf die Verbindung zweier Größen hinweist, die nach dem allgemeinen Empfinden und bei näherem Hinsehen nicht zusammenpassen und nicht zusammengehören.

## • Beispiele:

»Ich habe noch nie einen guten Mitarbeiter gefunden, der im Sternzeichen des Löwen geboren ist. Was soll ich mir diese Person überhaupt ansehen?«

Ein Personalchef, im Sternzeichen des Skorpions geboren

»So gut wie die neue Verkäuferin aussieht, kann sie tatsächlich nichts dafür, diese einfache Arbeit nicht in den Griff zu bekommen.«

Ein Abteilungsleiter, der nicht namentlich
genannt werden will

»Stehlen, Morden, Ehebrechen, Meineide schwören ... hinter andern Göttern hergehen ... und dann kommt ihr und pflanzt euch vor mir in diesem Hause auf, über dem mein Name ausgerufen ist, und sagt: ›*Wir sind gerettet!*‹ – *um alle diese Greuel (wiederum) zu tun.*«

Jeremia 7, 9f.

## • Übungsverbot:

Beim Sarkasmus erlege ich mir bewußt ein Übungsverbot auf. Denn wir wollen Fairneß in Rede und Schreibe.

## • Kommentar:

Der Sarkasmus wirkt auf andere Menschen oftmals verletzender als ein Hundebiß.

---

# Nr. 28  Die Lautmalerei: Onomatopoesie
## Auf der Zunge zergehen lassen

## • Definition:

Laute und Geräusche werden durch ähnlich tönende Wörter ausgedrückt: *quietschende* Bremsen, *klirrende* Kälte. Diese Lautmalereien weisen eine klangliche Ähnlichkeit mit dem beschriebenen Sachverhalt auf.

- **Beispiele:**
»... und sänftlich *drippelnd, Tropf* um *Tropfen* ...«

Edgar Allan Poe

»So *heult* es *verworren*,
und *ächzet* und *girrt*,
Und *brauset* und *sauset*,
Und *krächzet* und *klirrt*.«

Heinrich Heine, Buch der Lieder

Bei den Kantonalbanken arbeitet das Geld:
»... Aber *klimper klimper* als Rendite.«

Kantonalbanken, Werbung für Anlagefonds

»Besser gut gebrüllt mit HP Tonerkassetten ... als müde *miaut*
ohne.«

Hewlett Packard, Werbeslogan für Drucker

Im Evergreen »That's Amore« kommen zwei wunderschöne Lautmalereien vor:
»In Napoli where love is big / when boy meets girl
is what they say / When the moon hits your eye
like a big pizza pie / that's amore ...
Bells will ring *tingeling tingeling* ...
Hearts will play *tickitickitay tickitickita y* ...«

Dean Martin

»Aber die Trompete schmetterte mit schrecklichem Klang: *taratantara.*«

Ennius

- **Übung:**
Findige Festveranstalter in aller Welt planen den Super-Silvester.
Am 31.12.1999 steigt die globale Superfete: Am Times Square in
New York wird es eng zugehen, bereits im Dezember 1996 meldete Disney Word ausgebuchte Hotels für Silvester 1999, Moskau
unterhält mit einer Ballett-Festgala im Bolschoitheater, Wien feiert mit großer Tradition den Kaiserball in der Hofburg, Berlin
zündet das größte Feuerwerk aller Zeiten in Tempelhof. Mit welcher Lautmalerei – übrigens in Anlehnung an ein Feuerwerk –
titelte das deutsche Magazin »Focus« die Story über die Fete aller
Feten?

## • Lösung
»Krawumm!«

## • Kommentar:
In Comics – besonders aber auch in mündlichen Unterredungen –
kommen Lautmalereien vor: heul, krächz, wumm, seufz, schnarch,
brumm ... Zugegebenermaßen ist dieses Darstellungsmittel mit Vorsicht an-
zuwenden, weil Lautmalerei schnell einmal lächerlich wirkt. Und
ich gestehe auch offen, daß die Lautmalerei nicht die wichtigste aller rhetorischen Figuren ist. Als Autor könnte ich jetzt auf Serio-
sität pochen und behaupten, nur der Vollständigkeit halber sei die
Onomatopoesie in die Sammlung der rhetorischen Figuren aufzu-
nehmen. Das wäre zu einfach, zu billig und überhaupt nicht red-
lich. Denn wir alle – vom Straßenarbeiter bis zum Konzernchef –
setzen die Lautmalerei vorzugsweise in mündlichen Unterredungen ein. Machen Sie nur die Ohren auf. Wenn sich die Sekretärin
über die zahlreichen Anrufe ärgert, beschwert sie sich lautmalerisch:»Ich kann das ewige *Dring, Dring, Dring* schon gar nicht
mehr hören.« Wenn Lausbuben einen Streich»beichten«, tun sie
dies lautmalerisch:»Und – *klirr* – da war die Scheibe zerschlagen.«
Und wenn die völlig erschöpfte Sportlerin das Ziel erreicht hat,
bleibt ihr keine Zeit zur Erholung:»Ich konnte mich nicht frisch
machen, schon – *klick* – fotografierte mich ein Journalist.« Sie sehen: Lautmalereien sind in aller Leute Mund. Lautmalereien sind
Lebendigmacher.

## Nr. 29 Der Ausruf: Exclamatio
### Wehret den Anfängen!

## • Definition:
Ausruf (Interjektion mit Ausrufezeichen).

## • Beispiele:

»Auch wenn Sie eigentlich nie Make-up tragen. *Dieses müssen Sie einfach ausprobieren!*«    Estée Lauder

»*Pack den Tiger in den Tank!*«    Esso

»*Achte jedes Mannes Vaterland, aber das deinige liebe!*«
Gottfried Keller

»*Es kann und darf nur mit Sieg enden!*«    Joseph Goebbels

Evas allerschönste Doppelbegabung, ihre Verführbarkeit und ihre Verführungskunst, erscheint noch nicht überall im günstigsten Licht. Noch zu oft wird Eva mit einer Schlange in Verbindung gebracht. Dabei ist Evas Doppelbegabung die vielleicht beste Erbschaft aus dem Paradiese:
»*Verführung und Verführbarkeit: das ist die Garantie für verläßliche Erfahrungen!*«    Iso Camartin, Lob der Verführung

»Der Irrtum des kirchlichen Lehramtes in schwerwiegenden Glaubens- und Sittenentscheidungen ist jedenfalls ein Faktum –
*und noch leben wir!*«
Hans Küng mit einer unerledigten Anfrage: Unfehlbar?

Torquato Tasso bittet im gleichnamigen Schauspiel den Staatssekretär Antonio Montecatino:
»*O ja, erzähl, erzähl von Wort zu Wort!*«
Johann Wolfgang von Goethe, Torquato Tasso

## • Kommentar:

Als Faustregel gilt: keine Überzeugungsrede ohne Ausrufe! Kurze und prägnante Ausrufe schlagen ein. Als Konzentrat sind Ausrufe zudem oftmals die kürzeste Formel einer möglicherweise komplizierten Materie. Deshalb sind sie nicht nur bei Medien beliebt. Ausrufe bleiben eher im Gedächtnis. Und was im Gedächtnis bleibt, wird auch eher weitergetragen und unter die Leute gebracht.

# Nr. 30  Die Raffung: Brevitas
## In der Kürze liegt die Würze

• **Definition:**

Ein Spartaner drückt sich spartanisch aus. Spartanisch kommt auch jede Brevitas daher: kurz und bündig, auf das Wesentliche beschränkt. Brevitas bedeutet rhetorisch: Raffung der Botschaft – oftmals durch Wiederholung in wenigen Sätzen oder Worten, auch Schlagworten.

• **Beispiele:**

*»Clinton for President.«*          Slogan der US-Demokraten
im amerikanischen Wahlkampf

*»Veni, vidi, vici.«*          Cäsar
Cäsar sagte nicht:»Nach Erreichen der hiesigen Örtlichkeiten und Besichtigung derselben war mir die Erringung des Sieges möglich.«

*»Freude herrscht!«*          Bundesrat Adolf Ogi gratuliert
Astronaut Claude Nicollier zur ersten Mission
eines Schweizers im Weltraum

»Kämpfen, liebe Freunde, egal ob wir Rückenwind oder Gegenwind haben! Das muß das erste Signal sein, das von Hamburg ausgeht. Darum bitte ich Sie, ja fordere ich Sie dazu auf, daß wir von Hamburg nach Hause zurückkehren und unseren Wählern sagen: Wir, die Union Deutschlands, wollen alle Wahlen, die ich genannt habe, gewinnen. *Das Ziel ist Sieg und nicht Platz.*«

Bundeskanzler Helmut Kohl auf dem
Parteitag der CDU in Hamburg 1994

Ganze Abteilungen, Unternehmenszweige und Arbeitsstätten werden abgetrennt, ausgegliedert. Personalabbau ist angesagt. Der Mensch rechnet sich als Kostenfaktor. Drückt sich das Management vor der Verantwortung?

*»Management by bye-bye.«*          Kaufmännischer Verband Zürich

*»Tabakkompetenz und Fahrradtechnik«*
Villiger, Familienunternehmen

*»Verliebt, verlobt, verheiratet.«* Deutscher Schlager von
Conny Froboess und Peter Alexander

Empfehlung für Urlaubsreisen zum Kuscheln und Flittern:
*»Verliebt, vergnügt, verreist.«* »Maxi«, Frauenzeitschrift

Lady K, ein Versicherungskonzept, das sich Lebenssituationen
anpaßt:
*»Verliebt*, verheiratet, getrennt, geschieden. *Verliebt.«*
Trans/telcon Versicherungen

Selbstcharakteristik des Konfuzius im Alter von siebzig Jahren:
»Ich war fünfzehn und trachtete danach zu lernen; dreißig und
stand (auf beiden Beinen); vierzig und ließ mich nicht mehr beirren; fünfzig und hatte den Willen des Himmels erkannt; sechzig
und mein Ohr war fügsam; siebzig und folgte dem, was mein Herz
begehrt, ohne das Maß zu überschreiten.« Lun-yü

• **Übung:**
**Predigt ist, wenn einer spricht und alle anderen schlafen?**
Wenn Pfarrer sich Sonntag für Sonntag auf die Kanzel bemühen,
um der Gemeinde das Wort Gottes kundzutun, setzen sie sich in
Gottes Namen einer nicht eben einfachen Herausforderung aus.
Ein Pfarrer schätzt dieses oft mühselige Unterfangen unge-
schminkt und wirklichkeitsnah ein. Er bringt die Wirkung des Pre-
digens mit einer Raffung auf den Punkt: »Der Pfarrer predigt fünf
Minuten für den Herrgott, fünf Minuten für das Volk und den
Rest für … « Ergänzen Sie diesen Satz.

• **Lösungsvorschlag**
» … die Katz.«

• **Kommentar:**
Jede gelungene Raffung bringt eine gewisse Zwangsläufigkeit im
Ablauf eines Geschehens zum Ausdruck. (»Gesagt. Getan.«)

87

Eine Raffung läßt sich der Kürze wegen mehrmals wiederholen. Dadurch können Sie die Kernbotschaft eher eintrichtern oder einhämmern. Übrigens: Journalisten lieben die Raffung – sie ist kurz. Medienwirksam formulieren heißt nicht zuletzt: die Kernbotschaft in Form einer Raffung auf den Punkt bringen.

## Nr. 31 Die Entsprechung im Satzaufbau: Parallelkonstruktion
### Der Baumeister

• **Definition:**
Eine Parallelkonstruktion ist die Wiederholung desselben Satzaufbaus. Dieselbe äußere Satzbauform wird in unmittelbar aufeinander folgenden Sätzen verwendet.

• **Beispiele:**
»Bessere Haut Tag für Tag. Bessere Haut Jahr für Jahr.«
Estée Lauder

»Sie schrien zu Jahwe in ihrer Not,
aus ihrer Bedrängnis rettete er sie.
Sie schrien zu Jahwe in ihrer Not,
aus ihrer Bedrängnis befreite er sie.
Sie schrien zu Jahwe in ihrer Not,
aus ihrer Bedrängnis führte er sie hinaus.«
Bibel, Verse 6, 13

»Wenn Ihre Mitarbeiter plötzlich weitaus effizienter arbeiten, liegt das nicht unbedingt an den bevorstehenden Lohngesprächen. – Wenn Sie dieses Jahr mehr Umsatz machen, liegt das nicht unbedingt an Ihrer Preispolitik. – Wenn Ihr Buchhalter rot sieht, liegt das nicht unbedingt an Ihrem Jahresabschluß. – Wenn Ihre Sekretärin Tränen in den Augen hat, liegt das nicht unbedingt an Ihrem Salär.«
Rüegg-Naegeli,
Büroplanung und Büroeinrichtungen

»Es gibt kein Land, das nicht ordentliche Gesetze hätte; es gibt kein Land, das nicht wirre Gesetze hätte.
Es gibt kein Land, das nicht tüchtige Männer hätte; es gibt kein Land, das nicht untüchtige Männer hätte.
Es gibt kein Land, das nicht brave Bürger hätte; es gibt kein Land, das nicht aufsässige Bürger hätte.
Es gibt kein Land, das nicht schöne Bräuche hätte; es gibt kein Land, das nicht üble Bräuche hätte.«                    Sunzi, China

»Wünscht man, daß die Menschen einen lieben, muß man zuvor lieben die Menschen; wünscht man, daß die Menschen einem folgen, muß man zuvor folgen den Menschen.«                    Kyü Tsin, China

»Das deutsche Schicksal: vor einem Schalter zu stehen. Das deutsche Ideal: hinter einem Schalter zu sitzen.«                    Kurt Tucholsky

• **Kommentar:**
Wenn Sie es nicht bereits getan haben, so verlernen Sie bitte alles, was Sie in der Schule in bezug auf den Satzbau gelernt haben. In der Schule mußten wir die Satzstellungen immer so drehen und wenden, daß nicht ein Satz wie der andere aufgebaut war. In der Rhetorik ist es erwünscht, daß die entscheidenden Sätze denselben Konstruktionsprinzipien folgen. Wiederholung beruhigt, erleichtert die Erkennbarkeit eines Gedankenganges. Legen Sie also Kernbotschaften denselben Satzaufbau zugrunde.

## Nr. 32 Die Beziehung von Satzgliedern: Zeugma
### Richtig auf die Reihe bringen

• **Definition:**
Das Zeugma bezeichnet eine (vermeintlich) unpassende Beziehung eines Satzgliedes auf zwei oder mehrere Satzglieder. Oft

wird ein Verb, das mehrere Satzglieder verbindet, nur ein einziges Mal benutzt.

## • Beispiele:

»Denn Feuer *ging* von Chesbon *aus*,
die Flamme von der Burg Sichons.«        Numeri 21, 28

»Der beste Arzt *verarztet* den Staat,
der nächstbeste die Kranken.«        Kyü Tsin, China

»Sie *kümmern sich um* die Familie. Und Zug um den Braten.«
        V-Zug, die Zartgar-Automatik macht das Kochen einfacher

»Es ist leichter, den Mund *zu halten*, als eine Rede.«
        Heinz Erhardt

»Qualität ist, wenn die Kunden zurückkommen – und nicht die Ware.«        Swisscom (Telecom PTT)

## • Kommentar:

Das Zeugma fügt zwei unabhängige Satzglieder zu einer einpräg-samen und zuverlässigen Formel zusammen.
Das Zeugma macht jede Aussage kürzer und griffiger, manchmal witziger und vor allem pfiffiger.

## Nr. 33  Die Anhäufung von Satzgliedern: Akkumulation
### Mit ist besser als ohne

## • Definition:

Die Akkumulation zählt einzelne Begriffe auf, die zu einem Ober-begriff gehören.

- **Beispiele:**
»... wir müssen aber bedenken, *daß* wir uns im Anfangsstadium einer der größten Schlachten der Weltgeschichte befinden, *daß* wir an vielen Punkten Norwegens und Hollands kämpfen, *daß* wir im Mittelmeer kampfbereit sein müssen, *daß* der Luftkrieg ohne Unterlaß weitergeht und *daß* wir hier im Lande viele Vorbereitungen treffen müssen.«

Winston Churchill, Blut-und-Tränen-Rede, 1940

»Denn ich kenne keine Stadt, die jemals achtzehn Jahre lang belagert wurde und dennoch lebt *mit* ungebrochener Vitalität, *mit* unerschütterlicher Hoffnung, *mit* gleicher Stärke und *mit* gleicher Entschlossenheit wie heute West-Berlin.«

John F. Kennedy, Ich bin ein Berliner, 1963

- **Kommentar:**
Die Akkumulation hebt die Bedeutung eines Oberbegriffs durch die eindringliche Wiederholung verdichteter Aussagen ( ..., daß/ mit ...) hervor.

## Nr. 34  Die Umstellung von Satzgliedern: Hyperbaton
### In verschiedenen Stellungen

- **Definition:**
Hyperbaton wirft die nach dem allgemeinen Sprachempfinden geläufige Wortfolge durch eine bewußte Umstellung durcheinander. Mit einer Umstellung wird ein Satz oder ein Satzglied aufgebrochen. Absichtlich wird ein Satzbruch herbeigeführt. Die Umstellung des Satzgliedes oder des Satzes erfolgt durch die Einfügung eines oder mehrerer Wörter an einer anderen als der gemeinhin erwarteten Stelle (auch Anakoluth oder Katachresis genannt).

- **Beispiele:**

»Ich glaube – *lachen Sie nur* –, daß ich eine Giraffe zeichnen kann.«

»An Winterabenden bereite ich meinen Gästen – *die Käsemischung stammt von meiner Großmutter* – gerne ein Fondue zu.«

»Es zog Abraham aus Ägypten, er mit seiner Frau und seiner ganzen Habe – *auch Lot war bei ihm* – nach dem Negeb.«

Genesis 13, 1

»Und jeder Busen ist, *der fühlt*, ein Rätsel.«

Heinrich von Kleist, Penthesilea

»Das *blaue* Lachen ihrer Augen.«          Otto Ludwig

»Alle Blumen mich *nicht* grüßen ...«      Clemens Brentano

»O laß *nimmer* von nun an mich dieses Tödliche sehn ...«

Friedrich Hölderlin

- **Kommentar:**

Umstellungen – und nur darauf kommt es an – brechen den gewöhnlichen Satzbau, beleben den Sprachfluß, lockern auf und bieten eine hervorragende Gelegenheit, »human touch« einfließen zu lassen.

Tatsächlich gilt ein Hyperbaton stets als Einladung zum »human touch«, als Einladung, die Menschen rhetorisch zu streicheln. Stellt Ihnen während eines Fluges eine Flugbegleiterin (Stewardeß) die Frage: »Fühlen Sie sich wohl?«, sagen Sie nicht einfach: »Ja.« – vorausgesetzt, Sie fühlen sich wirklich wohl –, das wirkt plump. Sagen Sie auch nicht: »Ich fühle mich sehr wohl.« Damit verpassen Sie die Chance zum »human touch«. Sagen Sie statt dessen: »Ich fühle mich auf diesem Crossair-Flug – und das ist, sehr geehrte Frau X, wesentlich das Verdienst Ihrer überaus gastfreundlichen Crew – sehr wohl.«

• **Definition:**

Anastrophe bedeutet die Umstellung eines Satzes von der Aussageform in die Frageform.

• **Beispiele:**

In einer medienpolitischen Diskussion eröffnen Sie ein Statement.

Statt in der Aussageform:

»*Es ist nicht demokratisch, daß* einige wenige auswählen können, was wir im Fernsehen konsumieren müssen.«

Besser in Frageform:

»*Ist es demokratisch, daß* einige wenige auswählen können, was wir im Fernsehen konsumieren müssen?«

In der Aussageform legen wir uns voreilig fest. In der Frageform wirken wir feiner. Wir preschen nicht vor mit der Behauptung: »So ist es.« Wir tasten uns heran mit der Frage: »Ist es nicht so?«

Ein Referent eröffnet ein Anlageseminar.

Statt in Aussageform (woher nur die Sicherheit?):

»*Sie sind sicher gekommen mit dem Ziel*, etwas lernen zu wollen.«

Besser in Frageform:

»*Ist zufälligerweise jemand gekommen mit dem persönlichen Ziel*, für sich etwas lernen zu wollen?«

Mit der Frageform stimmt die Wortwahl überein: zufälligerweise, persönlich, für sich. Jedes einzelne Wort – bewußt gesetzt – steht im Einklang mit der vorsichtigen und abtastenden Frageform.

Hände hoch? Gelegentlich stellen Referenten eine Frage an die Zuhörer, verbunden mit der Aufforderung, ein Handzeichen zu geben, ob sie der einen oder der anderen Meinung sind. Oft gelingt es selbst geübten Sprechern nicht, die Zuhörer zu einem Handzeichen zu veranlassen. Warum? Weil sie die Frage nicht mit wohlklingenden Wörtern stellen. Nur wenn Sie die feine Klinge

93

führen, bringen Sie die Leute so weit, daß sie die Hand erheben. Beispiel:»Ist *zufälligerweise* jemand gekommen mit dem *persönlichen Ziel, für sich* etwas lernen zu wollen? *Nicht für seinen Chef, nicht für seine Kunden, sondern für sich persönlich, den bitte ich um ein Handzeichen.*«Jetzt melden sich die Leute.

Statt überheblich in Aussageform:
»*Ich bin unwiderstehlich.* Ihre Alpenmilchschokolade.«
Besser keck in Frageform:
»*Bin ich nicht unwiderstehlich?* Ihre Alpenmilchschokolade.«

Milka

• **Kommentar:**
Es gibt Leute, die können das schwere Geschütz nicht lassen. Von allem Anfang an müssen sie wie ein Berserker mit dem Centurion-Panzer so richtig rauf und runter walzen. Allen kleinen und großen Berserkern sei es ins Ohr geflüstert: Wer sich zu früh mit einer Aussage festlegt, bietet unnötigerweise Angriffsflächen. Wer hingegen dieselbe Botschaft statt in Aussageform vorerst in Frageform zum Ausdruck bringt, vergibt sich zumindest zu Beginn einer Rede oder eines Redeteils nichts. Vorsichtig Fragende tasten sich auf Samtpfoten vor. Sie wirken weder behauptend noch besserwisserisch und erzielen oft die bessere Wirkung als grobschlächtig Behauptende.
Gedankenanstoß: Könnte gelungene Rhetorik nicht bedeuten, auf neun Fragen erst eine erste eigene Aussage zu machen?

## Nr. 36  Die Fragekunst: Mäeutik
### Hebammenkunst

• **Definition:**
Mäeutik bezeichnet die von Platon dem Sokrates zugeschriebene Kunst der geistigen Entbindung, das heißt die Fähigkeit, andere durch geschickte Fragen zu Erkenntnissen zu bringen.

- **Beispiele:**

Der Athener Sokrates (470–399 v. Chr.) darf als neugieriger und bedingungsloser Fragesteller bezeichnet werden. Während es seinen Gegenspielern, den Sophisten, um die Wirkung der Rede geht, tritt Sokrates mit dem Anspruch auf, im Dienste der Wahrhaftigkeit radikal und bisweilen rabiat nachzufragen. Deshalb veranstaltet er seine Fragekunst als Hebammenkunst – als geistige Entbindung.

Sokrates begegnet Euthyphron in einer Vorhalle des Gerichts. Euthyphron will nicht eine beliebige Anklage vortragen. Euthyphron will seinen Vater vor Gericht bringen – wegen Totschlags. Euthyphrons Vater hielt Tagelöhner (thés). Im Rausch hat ein Tagelöhner einen anderen Knecht erschlagen. Euthyphrons Vater ließ den Täter fesseln und in eine Grube werfen, schickte einen Boten um Rechtsrat aus und kümmerte sich um nichts weiter. Als der Bote zurückkommt, ist der gefesselte Tagelöhner in der Grube verschmachtet.

Euthyphron will die Sache nicht auf sich beruhen lassen, zum Erstaunen aller Welt und sogar des Sokrates: Euthyphron will seinen eigenen Vater belangen wegen eines Tagelöhners, der zum Totschläger geworden war ... Euthyphron verteidigt den – für seine Zeit unerbittlichen – Standpunkt mit folgenden Worten:

*»E (= Euthyphron): Ich sage, daß das, was ich tue, fromm ist. Fromm ist es, einen Übeltäter zu verfolgen; gleichgültig ob er einen Totschlag begangen oder ein Heiligtum beraubt hat, oder was immer er tat. Und wenn sogar Vater oder Mutter zu Verbrechern geworden sind: sie nicht zu verfolgen, wäre ruchlos. (Zur Begründung seiner Anklage wendet sich Euthyphron nun Sokrates zu). Du, Sokrates, und alle anderen – ihr haltet, wie auch ich, Zeus für den klügsten und gerechtesten der Götter. Von Zeus jedoch wissen wir, daß er den eigenen Vater fesselte, weil dieser seine Söhne verschlungen hatte ohne rechtlichen Grund. Wenn ihr aber Zeus recht gebt wegen seines Verhaltens: wie könnt ihr da mir vorwerfen, ich würde unrecht handeln, wenn ich meinen Vater vor Gericht belange?!*

*S (= Sokrates) entgegnet:* Du weißt, Euthyphron, man wirft mir vor, daß ich unsicher und voller Zweifel bin, wenn es um Götter geht. Du aber kennst dich offenbar aus. Es ist mit Zeus also wirklich so gewesen, wie du sagst?

**Zeus, Sohn des Kronos – Kronos, Sohn des Uranos**
Zur Erinnerung: Der Vater des Zeus heißt Kronos. Kronos hatte sich angewöhnt, alle seine neugeborenen Söhne zu verschlingen. Nur Zeus wurde mit List gerettet. Als Zeus geboren war, bekam Kronos einen in Windeln gewickelten Stein zum Fraß vorgelegt. Zeus aber wurde nach Kreta gebracht und dort von einer Nymphe – der Ziege Amaltheia – aufgezogen. Warum Kronos seine Söhne vertilgen wollte? Kronos selbst hatte auf Verlangen seiner Mutter seinen Vater Uranos mit einer steinernen Sichel im Schlaf entmannt. Nun fürchtete er, daß ihm Gleiches von seinen eigenen Söhnen widerfahren werde. Kastrationsangst seit der zweiten Generation der Götter!

*E:* Genau so war es mit Zeus!

*S:* Und nun sagst du, es sei fromm, daß du deinen Vater vor Gericht bringst.

*E:* So ist es.

*S:* Weil auch Zeus seinen Vater zur Rechenschaft gezogen hatte!?

*E:* Genau so.

*S:* Zu tun wie Zeus, sagst du, sei fromm.

*E:* Ich sehe, du begreifst.

*S:* Da du mich gelehrig findest, kannst du mir auch sagen, was das überhaupt ist – das Fromme!?

*E:* Natürlich kann ich es dir erklären, Sokrates.

*S:* Was also ist fromm?

*E:* Fromm ist, was die Götter lieben. Was sie nicht lieben, ist ruchlos.

*S:* Fromm ist, was die Götter lieben … Ja, das ist eine Antwort. Aber nun laß uns doch auch sehen, ob es die richtige Antwort ist.

*E:* Gewiß ist sie es.

*S:* Sag, da du dich so gut auskennst: Zwischen den Göttern gibt es doch auch Streit; gerade wie bei unsereins.

*E:* Das ist leider der Fall.

*S:* Und auch die Götter streiten darüber, was edel und gerecht ist und was unedel und ungerecht ist. Was die einen für gerecht halten, halten andere für ungerecht.

*E:* Das läßt sich nicht bestreiten.

*S:* Was nun einer für ungerecht hält oder für unedel, das liebt er nicht.

*E:* Allerdings!

*S:* Wenn nun einer sagt: Das ist gerecht, und der andere sagt: Das ist nicht gerecht – dann liebt also der eine das, und der andere liebt genau dasselbe nicht.

*E:* Richtig.

*S:* Wenn der eine Gott etwas liebt und der andere nicht – dann ist ein und dasselbe einmal fromm, einmal nicht fromm.

*E (verlegen):* Das scheint logisch zu sein.

*S:* Aber ich habe dich nach *dem* Frommen gefragt, und nun sagst du, ein und dasselbe kann einmal fromm sein, einmal unfromm, ruchlos, je nach Vorliebe der Götter. Ein Widerspruch also – und nicht fromm, sondern widersprüchlich ist es, wenn du deinen Vater vor Gericht ziehst. Was du tust, mag zwar Zeus gefallen; aber dem Kronos und dem Uranos wird es verhaßt sein ...

*E:* In einem Punkt werden die Götter einig sein, Sokrates! Daß nämlich jeder, der einen anderen ungerecht getötet hat, Strafe leiden muß.

*S:* Zweifelt jemand daran, Euthyphron? Außerdem ist das nicht unser Problem. Du wolltest mir erklären, was fromm ist. Und nun sehen wir: Da streiten Götter über etwas – und dann ist dies zugleich fromm und nicht fromm. So kann es nicht sein, Euthyphron. Nichts kann so und zugleich das Gegenteil sein. Wenn trotzdem die Liebe der Götter bestimmen soll, was fromm ist, dann ist fromm allenfalls, was alle Götter lieben.

*E:* Aber ja, Sokrates, so habe ich es gemeint. Das Fromme ist, was alle Götter lieben. Ruchlos ist, was alle Götter hassen.

*S:* Was also Zeus – *und* Kronos lieben! ... Aber *noch* eine Frage ist offen, Euthyphron. Sag: Wird wohl das Fromme von den Göttern geliebt, weil es fromm ist, oder ist das Fromme fromm, weil es geliebt wird?

*E:* Ich verstehe nicht, Sokrates.

*S:* Wenn wir eine Sache *sehen* – dann ist hier das Sehen, dort das Gesehene. Und beides ist doch verschieden. Das Gesehene *ist da!* Das Sehen – geschieht. Nur: Was man sieht, ist auch da, wenn man nicht hinschaut. Etwas ist vorhanden – und man kann es ansehen oder den Blick darauf unterlassen. Kannst du mir folgen?

E: Freilich verstehe ich das!

S: Und genauso könnte es sein mit dem, was man lieben kann. Was die Götter lieben können. Es ist da, das Fromme, das Gerechte, und die Götter lieben es.

E: Ja, sie lieben es.

S: Das Fromme! Das Gerechte! Und weil die Götter es lieben, sollten wir es auch lieben.

E: So ist es.

S: Wenn es allerdings *da ist*, das Fromme, das Gerechte: müssen wir dann die Götter danach fragen? Müssen wir uns nach ihrem Vorbild richten, nach ihrer Vorliebe? Oder müssen wir, wenn wir gerecht und fromm sein wollen, nicht ohnehin nach *dem Gerechten selbst* streben?.

E: Wohl ja.

S: Also ist für uns gar nicht entscheidend, daß die Götter es lieben. Entscheidend ist, daß es das Gerechte ist!

E: Aber die Götter lieben es doch! Darauf kommt es an!

S: Nein. Was die Götter lieben, hat nichts damit zu tun, ob es fromm ist oder nicht, gerecht oder nicht.

E: Wie sollte das möglich sein: beides hätte nichts miteinander zu tun?

S: Bedenke: Wenn wir sagen, etwas wird geliebt, dann gibt es da ein Geliebtes. Nun antworte mir: Wird etwas geliebt, weil es ein Geliebtes ist; oder ist es ein Geliebtes, weil es geliebt wird?

E: Das zweite ist sicher richtig: ein Geliebtes, weil es geliebt wird.

S: Aber das Fromme, das Gerechte, ist an sich gerecht, unabhängig davon, ob man es liebt. Also haben Frömmigkeit und Gerechtigkeit einerseits, die Vorlieben der Götter andererseits nichts miteinander zu tun. Und was folgt daraus?

E: Ja, was?

S: Daß du meine Frage, was die Götter lieben, was also gottgefällig ist, nicht beantwortet hast. Gut, darauf soll es nicht ankommen. Aber du hast auch nicht die andere, entscheidende Frage beantwortet: Was ist denn in Wahrheit das Fromme, das Gerechte? Freilich, du bringst deinen Vater vor Gericht, angeblich weil es fromm sei. Dann sag endlich: Was ist das Fromme?«

Euthyphron weiß sich nicht mehr zu helfen – er flieht. Ob er die

Anklage gegen seinen Vater weiter betrieben hat, ist in den Schriften nicht verbürgt.

Ueding, Grundriß der Rhetorik

## • Kommentar

Die Fragekunst von Sokrates ist radikal, geht also an die Wurzeln. Warum? Erstens fordert Sokrates ein Weiterfragen dort, wo das gewöhnliche, alltägliche Denken aufhört. Ein Weiterfragen also auch, wo das gewöhnliche Fachdenken, die durchschnittliche Wissenschaft aufhört. Euthyphron fragt nicht weiter.

Euthyphron klammert sich dogmatisch an seinen Grund-Satz, den er nicht in Frage stellt, sondern unbedingt anwenden will: Fromm und gottgefällig ist es, jeden Übeltäter vor Gericht zu bringen. Auf diesen Satz ist der Sohn festgelegt, wie eine Waffe richtet er ihn gegen den eigenen Vater. Rechtfertigend fügt er das Beispiel von Zeus an: Was Zeus tat, gefällt den Göttern – also handle ich gottgefällig, wenn ich Gleiches tue. Zweifel am Grund-Satz kommen dem Euthyphron nicht von selbst, Sokrates muß sie einführen und vorbringen.

Sokrates seinerseits fragt nicht mit dem Ziel, von Göttern Bestätigung zu bekommen. Er fragt, um Einsichten und Erkenntnisse zu erhalten und zu vermitteln. Was ist denn das Kluge, Gerechte, Maßvolle und Tapfere (vier Kardinaltugenden) in Wahrheit? Daß etwas *so* sein soll, aber womöglich *anders, gegenteilig* sein könnte – dies ist ein Grundmuster der Mäeutik von Sokrates, der Frage als Hebammenkunst. Die Geburt – das Zur-Welt-Bringen der Wahrheit – geschieht nicht ohne Geburtsschmerzen.

Vielleicht sieht es so aus, als wolle Sokrates, statt zu einer Erkenntnis zu kommen, den Euthyphron verunsichern, ihn entmutigen. Einer wie Euthyphron, der des Gerechten sicher war, wird hilflos, flieht schließlich. Ob er jedoch einsichtiger geworden ist? Wir wissen es nicht. Auch die Frage, ob es gerecht und fromm sei, den Vater wegen fahrlässiger Tötung eines Totschlägers anzuzeigen: sie ist ungelöst. Immerhin scheint Sokrates den Weg zu weisen, auf dem Euthyphron das Gerechte und das Fromme zu suchen habe: nicht in der Vorliebe der Götter, sondern an ihrem wahren Ort, nämlich bei sich selbst.

Augenfällig war *Sokrates als Aufklärer* tätig. Er zerstörte eine

»Gewißheit« des allzu selbstsicheren Euthyphron. Er entlarvte die scheinbare Gewißheit als Vorurteil – bestimmt ein lohnendes Ziel im Ringen um Wahrhaftigkeit.

Wer etwas für unumstößlich, richtig und gewiß hält, gehe durch die aufreibenden Mühlen des Sokrates – und wer dann immer noch zur anfänglich geäußerten Ansicht steht, der möge tun, was er nicht lassen kann ... ⏝

Wahrscheinlich leben Sie – geschätzte Leserin, geschätzter Leser – wie auch ich mit scheinbar festen Ansichten und unverrückbaren Gewißheiten. Gesetzt den Fall, diese Vermutung stimmt, so darf ich Frauen und Männer gleichermaßen einladen, sich der Hebammenkunst zu öffnen. Mehr Hebammen zwecks geistiger Entbindung im Sinne von Sokrates braucht das Land!

## Nr. 37 Die Scheinfrage: Rhetorische Frage
### Der Denkreiz

• **Definition:**
Die rhetorische Frage ist eine Scheinfrage. Die Scheinfrage soll vom Partner gar nicht wirklich beantwortet werden, denn die Antwort liegt angesichts der Einbettung der Frage auf der Hand. Die Scheinfrage ist ein Denkanreiz.

• **Beispiele:**
»*Wollen Sie nicht etwas für Ihre Figur tun?*«      Kieser, Fitneßübung

»*Kann eine Stange Sünde sein?*«      Warteck, Bier

Titel eines Artikels über die Einheitswährung Euro:
»*Soll die Währungsunion à tout prix erzwungen werden?*«
      »Neue Zürcher Zeitung«

»Der Fürst liebt nur sich und hat kein Herz für seine Untertanen, deshalb schadet er ihnen und hat stets nur den eigenen Nutzen im

Auge. *Woher kommt das?* Alles aus dem Mangel an gegenseitiger Liebe.«                    Mo-tzu, 5. Jahrhundert vor Christus, China

»Es braucht keine große Kunst, keine ausgesuchte Beredsamkeit, um zu beweisen, daß die Christen sich gegenseitig dulden müssen. Ich gehe noch weiter: Ich sage euch, daß alle Menschen als unsere Brüder angesehen werden sollen. Was! *Mein Bruder, der Türke? Mein Bruder, der Chinese, der Jude, der Siamese?* Ja, ohne Zweifel; *sind wir nicht alle Kinder des gleichen Vaters und Geschöpfe des gleichen Gottes?*«                    Voltaire, Traité sur la tolérence, 1763

Einleitung einer Rede an Catilina:
*»Wie lange noch, Catilina, willst du unsere Geduld mißbrauchen?«*
                                                                    Cicero

• **Übung:**
»Die Karthager haben die Bündnisse oft gebrochen, in Italien einen grausamen Krieg geführt und Italien verunstaltet.« Zwar ist diese Botschaft inhaltlich spannungsgeladen, in der Form jedoch lahm und langweilig. Verleihen Sie der Botschaft etwas Salz und Pfeffer, stellen Sie ein Gleichgewicht von Inhalt und Form her. Wie? Mit rhetorischen Fragen. Schreiben Sie die Botschaft um.

• **Lösung**
»Wer hat die Bündnisse oft gebrochen? Die Karthager. Wer hat einen grausamen Krieg in Italien geführt? Die Karthager. Wer hat Italien verunstaltet? Die Karthager.« (Rhetorik an Herennius)

• **Kommentar:**
Rhetorische Fragen erhöhen die Akzeptanz. Sie wollen die Zuhörer zum Denken anregen.

# Nr. 38  Die Scheinantwort: Rhetorische Antwort
## Antwort garantiert

• **Definition:**
Die rhetorische Antwort ist eine Scheinantwort auf eine Scheinfrage. Die Scheinantwort auf die Scheinfrage liefert der Fragende gleich selbst mit.

• **Beispiele:**
»Vor uns steht die schwerste aller Prüfungen. Vor uns liegen viele, viele lange Monate des Kampfes und der Entbehrung. Sie fragen: *Was ist unsere Politik?* Ich will es Ihnen sagen: *Es gilt, einen Krieg zu führen* auf der See, auf dem Land und in der Luft mit all unserer Macht – und mit all der Kraft, die Gott uns geben kann. *Es gilt, einen Krieg* zu führen gegen eine ungeheuerliche Tyrannei, die von nichts übertroffen wird in der dunklen traurigen Liste menschlicher Verbrechen. *Das ist unsere Politik.*«

Winston Churchill, Blut-und-Tränen-Rede, 1940

Churchill stellt eine rhetorische Frage: Was ist unsere Politik? Er antwortet nicht nur auf die Scheinfrage mit der durchaus gelungenen Wiederholung des Satzanfanges (Anapher): Es gilt, einen Krieg zu führen … Churchill rundet die Scheinfrage ab mit der Scheinantwort: *Das ist unsere Politik.* Eine solche Abrundung wird oft in der Hitze des Gefechtes vergessen. Leider. Denn die Scheinantwort unterstreicht Churchills Argumentation. Dadurch stärkt er selbst seine Überzeugungskraft.

Vor einigen wenigen Jahren noch hätte ich folgendes Beispiel mit einer rhetorischen Frage einleiten können: Wer kennt sie nicht, die aufregenden Abenteuer von Huckleberry Finn entlang des Mississippis? Im Zeitalter der Political Correctness verschwanden Mark Twains »Abenteuer des Huckleberry Finn« von den Leselisten amerikanischer Schulen, weil das Wort »Nigger« darin vorkommt. Das Wort »Nigger« steht im Originaltext, der aus dem 19. Jahrhundert stammt. Also muß ich dieses Beispiel mit einer

Frage der etwas anderen Art einleiten: Gibt es heute noch jemanden, der Huckleberry Finns aufregende Abenteuer kennt?

Auf einem Floß türmt Huckleberry Finn zusammen mit dem »Nigger« Jim den Mississippi hinunter. Huckleberry Finn plagt sein Gewissen: »*Was hat dir denn die arme Miss Watson getan, daß du zusehen kannst, wie ihr Nigger vor deinen Augen türmt, ohne daß du ein einziges Wort dazu sagst? Was hat dir denn die arme alte Frau bloß getan, daß du sie so gemein behandelst? Sie hat doch versucht, dir die Bibelgeschichten zu erzählen, sie hat versucht, dir anständige Manieren beizubringen, sie hat versucht, so gut zu dir zu sein, wie sie's eben verstanden hat. Das hat sie dir getan.*«

Mark Twain, Die Abenteuer des Huckleberry Finn

Mark Twain leitet zwei rhetorische Fragen mit einer sehr ähnlichen Wendung ein: Was hat dir denn die arme …? Auf die Scheinfrage antwortet er in dreifacher Wiederholung mit einer Scheinantwort: Sie hat (doch) versucht … Damit gibt sich Mark Twain nicht zufrieden. Er rundet das rhetorische Frage-und-Antwort-Spiel ab mit dem Schlußsatz: *Das hat sie dir getan.*

• **Kommentar:**

Auf eine rhetorische Frage folgen in der Regel brav und bieder sachkundige Antworten. Was meist fehlt, ist die rhetorische Scheinantwort in der Art und Weise: Das ist es. Das ist unsere Politik. Das hat sie dir getan. Allzuoft vergessen wir diesen Schlußpunkt. Damit verpassen wir eine Chance. Wer eine Scheinfrage ausdrücklich mit einer rhetorischen Scheinantwort abschließt, signalisiert, daß er die Sache zu Ende denkt, zu Ende führt.

## Nr. 39  Der Scheinwiderspruch: Paradoxon
### Pingelig?

• **Definition:**

Ein Widerspruch wird aufgebaut, indem zwei oder mehr Größen in eine befremdend eigenartige und scheinbar widersinnige Beziehung gebracht werden, um einen mehr oder weniger verborgenen Sachverhalt ins Licht zu rücken (zu entschleiern).

## • Beispiele:

Wer wird schon gelobt, wenn er besonders langsam arbeitet? Langsamkeit führt in der Regel zum Rausschmiß. In der Wartung von Mietwagen jedoch kommt es auf höchste Pingeligkeit an. Prompt lautet der auf den ersten Blick paradoxe Slogan:
»Einer unserer Mechaniker *arbeitet so langsam*, daß wir ihn *befördern* werden.«
Avis, Autovermietung

»Kaufen Sie lieber einen Anzug für *1000 DM. Der für 600 ist zu teuer.«*
Eduard Dressler, Anzüge

»Abschalten können Sie *woanders.«* ZDF
Abschalten (den TV-Apparat ausschalten) auf einem anderen TV-Kanal? Abschalten (sich erholen) bei einer anderen Freizeittätigkeit?

»Wer sein Leben *retten* will, wird es *verlieren*, aber wer es um meinetwillen *verliert*, wird es *retten.«*
Lukas 9,24

»Ein Diplomat ist ein Mann, der *zweimal nachdenkt, bevor er nichts sagt.«*
Winston Churchill

»Stirb *und werde!*«
Johann Wolfgang von Goethe

## • Übung:

**Ergänzen Sie die Aussagen mit einem Paradoxon. Bauen Sie also einen Widerspruch auf.**
1 Weniger wäre *mehr.*
2 Keine Antwort ist _____
3 Wo nix läuft, läuft _____
4 Ein Deutscher wird doppelt so alt wie ein Senegalese, aber ein Senegalese hat _____
5 Das ist richtig _____
6 Nimm du die Schaufel, ich pickle nicht gern, dafür kannst du
_____

- **Lösungsvorschläge**
2 auch eine Antwort
3 der Fernseher
4 doppelt soviel Zeit wie ein Deutscher
5 falsch
6 mit dem Schubkarren arbeiten

- **Kommentar:**
Der verblüffend wirkende und unterhaltsame Widerspruch in der Botschaft erheischt unsere Aufmerksamkeit mit an Sicherheit grenzender Wahrscheinlichkeit. Ein Paradoxon macht uns neugierig und treibt uns an, den rätselhaften Widerspruch aufzulösen.

Besonders kurze Slogans mit einem Paradoxon sind in hohem Maße erklärungsbedürftig, was die Leute schnell einmal in Gespräche und Auseinandersetzungen verwickelt. Und schon ist die Botschaft nachhaltig verankert.

Eigenartigerweise scheint gerade die Aussage »Behalte das bitte für dich« für viele Mitmenschen eine Aufforderung zum Weitererzählen zu sein. Paradox: Wenn Sie eine Botschaft definitiv unter die Leute bringen wollen, reichern Sie diese mit dem Zusatz an: »Sag es bitte nicht weiter.«

## Nr. 40 Die Schönfärberei: Euphemismus
### Herrschaft durch Sprache

- **Definition:**
Beim Euphemismus (gut reden, glückverheißend sprechen) werden peinliche Sachverhalte und anstößige Wörter durch harmlos klingende Wörter und Sätze ausgedrückt, umschrieben, ja verschleiert. Euphemismus meint die verhüllende Umschreibung eines Sachverhaltes oder einer Eigenschaft, die man nicht gerne beim Namen nennt.

## • Beispiele:

Ein Begriff geistert seit einigen Jahren herum, die Political Correctness, abgekürzt PC, was in diesem Fall rein gar nichts mit einem Personalcomputer zu tun hat. Bei der Political Correctness handelt es sich meist um schönfärberische Sprachregelungen, wie sie sich aus dem herrschenden Zeitgeist ergeben haben. Tückisch und hinterlistig an der Political Correctness ist, daß »richtiges« Denken einverlangt wird, ohne daß es von einer dafür legitimierten Instanz festgelegt worden wäre. Es geht um Herrschaft durch Sprache, verordnet durch selbsternannte Sprachhüterinnen und Sprachhüter. Letztere sind die neuen Diktatorinnen und Diktatoren. Fürs erste wollen sie unerwünschte Wörter und Gedanken ausrotten.

Political Correctness (PC) greift zum Euphemismus.

| *Unerwünschte Wörter* | *Erwünschte Wörter* |
|---|---|
| Neger, Nigger | Schwarzer, besser: Farbiger |
| Blinde | Anderssichtige |
| Zwergwüchsige | vertikal Herausgeforderte |
| Dumme | Minderbegabte, später: Andersbefähigte |
| Invalide | körperlich Herausgeforderte |
| Gefängnis | Vollzugsanstalt |
| Wärter | Vollzugsbeamter |
| Verbrecher | Straftäter |

Das Wort »Zigeuner« darf bald nur noch im Zusammenhang mit Franz Lehárs Operette »Der Zigeunerbaron« oder in »Zigeunerschnitzel« verwendet werden. »Korrekt« wäre »Sinti« und »Roma«, obwohl nicht alle Zigeuner Mitglieder diese Gruppen sind und die Begriffe auch grammatikalisch falsch sein sollen (Singular: Sinto/Rom, Plural: Sintiza, Romni). Noch korrekter als korrekt wäre also nach dem Gusto der Sprachregler: »Der Sintizabaron« oder »Der Romnibaron«!


Eingangs sei klar festgehalten: Den USA kommt das Verdienst zu, den irakischen Schreckensherrscher Saddam Hussein in die Schranken gewiesen zu haben. CNN – die amerikanische TV-Station – lieferte 1991 den Golfkrieg live frei Haus. Euphemistisch war die Sprache der Sieger.

Wenn militärische Stellungen des Gegners *zerstört* wurden, hieß es: »Die militärischen Stellungen des Gegners sind *neutralisiert«. – Wenn die Luftwaffe militärische Ziele *zerstört* hatte, hieß es:»Die Flugzeuge haben ihre *Ziele bedient.«* Dasselbe in Englisch:»The planes were *servicing* their targets.« Das Bombardement als Service!

Aus der altertümlichen *Magd* wurde zuerst das Dienstmädchen, das sich in der Nachkriegszeit zur Hausgehilfin entwickelte, später zur Hausangestellten wurde und heute *Hausassistentin* heißt. Die *Vorführdame* mauserte sich zum Mannequin und später zum Modell – und heute heißt sie, wenn sie jünger ist, *Model.* Die *Hair-Designerin, Hair-Stylistin, Hair-Artistin* hieß früher mal *Friseuse, Coiffeuse* oder gar *Haarschneiderin.*

• **Übung:**

**1. Drücken Sie die Sachverhalte euphemistisch (schönfärberisch) aus.**

| *Ungeschminkt ausgedrückt:* | *Schönfärberisch ausgedrückt:* |
|---|---|
| 1  Einspruch | Frage/Beitrag |
| 2  Nicht geschafft | _____ |
| 3  Nicht gestattet | _____ |
| 4  Sich streiten | _____ |
| 5  Tricks | _____ |
| 6  Belehren | _____ |
| 7  Wir müssen befürchten | _____ |
| 8  Nachmittags geschlossen | _____ |
| 9  Halb leer | _____ |
| 10  Werbung, Reklame | _____ |
| 11  Wegwerfflasche | _____ |

**2. Drücken Sie die Sachverhalte euphemistisch (schönfärberisch) aus.**

| *Ungeschminkt ausgedrückt:* | *Schönfärberisch ausgedrückt:* |
|---|---|
| 1  Entlassung von Mitarbeitern | _____ |
| 2  Waldsterben | _____ |
| 3  Spekulationspech | _____ |
| 4  Fremdarbeiter | _____ |
| 5  Putzfrau | _____ |

6 Hauswirtschafterin _____

7 Schuldenberg _____

8 Katastrophe _____

9 Krieg _____

10 Waffen _____

11 Ausrottung der Juden _____

**3. Drücken Sie die Sachverhalte euphemistisch (schönfärberisch) aus.**

*Ungeschminkt ausgedrückt:*   *Schönfärberisch ausgedrückt:*

1 Altern _____

2 Spion _____

3 Unfähig _____

4 Schmiergelder _____

5 Ab DM 5,– _____

6 Nichtssagend _____

7 Atomkraft _____

8 Gift _____

9 Lampenfieber _____

10 Schrottreifes Vehikel _____

• **Lösungsvorschläge**

**1.** 2 Noch zu erledigen/begonnen
3 Nur mit Erlaubnis/erlaubt für
4 Die Meinungsbildung ist noch nicht abgeschlossen
5 Vorschläge/Tips/Methoden
6 Erfahrung weitergeben
7 Wir können hoffen
8 Vormittags geöffnet/von ... bis ... geöffnet
9 Halb voll
10 Konsumententips
11 Einwegflasche

**2.** 1 Freisetzung oder Freistellung von Mitarbeitern/Gesund-schrumpfung des Unternehmens
2 Waldschäden/Waldkrankheiten
3 Wertsteigerungspause
4 Gastarbeiter
5 Reinigungsdienst

6 Oecotrophologin
7 Finanzieller Engpaß
8 Unfall/Ereignis
9 Krise/Verteidigungsfall
10 Peacemaker
11 Endlösung.

**3.** 1 Reifen/an Lebenserfahrung gewinnen
2 Beobachter
3 Glücklos/besser geeignet für
4 Auftragsbeschaffungskosten/Wettbewerbsverdrängungs-
vergütung
5 Schon für DM 5,–
6 Allgemein gehalten/mit Leben füllen
7 Kernkraft
8 Schadstoff
9 Kreative Unruhe
10 Einmaliger origineller Oldtimer

• **Kommentar:**
Euphemismen tragen zur Verharmlosung einer gravierenden Situation bei.

## Nr. 41  Die Redewendung: Latein
### Latin Lover

• **Definition:**
Lateinische Redewendungen und Sprichwörter.

• **Beispiele:**
Die weitverästelte Zeitungslandschaft der Schweiz wird mit gutem Grund als Bannwald der Demokratie bezeichnet. Lichten Fusionen den Bannwald, trifft eine lateinische Wortschöpfung den Nagel auf den Kopf:
*»Fusionitis acutis.«*                »Neue Zürcher Zeitung«

109

»Ich appelliere vom schlecht informierten Papst an den gründlicher zu informierenden Papst.« (»*Appello a papa male informato ad papam melius informandum.*«)                    Martin Luther

• **Übung:**

Ich lade Sie zu einem erfrischenden und nutzenstiftenden Kurzlehrgang in Latein ein. Die Liste enthält dreiundfünfzig gebräuchliche Redewendungen. Entweder Sie bringen einen lateinischen Rucksack mit: dann frischen Sie die Redewendungen auf. Oder Sie sind in Latein nicht vorbelastet: dann lernen Sie die Vokabeln auswendig. Sie haben schon richtig gelesen: auswendig. Warum sich das lohnt? Zum einen verstehen Sie lateinische Ausdrücke besser. Zum anderen versetzen Sie sich in die Lage, sich vielfältiger auszudrücken.

| | |
|---|---|
| Ab initio nullum semper nullum. | Anfangs nichtig, immer nichtig. Digesta |
| Ab bove maiore discat arare minor. | Vom größeren Ochsen lerne der kleinere pflügen. Altrömisch |
| Ad nummum convenit. | Es stimmt auf den Pfennig. Cicero |
| Ad oculos. | Vor Augen. Cicero |
| Alea iacta est. | Der Würfel ist geworfen. Cäsar |
| Amanti nihil difficile. | Nichts ist für einen Liebenden schwer. Cicero |
| Aqua et panis est vita canis. | Wasser und Brot, das ist ein Hundeleben. Altrömisch |
| Aquila non captat muscas. | Ein Adler fängt keine Fliegen. Erasmus |
| Asinus asinum fricat. | Ein Esel reibt sich (gern) an einem Esel. Ausonius |
| Consummatum est. | Es ist vollbracht. Johannes |
| Cui bono? | Wem nützt es? Cicero |
| Cum grano salis | Mit einem Korn Salz (etwas ist nicht ganz wörtlich zu nehmen, mit entsprechender Einschränkung) Plinius |
| Curriculum vitae. | Lebenslauf |
| Decipimur specie recti. | Wir werden vom Schein getäuscht. Horaz |

| | | |
|---|---|---|
| De facto | Tatsächlich | Digesta |
| De iure | Von Rechts wegen | Digesta |
| Deus ex machina | Der Gott aus der Maschine (ein unverhoffter Retter) | Platon |
| Divide et impera! | Teile und herrsche. | Ludwig XI. |
| Do, ut des. | Ich gebe (dir), damit du (mir) gibst. | Digesta |
| Ecce homo! | Siehe: (Welch) ein Mensch! | Johannes |
| Edite, bibite! | Eßt, trinkt! | Sardanapalus |
| Et tu, Brute? | Auch du, Brutus? | Cäsar |
| Exitus acta probat. | Der Erfolg beurteilt die Tat. | Ovid |
| Exitus in dubio est. | Der Ausgang ist zweifelhaft. | Ovid |
| Fama volat. | Das Gerücht fliegt (eilends). | Vergil |
| Felix, heu, nimium felix! | Glückliche, ach, allzu Glückliche! | Vergil |
| Homo bulla. | Der Mensch ist eine Luftblase. | Varro |
| Homo homini lupus est. | Der Mensch ist dem Menschen ein Wolf. | Hobbes |
| Homo ludens | Der spielende Mensch | Huizinga |
| Horribile dictu, horribile visu. | Schrecklich zu sagen, schrecklich anzusehen. | Vergil |
| In dubio pro reo. | Im Zweifel für den Angeklagten. | Bossius |
| In nuce | In der Nuß (im Kern) | Plinius |
| In vino veritas. | Im Wein (liegt) Wahrheit. | Plinius |
| Male sit tibi! | Soll sie doch der Henker holen! | Altrömisch |
| Omnia vertuntur. | Alles wandelt sich. | Properz |
| Ora et labora. | Bete und arbeite. | Hl. Benedikt |
| Otium cum dignitate | Muße mit Würde | Cicero |
| Pacta sunt servanda. | Verträge müssen eingehalten werden. | Gregor IX. |
| Panem et circenses | Brot und Spiele | Juvenal |
| Perpetuum mobile | Unaufhörlich Bewegliches | Schott |
| Possum nil ego sobrius. | Nüchtern vermag ich nichts. | Martial |

| | |
|---|---|
| Praeter speciem stultus est. | Er ist dümmer, als er aussieht. |
| | Plautus |
| Pro domo | Für das eigene Haus (das eigene |
| | Interesse) Cicero |
| Quo vadis? | Wohin gehst du? Linus |
| Saepe viri fallunt. | Oft betrügen die Männer. Ovid |
| Sancta simplicitas | Heilige Einfachheit Hieronymus |
| Semper idem | Immer derselbe Cicero |
| Suum cuique | Einem jeden das Seine Cicero |
| Tabula rasa | Eine geglättete Tafel |
| | Thomas von Aquin |
| Terra incognita. | Ein unbekanntes Land. Tacitus |
| Usus tyrannus. | Die Macht der Gewohnheit ist ein |
| | Tyrann. Herodot |
| Ut ameris, ama! | Um geliebt zu werden, liebe! |
| | Martial |
| Veritas odium parit. | Wahrheit erzeugt Haß. Terenz |

Drei Testserien dienen Ihnen zur Selbstkontrolle.

**1. Was bedeuten die lateinischen Redewendungen in deutscher Sprache?**

*In Latein*          *In deutscher Sprache?*

1 Horribile dictu, horribile visu    _____
2 In dubio pro reo.    _____
3 Ad oculos    _____
4 Cui bono?    _____
5 Pro domo    _____
6 Quo vadis?    _____
7 Suum cuique    _____
8. Edite, bibite!    _____
9 Fama volat.    _____

**2. Welche Ausdrücke passen zusammen?**
*Ordnen Sie die richtige Zahl dem richtigen Buchstaben zu.*

1 Amanti nihil difficile.    a Es ist vollbracht.
2 Pacta sunt servanda.    b Soll sie doch der Henker
    holen.
3 Praeter speciem stultus est.    c Ein Adler fängt keine Flie-
    gen.

| | |
|---|---|
| 4 Veritas odium parit. | d Nichts ist für einen Lieben-den schwer. |
| 5 Aquila non captat muscas. | e Er ist dümmer, als er aus-sieht. |
| 6 Consummatum est. | f Wahrheit erzeugt Haß. |
| 7 Exitus acta probat. | g Verträge müssen eingehal-ten werden. |
| 8 Male sit tibi! | h Der Erfolg beurteilt die Tat. |

**3. Nennen Sie die lateinischen Ausdrücke für diese Rede-wendungen**

*In deutscher Sprache*    *In Latein?*
1 Ich gebe (dir), damit du
  (mir) gibst.     _____
2 Der Würfel ist geworfen.     _____
3 Tatsächlich     _____
4 Von Rechts wegen     _____
5 Im Wein (liegt) Wahrheit.     _____
6 Um geliebt zu werden, liebe!     _____

• **Lösungen**
**1.** 1 Schrecklich zu sagen, schrecklich anzusehen
  2 Im Zweifel für den Angeklagten.
  3 Vor Augen
  4 Wem nützt es?
  5 Für das eigene Haus (das eigene Interesse).
  6 Wohin gehst du?
  7 Einem jeden das Seine
  8 Eßt, trinkt!
  9 Das Gerücht fliegt (eilends).

**2.** 1d, 2g, 3e, 4f, 5c, 6a, 7h, 8b.

**3.** 1 Do, ut des.
  2 Alea iacta est.
  3 De facto
  4 De iure
  5 In vino veritas.
  6 Ut ameris, ama!

• **Kommentar:**
Die lateinischen Redewendungen passen auf nahezu alle und alles. Lateinische Zitate passen, weil sie allgemein gehalten sind. Diesen Vorteil machen Sie sich zunutze. Schließen Sie eine Gruppenarbeit ab, sagen Sie:»Consummatum est.« Oder reiben sich in einer Sitzung zwei Streithähne an zeitraubenden Kleinlichkeiten auf, stellen Sie kurz und bündig fest:»Asinus asinum fricat.« Latin Lover, gebt acht! Versteht der Gesprächspartner lateinische Zitate nicht, beginnt er nachzugrübeln, was für eine bedeutungsschwangere Antwort Sie wohl parat hatten. Dieses Nachgrübeln schwächt die Sicherheit des Gesprächspartners. Latin Lover, habt acht! Dem Latein haftet die Aura der Gelehrsamkeit an. Bombardiert Sie jemand wiederholt mit unverständlichem Latein, so schlagen Sie wirksam wie Asterix und Obelix mit einem lateinischen Zitat zurück:»Deliarant, isti Romani!«–»Die spinnen, die Römer!«

# Nr. 42 Das Sprichwort: Phraseologismus
## Des Pudels Kern

• **Definition:**
Sprichwörter (Phraseologismen) vermitteln Weisheiten, Lebensregeln, Erfahrungen.

• **Beispiele:**
»Heute ist wieder ein Tag zum *in die Luft gehen.*«        Lufthansa

»*Bringen* Sie Ihren Mann *zum Kochen.* Ab 2100 DM.«
                                                    Siemens Kochherde

Nina Ruge, Fernsehblondine und Nachrichtenfrau in einem Interview.
Frage »ZEITmagazin«:»Hat Ihr Aussehen Ihre Karriere behindert?«

114

Antwort Nina Ruges:»Als Nachrichtenjournalistin, ja. In Deutschland glauben die Fernsehchefs, eine Moderatorin oder Sprecherin müsse *mehr Haare auf den Zähnen haben* als auf dem Kopf.«

Die Schauspieltruppe als Schlüssel zum Erfolg:
»Wäre das Theater ein *Pudel*, hieße sein *Kern* Ensemble.«

»Neue Zürcher Zeitung«

Solche Formeln können beliebig in andere Bereiche übertragen werden: Wäre der 1. FC Bayern München ein Pudel, hieße sein Kern Franz Beckenbauer. Wäre das Fernsehen ein Pudel, hieße sein Kern Einschaltquote.

• **Übung:**
**Welche Sprichwörter drücken folgenden Sachverhalte konkreter und prägnanter aus?**
1 Wer eine neue Stelle angetreten hat, arbeitet erst mit besonderem Eifer, will vieles verändern und verbessern, wird aber bald erlahmen.
2 Wer sich einmal unvorsichtig einer Gefahr ausgesetzt und infolgedessen einen Schaden davongetragen hat, wird sich davor hüten, denselben Fehler nochmals zu begehen.
3 Mangelnde körperliche oder geistige Betätigung wirkt sich auf die Dauer in mangelnder Beweglichkeit aus.
4 Es kommt nicht selten vor, daß Kinder ihren Eltern sowohl in der Anlage als auch in ihrem Charakter und Verhalten ähnlich sind.

• **Lösungsvorschläge**
1 Neue Besen kehren gut.
2 Gebranntes Kind scheut das Feuer.
3 Wer rastet, der rostet.
4 Der Apfel fällt nicht weit vom Stamm.
   Wie die Alten sungen, zwitschern auch die Jungen.

• **Kommentar:**
Dank der formelhaften Prägung wirken besonders die bekannten Sprichwörter eindringlich.

# Nr. 43 Die Verfremdung: Transformation
## Verpackungskünstler

* **Definition:**
Mit der Verfremdung geht eine Umwandlung, Umformung und Umgestaltung von Sprichwörtern, Redensarten, Weisheiten, Lebensregeln, Erfahrungen einher.

* **Beispiele:**
Statt:»Man spricht deutsch.«
Verfremdet:»Man spricht *Heineken*.«           Heineken, Bier

Statt:»Aller Anfang ist schwer.«
Verfremdung des Sprichwortes:»Aller Anfang ist *er*.«
VW, Slogan für einen gebrauchten VW Polo
als Einstiegsmodell für Anfänger

Statt:»Sicher, sicherer, am sichersten.«
Verfremdung der Steigerungsform:»Sicher, sicherer, *Volvo*.«
Volvo

Statt:»Nur Fliegen ist schöner.«
Verfremdung des geflügelten Wortes:»Nur *Fahren* ist schöner.«
Mercedes-Benz

Statt:»Der Mann, der aus der Kälte kam.« (Krimi von John Le Carré)
Verfremdung des Krimititels:»CTC – *die Heizung*, die aus der Kälte kam.«           CTC

Statt:»*Brave* Mädchen kommen in den Himmel, *böse* überall hin.«
Verfremdung des Buchtitels von Ute Ehrhardt:»*Brave* Mädchen kommen in den Himmel, und *freche* kommen zu RTL.«
RTL, Slogan für eine Sendung der
Moderatorin Margarethe Schreinemakers

116

Statt:»Kleider machen Leute.«
Verfremdung des Sprichworts:»*Wörter* machen Leute.«

Wolf Schneider, Buchtitel

Statt:»Was Hänschen nicht lernt, lernt Hans nimmermehr.«
Verfremdung des Sprichworts:»Sie wissen doch, was Hänschen
nicht lernt, *kann Hans immer noch lernen.*«

Hans Dietrich Genscher

## • Übung:

Ein Philosoph wie René Descartes (1596–1650) findet allein im
denkenden Selbstbewußtsein die eine, unumstößliche Gewißheit.
Bahnbrechende Wirkung erzielten Sätze wie »Ich denke, also bin
ich« oder »Ich zweifle, also bin ich«. Nur der Philosoph vergewis-
sert sich selbst als Denkender, als Zweifelnder.
Im Alltag vergewissern sich (wir) Nichtphilosophen anders – den
unausweichlichen Lebensumständen entsprechend. So demon-
strieren im Winter 1996/1997 viele Bürgerinnen und Bürger in
Belgrads Straßenzügen gegen den Gewaltherrscher Slobodan
Milosevic. Diese Demonstranten haben den eingangs erwähnten
Satz frech und pfiffig verfremdet:
»Ich laufe, also bin ich.«

**Legen Sie den Satz »Ich ..., also bin ich.« mit einer Verfremdung
verschiedenen Rollenträgern in den Mund:**
1 Der Konsument:»Ich ..., also bin ich.«
2 Der Landwirt:»Ich ..., also bin ich.«
3 Der Politiker :»Ich ..., also bin ich.«
4 Der Pilot:»Ich ..., also bin ich.«
5 Der Alternative:»Ich ..., also bin ich.«

## • Lösungsvorschläge
1 »Ich kaufe, also bin ich.«
2 »Ich erhalte Subventionen vom Staat, also bin ich.«
  Oder:»Ich jammere, also bin ich.«
  Oder:»Ich bewirtschafte meinen Hof nach unternehmerischen
  Gesichtspunkten, also bin ich.«
3 »Ich finde ein Bild von mir in der Zeitung, also bin ich.«

4 »Ich habe exakt so viele Landungen wie Starts hinter mir, also bin ich.«

5 »Ich wandle auf bastgeflochtenen Schuhen, also bin ich.«

• **Kommentar:**
Verfremdung ist eine Kunst, die nicht nur dem Verpackungskünstler Christo vorbehalten bleiben sollte. Die Verfremdungskunst versieht eine bekannte Vorlage mit einem Schuß Kreativität. Der Bekanntheitsgrad der Vorlage erleichtert die Vermittlung der Botschaft. Die Verfremdung der Vorlage fesselt das Publikum.

## Nr. 44 Die Steigerung: Klimax
### Bis zum Höhepunkt

• **Definition:**
Klimax bedeutet die Steigerung eines Ausdrucks in Einzelschritten. Die Steigerung endet mit dem Höhepunkt.

• **Beispiele:**
Statt:»Wir haben in Ihrer Abteilung *drei* Kostenüberschreitungen festgestellt.«
Eindringlicher:»Was wir in Ihrer Abteilung festgestellt haben?
*Nicht eine, nicht zwei, sondern drei* Kostenüberschreitungen!«

Statt:»In der vergangenen Spielzeit hast du *zehn* Tore erzielt. Bravo!«
Eindringlicher:»In der vergangenen Spielzeit hast du *nicht zwei, nicht vier, du hast zehn* Tore erzielt! Bravo!«

Statt:»Im Urlaub hast du vierhundert Kilometer auf dem Rad zurückgelegt.«
Eindringlicher:»Im Urlaub hast du *nicht einhundert, nicht zweihundert, sondern vierhundert Kilometer* zurückgelegt.«

»Herr Wehner, in jeder Fraktion, in jeder Partei gibt es *Eifrige, Übereifrige und Allzueifrige.*«

Kurt Georg Kiesinger, CDU, am 23. Januar 1958<br>vor dem Deutschen Bundestag

»*Bayern* sichern. *Deutschland* gestalten. *Europa* bauen.«

Parteitag der Christlich-Sozialen Union CSU, München 1993

»Was Sie schon immer *bewegte*, waren Limousinen mit Komfort. Was Sie jetzt *beflügelt*, ist das Plus an Sportlichkeit.«

Toyota, Slogan für den Lexus

»Sony's goal: To be *The* Excellent Company of the 1990s.«

Sony, Leitbild und Grundsätze

»Dem Africanus erwarb seine Tätigkeit *Tugend*, seine Tugend *Ruhm*, sein Ruhm *Nebenbuhler.*«

Rhetorik an Herennius

»Dieser Mann lebt. *Lebt? Nein,* er kommt sogar noch in den Senat!«

Cicero

»Gut – besser – *Paulaner.*«

Paulaner-Brauerei

## • Statt einer Übung:

Statt einer gewöhnlichen Übung schlage ich Ihnen etwas ganz Besonderes vor. Loben Sie ein Kind. Nicht einfach so. Sondern bewußt in Anwendung einer Steigerungsform (Klimax). Sagen Sie nicht: »Du kannst jetzt schon drei Längen im Schwimmbecken schwimmen, ohne auch nur ein einziges Mal abzusetzen.« Sagen Sie mit einer Klimax: »Du kannst jetzt nicht eine, auch nicht zwei, sondern gar drei Längen im Schwimmbecken schwimmen, ohne auch nur ein einziges Mal abzusetzen.« Und Sie werden sehen, daß die glänzenden Kinderaugen noch mehr leuchten und strahlen.

Bald hätte ich es vergessen. Häufig loben Erwachsene die herzigen Kinderlein überschwenglich. Kinder können sich des Lobes zeitweise kaum erwehren. Wie steht es mit erwachsenen Mitmenschen? Wenn Sie also schon dran sind, loben Sie also auch einen erwachsenen Menschen mit einer Klimax. Leuchtende Augen sind Ihnen ebenso gewiß wie bei Kindern, denn viele Erwachsene lechzen nachgerade nach Zuwendung und Anerkennung.

- **Kommentar:**
Mit der Steigerung bleibt der Sachverhalt gewahrt. Nur die Dramaturgie ändert sich. Derselbe Sachverhalt wird aufregender und spannungsreicher dargestellt. Gesteigert wird dadurch die innere Bewegtheit der Gesprächspartner.
Ich kann es mir nicht verkneifen. Als Autor hoffe ich, nein, als Autor bin ich überzeugt, daß Sie sich die Steigerungsform tatsächlich zu eigen und zunutze machen. Der Einsatz der Klimax ist im Alltag sehr einfach und sehr wirksam, wie die frei erfundenen Beispiele belegen. Automobil: Leise, leiser, Rolls-Royce. Informatik: Schnell, schneller, Intel. TV-Show: Kreativ, kreativer, Harald Schmidt. Golfsport: Erfolgreich, erfolgreicher, Tiger Woods.

# Nr. 45 Die Rücksteigerung: Antiklimax
## Bis zum Tiefpunkt

- **Definition:**
Die Rücksteigerung eines Ausdrucks in Einzelschritten vom Wichtigen zum Belanglosen. Die Rücksteigerung endet mit dem angestrebten und erwünschten Tiefpunkt (geringerer Zeitaufwand, weniger Fehler, weniger Ausschuß, weniger Abfall).

- **Beispiele:**
Statt einem Schüler mit Rechtschreibschwäche zu sagen:»In deiner Schriftprobe habe ich *zehn* Fehler festgestellt.«
Eindringlicher:»In deiner Schriftprobe habe ich *nicht zwanzig, nicht fünfzehn, sondern zehn* Fehler festgestellt.«
Statt:»Zeitlebens war er mit dem Auto in *zwei Unfälle* verwickelt.«

Eindringlicher:»Zeitlebens war er mit dem Auto *nicht in zehn, nicht in acht, sondern in zwei* Unfälle verwickelt.«

Statt:»Die faulen Kredite dieses Bankinstituts betragen *fünfzig Millionen* Deutsche Mark.«
Eindringlicher:»Die faulen Kredite dieses Bankinstituts betragen *nicht zweihundert, nicht einhundert, sondern fünfzig Millionen* Deutsche Mark.«

»Und um den *Papst* zirkulieren die Kardinäle.
Und um die *Kardinäle* zirkulieren die Bischöfe.
Und um die *Bischöfe* zirkulieren die Sekretäre.
Und um die *Sekretäre* zirkulieren die Stadtschöffen.
Und um die *Stadtschöffen* zirkulieren die Handwerker.
Und um die *Handwerker* zirkulieren die Dienstleute.
Und um die *Dienstleute* zirkulieren
Die *Hunde, die Hühner und die Bettler.*«

Bertolt Brecht, Leben des Galilei

• **Kommentar:**
Dramaturgisch fad ist die Feststellung: Die Ausschußrate der Esec, eines weltweit führenden Herstellers von Montageautomaten in der Halbleiterfabrikation, beträgt 0,01 Prozent. Dramaturgisch gesehen kann die Wirkung der Botschaft flugs durch eine Antiklimax erhöht werden: Die Ausschußrate der Esec beträgt gegenwärtig nicht 1 Prozent, auch nicht 0,1 Prozent, sondern 0,01 Prozent.
Wie bei der Steigerung bleibt der Sachverhalt (Ausschußrate von 0,01 Prozent) auch bei der Rücksteigerung unangetastet. Einzig die Dramaturgie in der Darlegung des Sachverhaltes ändert sich.
Ich empfehle Ihnen sehr, zur Erhöhung der Durchschlagskraft Ihrer Botschaften gelegentlich als Dramaturg gleichsam in eigener Sache tätig zu sein, zumal die Antiklimax sich im Alltag ebenso leicht und wirksam einsetzen läßt wie die Klimax.

121

# Nr. 46  Die Übertreibung: Hyperbel
## Made in Paradise?

• **Definition:**

Eine Person oder eine Sache wird übertrieben dargestellt (Hyperbel = Darüberhinauswerfen).

• **Beispiele:**

»Verlockend neues Design und noch verführerischere Ausstattung: Der neue Renault Clio. Made in *Paradise*.«  Renault

»Ein Turm, dessen Spitze *bis zum Himmel* reicht.«  Genesis 11, 4

»Lifte *bis zum Himmel*.«  Österreich-Werbung für Skiurlaub

»The *sky* is the limit!«  Rank Xerox

»Du hast ein Herz *aus Stein* in deiner Brust.«  François Villon

»Ich unterhielt mich in *vier* Sprachen mit ihnen, obwohl ich nur *drei* spreche.«  Reinhold Messner über »Phantomgefährten« im Grenzbereich der Todeszone

»Lieber zu Grunde gehen als hassen und fürchten, *und zweimal lieber zu Grunde gehen* als sich hassen und fürchten machen, – dies muß einmal auch die oberste Maxima jeder einzelnen staatlichen Gesellschaft werden!«  Friedrich Wilhelm Nietzsche, Der Wanderer und sein Schatten

»Der Messias wird erst kommen, wenn er nicht mehr nötig sein wird, er wird erst einen Tag nach seiner Ankunft kommen, er wird nicht am letzten Tag kommen, sondern am *allerletzten*.«  Franz Kafka, Tagebücher und Briefe

»Die Sonne *flammt* über seinem Scheitel, *saugt* das Blut aus seinen Adern, das Mark aus seinen Knochen. Lechzend, die *dürre Zunge* am Gaumen, mit trüben, von Hitze und Glanz *erblindenden Augen*, sieht er sich nach einem Schattenplatz um. Und welch ein Ungeheuer mußte der Gefühllose, der *Felsenherzige* sein, der seinen leidenden Nebenmenschen den Schatten eines Esels versagen konnte.« Wieland Christoph Martin, Geschichte der Abderiten

»Der Haffmans Verlag sucht eine gestandene Lektorin, die auch ein gestandener Lektor sein kann, in jedem Fall dieses Programm so gut kennt, uns so sehr liebt, sogar den Verlagsnamen richtig schreiben kann, daher über eine überragende literarische Urteilskraft, eine ausgezeichnete Formulierungsgabe sowie vorzügliche Kenntnisse der deutschen Literaturszene wie auch der englischen Sprache verfügt, daß sie *sich voll Freude für einen Hungerlohn zu Tode schuften* will. Wer bis hierhin durchgehalten hat, bewerbe sich bitte schriftlich bei ...« Haffmans Verlag, Stelleninserat

## • Übung:
**Drücken Sie die Sachverhalte übertrieben (mit einer Hyperbel) aus:**

| *Herkömmliche Ausdrucksweise* | *Übertreibung (Hyperbel)* |
|---|---|
| 1 Ich habe das Gefühl, während der Arbeitszeit von allen Seiten stark beansprucht zu werden. | _____ |
| 2 Lange habe ich dich nicht gesehen. | _____ |
| 3 Dieses Flugzeug ist sehr schnell. | _____ |
| 4 Auf der Eröffnungsfeier war sehr viel los. | _____ |
| 5 Wenn die Kriminalität weiter ansteigt, müssen wir etwas für die Sicherheit tun. | _____ |
| 6 Ich verehre dich sehr. | _____ |
| 7 Von hier bringt mich keiner weg. | _____ |
| 8 Ich bin sehr durstig. | _____ |

## • Lösungsvorschläge
1 Ich kann nicht *überall* sein.
2 Ein halbes *Jahrhundert* habe ich dich nicht gesehen.
3 Dieses Flugzeug ist schnell wie ein *Lichtstrahl*.

4  Da war der *Teufel* los.
5  Wenn die Kriminalität weiter ansteigt, können wir nur noch *mit kugelsicherer Weste* auf die Straße gehen.
6  Ich verehre dich *unsterblich*.
7  Da bringt mich keiner weg, auch *tot* nicht.
8  Ich könnte den *Bodensee* austrinken.

• **Kommentar**

Die Fairneß verlangt, daß die Übertreibung auch als solche erkennbar ist. Auf die Dauer ermüdet ständiges Übertreiben (herrscht der Zeitgeist?) ungemein.

## Nr. 47 Die Untertreibung: Understatement
### Bescheidenheit tut not

• **Definition:**

Eine Sache wird untertrieben dargestellt (Understatement). Sie wirken bewußt bescheiden (Humilitas).

• **Beispiele:**

Theodor Heuss untertreibt in eigener Sache:»Es sind über vier Jahrzehnte her, daß wir uns zum ersten Male begegnet sind. Sie, lieber Schweitzer, waren damals die Mitte eines sehr lebendigen Freundeskreises in Straßburg, zu dem ich als eine Art *Randfigur* stieß. Sie waren beruflich eine Merkwürdigkeit, denn Sie waren Pfarrer und Theologiedozent und standen vor dem medizinischen Physikum, aber Sie hatten auch bereits ein Buch über Bach geschrieben, das die Sachkenner sehr hoch würdigten; jeder von uns war bereit, sich der starken und sicheren Gewalt Ihres eigenen Orgelspiels zu unterwerfen. Sie waren also beruflich eine Merkwürdigkeit, die den Neuling reizen und interessieren mußte ...«

Theodor Heuss, Laudatio auf Albert Schweitzer anläßlich der Verleihung des Friedenspreises des Deutschen Buchhandels 1951

Mit der Erfindung des Milchpulvers verändert sich das Leben des Henri Nestlé. Ein Septemberabend des Jahres 1867 ist von entscheidender Bedeutung. Doch lassen wir Henri Nestlé selbst von der ersten Erprobung des Kindermehls sprechen, das bald in der ganzen Welt als Milchpulver bekannt sein wird: »Als ich meine Erfindung machte, dachte ich zunächst nur an Kinder, die schon einige Monate alt sind. Doch *die Erfahrung lehrte mich* schnell, daß diese Nahrung auch für noch jüngere Kleinkinder vorzüglich geeignet ist. Infolge einer schweren Krankheit seiner Mutter kam der kleine Wanner einen Monat zu früh auf die Welt. Das schwächliche Kind nahm weder Muttermilch noch andere Nahrung an. Es litt unter krampfartigen Zuckungen, und man hatte bereits alle Hoffnung aufgegeben, sein Leben zu retten, als mir mein Freund, Professor Schnetzler, den Fall darlegte und mich *bat*, einen Versuch mit meinem Kindermehl zu machen. Das Kind war gerade fünfzehn Tage alt. Von dem Tage an nahm es nur noch meine Kindernahrung an. Es war bis jetzt noch nie krank und ist heute ein strammer Junge von sieben Monaten, der sich schon ganz alleine in seiner Wiege aufrichtet.«

Diese Beschreibung zeugt von der Bescheidenheit Henri Nestlés. Er bietet seine Erfindung nirgends an, doch er wagt den Versuch, um den ihn sein Freund bittet. Er hat nichts von einem prahlerischen Bluffer an sich, der sich rühmt, ein Nahrungsmittel erfunden zu haben, mit dem sich sofort Geld verdienen läßt. Doch er braucht den Erfolg mit dem kleinen Wanner, um zu merken, daß er da wirklich etwas Neues erfunden hat, mit dem die Kindersterblichkeit wirksam bekämpft werden kann.

»Meine sehr geehrten Damen und Herren. Wenn ich hiermit die diesjährige Generalversammlung eröffne, so tue ich dies nicht ohne eine gewisse Genugtuung und, warum sollte ich es nicht zugeben, auch mit einer gewissen Bewegtheit. *Nicht, weil ich sie heute zum letzten Mal leite*, sondern weil ihr ein außergewöhnliches Ereignis, nämlich die Fusion von Sandoz und Ciba zu Novartis, einen außergewöhnlichen Charakter verleiht. Wahrhaft eine Grundsatzentscheidung, eine Wahl von historischer Tragweite!«

Marc Moret, Präsident des Verwaltungsrates
der Sandoz am 23. April 1996

Marc Moret geht es nicht um seine Person, nicht um seinen letzten großen Auftritt auf einer Generalversammlung. Marc Moret geht es um die Sache.

- **Kommentar:**
Wer fachlich in Understatement macht, wirkt als Person bescheiden: »Ich bin mir bewußt, das Problem nicht in der ganzen Breite zu kennen. Aber zwei, drei Gesichtspunkte sind mir trotzdem bekannt.« Und dann beginnen Sie mit einem hervorragenden Plädoyer. Warum nur gilt die Bescheidenheit in der Schweiz und in Österreich als Volkssport, in Deutschland jedoch als Randsportart? Liegt es etwa an den rhetorischen Trainern der Jugendabteilung (Eltern, Lehrkräfte, Medien)?

## Nr. 48 Die Feier: Zelebration
### Ehre, wem Ehre gebührt

- **Definition:**
Ein Person oder eine Sache wird geehrt.

- **Beispiele:**
Die Jünger seines Fanclubs zelebrieren den Gottesdienst mit »Alberto Nazionale«. Auf ein Transparent am Slalomhang Miramonti in Madonna di Campiglio schreiben die Fans über Alberto Tomba: *»Erst schuf Gott den Schnee, dann schuf er Tomba und sagte: Gehe hin und gewinne.«*

»Ich danke *Gott*, daß ich als *Amerikaner* geboren bin!«
        Bill Clinton, erste Rede nach der Wiederwahl zum Präsidenten

»Take pictures. Further: In bringing high quality to everyday life, Kodak *celebrates* the moments that inform, enlighten and inspire.«
        Kodak

- **Gratistip statt Übung:**
Sie treffen einen Mitmenschen. Sagen Sie nicht einfach:»Hallo,
wie geht es?« Zelebrieren Sie die Begegnung mit:»Dich schickt
der Himmel.« Für diese Person wird so ein einfaches Zusammen-
treffen zum außergewöhnlichen Ereignis. Wetten, daß diese Person auf Wolken zu schweben beginnt?

- **Kommentar:**
Die Zelebration rückt Gewohnheiten auf den Leib. Die Zelebration kämpft gegen Routine. Die Zelebration als Farbtupfer im
grauen Alltagstrott hebt die Einzigartigkeit zwischenmenschlicher
Begegnungen hervor.

## Nr. 49  Die Sinnlichkeit: Synästhesie
### Mit Gefühl

- **Definition:**
Sprache als Ausdruck der gefühlsmäßigen Erregung.

- **Beispiele:**
»Kaschmir – gesponnenes *Wohlgefühl*.«

Schweizer Textil + Mode Institut

»Was heißt ›Swiss Life Feeling‹? Kurz: *Das Gefühl der Lebens-
freude*.«  Rentenanstalt/Swiss Life, Lebensversicherung

»Feuriger Geist in knackiger Schale, umhüllt von weichem Schmelz:
*vollendeter Dreiklang reiner Gaumenfreuden*.«

Lindt & Sprüngli, Kirschstengeli von Lindt

»*In love* with tobacco.«  Villiger, Cigarrenfabrikation

Mit Gefühl – ohne Worte:
:-)  Basic Smiley

;-)   Zwinker-Smiley
:'-)  Lache Tränen
:-(   Traurig
:-O   Oha!
:*)   Etwas betrunken
:-/   Skeptisch
Internet-Usern längst ein Begriff: Emoticons = Emotionen mit
Satzzeichen.

Die Ausdrucksmöglichkeiten reichen vom barschen Fordern bis
zum unterwürfigen Flehen, von kalt bis warm:
**kalt**
ich verlange
ich ordne an
ich fordere Sie auf
ich ersuche Sie
ich erwarte von Ihnen
ich trage Ihnen auf/beauftrage Sie
ich empfehle/rate Ihnen dringend
ich gebe zu bedenken
ich rege an/schlage vor
ich würde es begrüßen/sähe es gerne, wenn Sie
ich bitte Sie um
es wäre schön, wenn
ich wäre Ihnen dankbar
ich wäre Ihnen sehr verbunden
ich würde mich freuen
ich wäre Ihnen aufrichtig dankbar
bitte antworten Sie bald
bitte, antworten Sie bald
ich bitte Sie herzlich/inständig
ich flehe Sie an/beschwöre Sie
**warm**

• **Kommentar:**
Sprache endet nicht mit Orthographie, auch nicht mit Grammatik
und Interpunktion. Im Gegenteil. Gelungene Texte bereiten Sin-
nesfreuden.

# Nr. 50 Die Köpfe: Personalisierung
## Der Boxer im Ring

• **Definition:**

Die Köpfe einzelner Personen verkörpern – personalisiert – Themen und Positionen. Themen werden an einzelnen Personen festgenagelt.

• **Beispiele:**

»*Ich* bin der Sieg
*Mein Vater* war der Krieg
Der Friede ist *mein lieber Sohn*
Der gleicht meinem Vater schon.«                    Erich Fried, 1945

Adolf Diesterweg fordert 1848 im »Wegweiser zur Bildung deutscher Lehrer« von den Lehrkräften nichts weniger als »die Gesundheit und Kraft eines *Germanen*, den Scharfsinn eines *Lessing*, das Gemüt eines *Hebel*, die Begeisterung eines *Pestalozzi*, die Klarheit eines *Tillich*, die Beredsamkeit eines *Salzmann*, die Kenntnisse eines *Leibniz*, die Weisheit eines *Sokrates* und die Liebe *Jesu Christi*.«

»Helmuth Kohl muß *Hauptstadt* bleiben.«

Seit 1993 gibt es bei McDonald's einen eigens ausgebildeten Umweltschutzbeauftragten, den »*McGreen*«.                    McDonald's

Der Phantasie sind fast keine Grenzen gesetzt, wenn Sie sich personalisiert ausdrücken: Du siehst aus wie der kleine Bruder von *Clint Eastwood*.
Oder: Du siehst aus wie die kleine Schwester von *Madonna*.

• **Kommentar:**

Die Personalisierung geht mit der Polarisierung unserer Gesellschaft einher. Letztere kommt der Rhetorik, die auf Gegensätze aus ist, entgegen. Das Publikum nimmt Information als Unterhaltung wahr: Infotainment heißt beispielsweise in der Frage des Beitritts der Schweiz zur Europäischen Union, daß der beitrittswillige Boxer Peter Bodenmann gegen den beitrittsscheuen Boxer Christoph Blocher in den Ring steigt. Bodenmanns Fans klatschen, wenn »Boxer« Bodenmann dem »Boxer« Blocher eins auswischt. Umgekehrt klatschen Blochers Fans, wenn Blocher Bodenmann zu Boden schickt. Rhetorik personalisiert und polarisiert ist (erst) medienwirksam.

## Nr. 51  Die Vermenschlichung: Anthropomorphismus
### Menschenskinder!

• **Definition:**
Anthropomorphismus bezeichnet die Übertragung menschlicher Gegebenheiten und Verhaltensweisen auf nichtmenschliche Dinge oder Wesen. Letztere erhalten gleichsam Züge menschlicher Wesen wie »Mutter Erde« oder »Vater Staat«. Bewußt oder unbewußt verwenden wir häufig die Form der Vermenschlichung: Mein Computer will mich manchmal einfach nicht verstehen. Mein Auto gehorcht mir nicht. Oder gar romantisch: Der Mond küßt die träumende Erde.

• **Beispiele:**
Die »Biblische Botschaft« bildet den Kern der Sammlung im Marc-Chagall-Museum in Nizza. In ihr spiegelt sich Chagalls schon früh entwickelte Auffassung der Bibel als »größter Quelle der Poesie aller Zeiten«. Von der Bilderwelt Chagalls sind die Glasfenster in Kirchen bekannt:
»Vielleicht werden junge und weniger junge Menschen in dieses Museum kommen, um hier ein Ideal der Brüderlichkeit und Liebe zu finden, wie es *meine Farben und Linien geträumt haben.*«

Marc Chagall

»*Die Wiese lacht.*«                                    Aristoteles

»Einen guten Shakespeare auf der Bühne bespricht man nachher
am besten bei *einem guten Franzosen.*«
                                    Werbung für Bordeaux-Weine

»*Die Migros bittet zu Tisch.*«          Migros, Haushaltswaren

»Wie *jauchzten* die Würste im spritzenden Fett! / Die Krammets-
vögel, die frommen / Gebratenen Englein mit Apfelmus, / Sie *zwit-
scherten* mir: ›Willkommen! / Willkommen, Landsmann‹ – *zwit-
scherten* sie – ...«                            Heinrich Heine

»*Alle anderen Wodkas haben Rußland nie gesehen.*«
                                    Moskovskaya, »Der echte Russe«

»*Der Wein ist ein Spötter, der Rauschtrank ein Lärmer.*«
                                    Bibel, Sprüche 20, 1

Reisebericht über die Bretagne:
»Wo *der Ozean* auf Granit *beißt.*«     Touring Club der Schweiz TCS

»*Katzen würden* Whiskas *kaufen.*«                    Whiskas

»Das *Cello trinkt* rasch mal. Die *Flöte rülpst* tief drei Takte lang:
das schöne Abendbrot. Die *Trommel liest* den Kriminalroman zu
Ende.«                              Gottfried Benn, Nachtcafé

• **Übung:**

**1. Wozu dienen Körperteile des Menschen?**
Ergänzen Sie die Lücken mit Anthropomorphismen (hier im besonderen mit Körperteilen).

1 Ein Vordenker darf als *Hirn* der Unternehmung bezeichnet
  werden.
2 Spannen zwei Unternehmen zusammen, sprechen wir von
  einem _____
3 Der verwundbarste Teil eines Projekts heißt _____

131

4  Ein langweiliger Typ gilt als _____

5  Nehmen Sie jemanden in Schutz, geben Sie ihm _____

## 2.  Snack-Automat defekt

Schülerinnen und Schüler demolierten den Snack-Automaten einer Schule. Der Hauswart nimmt den Automaten außer Betrieb. Er heftet ein Info in Form eines Anthropomorphismus (Vermenschlichung) an den defekten Automaten. Wie könnte es lauten?

### • Lösungen

**1.** 2 Schulterschluß

   3 Achillesferse

   4 Nasenbohrer

   5 Rückendeckung

**2.** »Ich streike wegen körperlicher Mißhandlung.«

### • Kommentar:

Anthropomorphismen dienen der Verdeutlichung von Sachverhalten, gelegentlich auch der Verniedlichung: »Wir sind ja alle nur Menschen.« Und vor allem: Anthropomorphismen machen Sachverhalte lebendig. Sie schaffen Nähe.

# Nr. 52  Der Wirklichkeitsbezug: Referenz
## Der Stoff, aus dem die Träume sind

### • Definition:

Referenz meint die wirkliche und übertragene Beziehung zwischen sprachlichen Zeichen und der außersprachlichen Wirklichkeit.

### • Beispiele:

»*Hardware*«

Referenz: Hartkäse statt Computer                    Parmesan-Käse

132

»Der *Stoff*, aus dem die Träume sind.«
Referenz: Stoff von Hemden statt Inhalt von Träumen

Hemden von Packard

»*Bis daß der Tod uns scheidet.*«
Referenz: Besitz einer Hose statt Ehebund

Levi's Jeans

»Spielen – die wichtigste *Arbeit* der Kinder«
Referenz: Arbeit statt Spiel

Lego

»*Möchten Sie eins an die Ohren?*«
Referenz: Handy am Ohr statt Haue mit der Hand

Ericsson Mobiltelefone

»Sie klagen – *auf einem verhältnismäßig hohen Niveau.*«
Referenz: Wohlstandsverwahrlosung statt Klagen in Armut

Lothar Späth, CDU

»Einige Fluggesellschaften schaffen Platz für mehr Sitze. Wir schaffen unseren Sitzen mehr Platz.«
Referenz: Mehr Sitzfläche pro Sitz statt Platz für mehr Sitze

Air Canada

»Nein, Sie haben nicht abgenommen. Unsere Sitze haben zugelegt.«
Referenz: Sitzfläche der Sitze statt Körperumfang des Fluggastes

Lufthansa

»Es war gut von Ihnen, Herr Kollege *Fink*, daß Sie in Ihrer Rede den Kater Hidigeigei erwähnt haben, denn wir vermuten nicht mit Unrecht, daß mit dem Kater Hidigeigei unser Fraktionskollege *Kather* gemeint ist. Es ist aber für einen Finken nicht gut, mit einem Kater anzubinden. Wenn das überhaupt für einen Vogel möglich ist, dann muß er mindestens die Ausmaße eines *Straußes* haben.«

Franz Josef Strauß in einer Bundestagsdebatte 1951

• **Kommentar:**
Jeder Wechsel des Blickwinkels eröffnet herkömmlichen Begriffen neue Bedeutungsräume. Begriffe schaffen urplötzlich einen

anderen – reizvollen – Bezug zur Wirklichkeit. Darin liegt der Reiz der Referenz als rhetorische Figur.

## Nr. 53 Der Bezugsrahmen: Relation
Zahlen und Ziffern

• **Definition:**
Unsere Zeit ist reich an Zahlen und Ziffern. Deshalb sind wir aufgefordert, besonders die großen, kaum mehr faßbaren Zahlen und Ziffern auf einen kleinen Nenner und in einen zielgruppengerechten Bezugsrahmen zu bringen. Die Relation bietet der Höreroder Leserschaft lebensnahe Anknüpfungspunkte, um das Verständnis für Zahlen und Ziffern zu erhöhen.

• **Beispiele:**
Ist das Budget der Schweizerischen Eidgenossenschaft von vierundvierzigtausendsiebenhundertneunundsechzig Millionen Franken für 1997 für einen Laien überhaupt vorstellbar? Zahlen wie vierundvierzigtausendsiebenhundertneunundsechzig Millionen oder 44,769 Milliarden prallen ab, weil diese Größenordnung die Vorstellungskraft der Bürgerinnen und Bürger schlechthin übersteigt. Die Aufgabe für Rede und Schreibe: Zahlen zielgruppengerecht darstellen.
Dazu dienen statistische Jahrbücher vorzüglich als Hilfsmittel.
So stellen Sie das Budget *Historikern* vor:
»Das Budget würde reichen, um bis zurück zum Rütlischwur 1291 jede Woche 1,22 Millionen Schweizer Franken auszugeben.«
Sie stellen das Budget *Meteorologen* vor:
»Fiele aus der Bundeskasse auf jeden Quadratmeter des Kantons Basel-Stadt je Sekunde ein Franken, würde das ›Gewitter‹ über zwanzig Minuten dauern.«
Sie stellen das Budget *Geographen* vor:
»Das Budget des Jahres 1997 ergebe einhundertsechzig erdumspannende Bänder aus Zehnernoten.«

Sie stellen das Budget dem *Hauseigentümer-* oder dem *Mieterverband* vor:
»Vierundvierzigtausend Millionen Franken wären genug, um alle Wohnungsmieten unseres Landes fünf Jahre lang zu bezahlen.«

Das Verhältnis zwischen toten Militär- und toten Zivilpersonen betrug im Ersten Weltkrieg 20 : 1, im Zweiten Weltkrieg 1 : 1, im Koreakrieg 1 : 5, im Vietnamkrieg 1 : 13.

• **Übung:**
Der Topverdiener unter den Sportlern heißt »Ohrenbeißer« Mike Tyson. Der Box-Champ erkämpfte sich 1996 das höchste Einkommen im Sportgeschäft: fünfundsiebzig Millionen US-Dollar. Was an Mike Tysons Einkommen besonders verblüfft: Für diesen Jahreslohn stand »boxing machine« Tyson laut Berechnungen des US-Magazins »Forbes« lediglich zwölfeinhalb Runden oder genau neununddreißig Minuten und sechzehn Sekunden im Ring. Wie rechnen Sie die fünfundsiebzig Millionen US-Dollar herunter, damit wir uns unter Mike Tysons Gehalt etwas vorstellen können?

• **Lösungsvorschläge**
Einkommen pro Runde, die er im Ring stand: sechs Millionen US-Dollar.
Einkommen pro Minute: eine Million und einhunderteinundneunzigtausend US-Dollar
Einkommen pro Sekunde: einunddreißigtausendundachthundertdreiunddreißig US-Dollar.

• **Kommentar:**
Vor allem große Zahlen rufen nach Verhältnisangaben. (»Das Altersheim kostet nur halb soviel wie das Schulhaus.«)
Beantworten Sie bitte folgende Frage nicht in mathematisch-physikalischem Sinne, sondern nach Ihrem spontanen Gefühl: Was ist mehr? Zwanzig Zentner, eine Tonne oder tausend Kilogramm?

# Nr. 54  Die Zeitabfolge: Sequenz
## Eines vor dem anderen?

• **Definition:**
Liegt einer Argumentationsfigur eine Sequenz zugrunde, läuft sie
nach dem Muster gestern – heute – morgen ab.
Gestern = Rückblick in die Vergangenheit
Heute   = Hinweis auf die Gegenwart
Morgen = Ausblick in die Zukunft

• **Beispiele:**
»We're going to hit 20'000 McDonald's restaurants by the end of
1996. In the year 2000, we're going to have 30'000. Beyond that,
even we can't predict ...«

Mike Quinlan, Vorsitzender der McDonald's Corporation

»Energie: Effizienz für *heute* und Alternativen für *morgen.*« BMW

»The economic ills we suffer ... will not go away in days, weeks, or
months, but they will go away. They will go away because we as
Americans have the capacity now, *as we've had in the past*, to do
whatever needs to be done to preserve this last and greatest basti-
on of freedom.« Ronald Reagan

»Gestern standen wir noch vor dem Abgrund, heute sind wir
schon einen Schritt weiter.« Oder: »Heute stehen wir am Abgrund, morgen sind wir schon einen Schritt weiter.«

Redewendungen

»Silber bleibt *ewig*, unsere Preise nicht.« Meister Silber, Zürich

• **Übung:**
Ihr Abteilungsleiter Peter Eckert zeichnet seit einem Jahr verant-
wortlich für die Verbesserung eines Herstellungsverfahrens des
Produkts »Highscreen« mit dem Ziel, Kosten zu sparen, die

Durchlaufzeiten zu verringern, die Ausschußraten zu drosseln und die Unterbrechungszeiten herunterzufahren. Heute, zu Beginn des Lunchs erwähnt er beiläufig:»Die Zeit verfließt so schnell. Heute bin ich auf den Tag genau bereits ein Jahr bei Ihnen.« Bei diesem Stichwort macht es bei Ihnen, der Geschäftsführerin, klick. Jetzt ergreifen Sie die Gelegenheit:»Darf ich Sie heute einladen, um das erste gemeinsame Jahr etwas zu würdigen.« Sie beide blättern nun in den»Büchern«, die – ich gestehe es offen – zu meinen liebsten gehören: Speisekarte und Weinkarte. Bis das Menü gewählt ist, haben Sie sich in Anwendung der Argumentationsfigur »gestern – heute – morgen« eine kurze Würdigung ausgedacht. Nun wird der Wein gereicht. Die Gläser sind gefüllt. Sie erheben die Gläser. Mit welchen Worten würdigen Sie als Geschäftsführerin den erfolgreichen Abteilungsleiter Peter Eckert?

## • Lösungsvorschlag

(Gestern)»Als Sie, geschätzter Herr Eckert, vor einem Jahr die Abteilung übernahmen, war die Herstellungsanlage für das Produkt Highscreen ständig Störungen unterworfen. Die Störungsanfälligkeit kostete uns viel Geld – und viel Nerven.«
(Heute)»Heute leiten Sie die Abteilung ein Jahr. Und heute läuft die Produktionsanlage wie am Schnürchen. Aus Ihrer jüngsten Statistik geht ja hervor, daß Sie innerhalb eines Jahres die Durchlaufzeit um vierzig Prozent gesenkt, die Ausschußraten von 1,2 Prozent auf 0,1 Prozent gedrückt und die Unterbrechungszeiten um achtzig Prozent heruntergefahren haben. Das ist ganz wesentlich Ihr Verdienst.«
(Morgen)»Erheben wir das Glas auf diese erfolgreiche Tätigkeit im ersten gemeinsamen Jahr. Zugleich wünsche ich für die Zukunft eine auch weiterhin erfolgreiche Tätigkeit als Abteilungsleiter. Eine wesentliche Aufgabe besteht in der Ablösung der bisherigen Produktionsanlage mit dem System einer neuen Generation!« Die Geschäftsführerin und der Abteilungsleiter prosten sich fröhlich zu.

## • Kommentar:

Die Zeitabfolge als Gestaltungsmittel in Rede und Schreibe bewährt sich immer wieder hervorragend, weil»gestern – heute –

morgen« einer gängigen und leichtverständlichen Denkrinne der Menschen entspricht.
Als rhetorisches Gewürz ist die Zukunft ohnehin beliebt. Da können Sie sich nach Herzenslust irren, ohne daß der Irrtum alsbald zu bemerken wäre. Zudem ist an der Bedeutung des Themas kein Zweifel erlaubt, da uns irgendeine Zukunft allemal bevorsteht.

## Nr. 55 Der Spannungsbogen im Zeitablauf: Timing
### Weder Schüsse noch Leichen

• **Definition:**
Damit Spannung entsteht, braucht es weder Schüsse noch Leichen. Spannung entsteht, wenn wir die Katze nicht schon zu Beginn aus dem Sack lassen.
Timing meint die zeitliche Steuerung in einem Handlungsablauf. Festgelegt wird der günstigste Zeitpunkt, um mit einer Botschaft eine beabsichtigte Wirkung zu erzielen. Letzteres geht meist mit der – dosierten – Hinauszögerung der entscheidenden Botschaft einher.

• **Beispiele:**
Der Moderator einer privaten TV-Station wendet sich mit einem clever angesetzten Timing an das Publikum:»Eine gute und eine schlechte Nachricht habe ich. Die schlechte: Boris Becker kann heute nicht mein Gast sein. Die gute Nachricht ... gleich nach der Werbung. Bleiben Sie dran.«
Mit diesem Spannungsbogen im Zeitlauf schalten die Fernsehzuschauer kaum ab. Sie bleiben dran, weil sie wissen wollen, was hinter der guten Nachricht steckt.

Bei Lehrabschlußprüfungsfeiern wollen die jungen Berufsleute in der Regel nur eines: die Zeugnisse mit den Prüfungsergebnissen.

»Was glauben Sie, wer die beste Note im Rahmen der Lehrabschlußprüfungen erreicht hat? Bevor wir zu den Prüfungsergebnissen kommen, lassen Sie mich noch ein Wort des Dankes sprechen. Zu Dank verpflichtet bin ich ...«
Bitte danken Sie nicht zu lange. Sonst können Sie abdanken. Denn wer den Spannungsbogen überzieht, strapaziert die Geduld der Zuhörer über Gebühr.

Aufgrund eines Spannungsbogens erfährt die Leserschaft erst am Ende, wessen Werk denn hier gewürdigt wird:
»Sein Werk kennt keine Sieger, alle Meutereien sind gänzlich nutzlos, stets werden nur Niederlagen gezeigt. Und doch steht in diesem Universum, inmitten von Scheiternden, einer, dessen Rebellion nicht vergeblich war, dessen heroischer Kampf, nehmt alles nur in allem, einem wahren Triumph gleichkommt. Aber der da immer ›in die entgegengesetzte Richtung‹ ging, der rebelliert und gesiegt hat, ist kein Geschöpf des Autors, er selber ist es, er, *Thomas Bernhard*.«                    Marcel Reich-Ranicki, Der doppelte Boden

Krimis erhalten die Spannung, indem wichtige Details nicht zu früh mitgeteilt werden:
»*Fast hätte ich vergessen ...*«                    Markenzeichen Peter Falks
als Inspektor Columbo

• **Übung:**
Ein alltäglicheres Thema läßt sich kaum denken. Und doch erzeugt der Autor Ted Stoll Spannung:
Ralph hat einen Knopf verloren, das heißt, er hat ihn noch. Darum bringt er Mantel und Knopf zu Eveline. »Könntest du mir bitte ...« – Eveline holt Nadel, Faden und Schere. Sie legt den Mantel auf den Tisch und schneidet ein Stück Faden ab, zirka fünfzig Zentimeter. Mit den Lippen befeuchtet sie das eine Ende, dann hält sie die Nadel gegen das Licht und zieht den Faden durch das Öhr. Ralph schaut zu. Dort, wo der Knopf gesessen hat, schneidet Eveline sorgfältig die Fadenreste weg. Von hinten sticht sie durch das Futter, vorne spießt sie den Knopf auf und näht ihn an, drei Stiche links, drei Stiche rechts, etwas locker, nicht zu fest. Der Knopf muß einen »Hals« haben, das muß man wissen. Ralph

nickt. Eins, zwei, drei ... Eveline umwickelt den Hals mit dem Fadenrest. Dann sticht sie noch einmal durch den Stoff und verknotet die Enden. »So jetzt sitzt der Knopf! Begriffen?« Hier unterbrechen wir die Geschichte. Der Autor hat den Spannungsbogen so gespannt, daß wir uns sagen: Jetzt muß doch noch was kommen. Wie geht die Geschichte wohl weiter? Denken Sie sich eine Fortsetzung der Geschichte in höchstens zwei bis drei Sätzen aus.

• **Lösung**
Zum Schluß nimmt Eveline die Schere und trennt den Knopf wieder ab. »So macht man das«, sagt sie zu Ralph, »*mach's jetzt selber!*«

• **Kommentar:**
Achtung Reizschwellen! Die Geduld der erwartungsfrohen Zuhörerschaft darf nicht überstrapaziert werden. Die Katze darf weder zu früh noch zu spät aus dem Sack gelassen werden. Darin besteht die Kunst des Timings.

# Nr. 56 Das Gesetz der Reihe: Serie
## Auf die Startnummer kommt es an

• **Definition:**
In Gesprächen reihen sich viele Beiträge aneinander. Und auf Veranstaltungen folgt oft eine Rede auf die andere. Die Reihenfolge im Ablauf von Reden und Gesprächen begründet eine bislang kaum oder gar nicht beachtete Gesetzmäßigkeit, den »Kontrasteffekt«.

• **Beispiel:**
Folgt ein guter Redner auf einen schlechten, wird er besser beurteilt, als wenn er alleine aufträte. Und umgekehrt: Folgt ein schlechter Redner auf einen guten, wird er schlechter beurteilt.

Der Kontrasteffekt ist wissenschaftlich abgesichert: Testpsychologen haben die Deutschprüfungen von zwei Abiturientinnen mit der Videokamera festgehalten. Einhundertsechsundfünfzig Lehrkräfte aus neununddreißig deutschen Gymnasien beurteilten die zwei Prüfungen. Die Prüfungen waren von unterschiedlicher Qualität. Die bessere Prüfung der Abiturientin A erhielt im Mittel die Note 2,95, die schlechtere Prüfung der Abiturientin B die Note 3,84.

Nun variierte der Versuchsleiter die Reihenfolge der Prüfung: Lehrkräfte sahen zuerst die bessere Prüfung der Abiturientin A, dann die schlechtere von Abiturientin B (und umgekehrt). Das Untersuchungsergebnis: Die bessere Prüfung wurde noch besser beurteilt, wenn sie nach der schwächeren kam. Die schlechtere erhielt noch schlechtere Zensuren, wenn sie auf die bessere folgte.

## • Kommentar:

Profis im Showbusineß achten sehr feinfühlig darauf, vor oder nach wem sie auftreten. Künstlerinnen und Künstler wissen um den »Kontrasteffekt«. Beachten auch Sie das Gesetz der Reihenfolge bei Rede- und Gesprächsanlässen. Dabei haben Sie nur eine Frage zu beantworten: Vor oder nach wem schalte ich mich ein? Sprechen Sie gut, schalten Sie sich vorzugsweise vor oder nach einem schwachen Redner oder einem schwachen Gesprächsbeitrag ein. Sind Sie noch nicht gut, eignen Sie sich die Gestaltungsmittel, die ich Ihnen in diesem Buch vorstelle, an. Und schalten Sie sich dann vor oder nach schwächeren Rednern ein. Es ist der Kontrasteffekt, der Ihnen diese Taktik abverlangt.

Gestatten Sie mir ein rhetorisches »Schmankerl«. Beachten Sie das Gesetz der Reihe nicht nur im Hinblick auf die Reihenfolge der Rednerinnen und Redner. Der Kontrasteffekt schlägt sich auch in der Reihung der Argumente nieder. Ein starkes Argument nach einem schwachen wirkt noch stärker. Und eine schwaches Argument nach einem starken fällt völlig ab und durch!

## Nr. 57 Die Gruppensprache: Jargon
Fachchinesisch

- **Definition:**
In Gruppen, die ihren Status besonders unter Beweis stellen wollen oder müssen, bürgern sich Jargon-Ausdrücke ein. Der Jargon dient als Statussymbol, um die tatsächliche oder erstrebte Zugehörigkeit zu einer Gruppe zu dokumentieren.

- **Beispiel:**
Zum Sprachgebrauch in Gruppen gehört oft ein unnötiger und unverständlicher Jargon, der weniger der reibungslosen Kommunikation als der Identität der sozialen Gruppe dient. Es folgt eine kleine Stichprobe aus dem Lexikon des Sozialwissenschaftlers: Sie können nahezu jedes Wort aus Spalte 1 mit nahezu jedem Wort aus Spalte 2 und 3 kombinieren – und das Ergebnis wird jedesmal eine beeindruckend klingende, aber fast bedeutungslose Phrase sein.

| 1 | 2 | 3 |
|---|---|---|
| fortbestehend | persönlich | Konstrukt |
| komplementär | kulturell | Kontexte |
| bestätigend | sozial | Reaktionen |
| dissonant | individuell | Reiz |
| künftig | natürlich | Evaluierungen |
| rational | wissenschaftlich | Repräsentationen |
| erfolgreich | kognitiv | Urteile |
| intuitiv | psychologisch | Bewertungen |
| manipulativ | konzeptuell | Vorhersagen |
| klassisch | deskriptiv | Struktur |
| gegenwärtig | funktional | Wahrnehmungen |
| komplex | mental | Situationen usw. |

- **Übung:**
So eine Liste haben Sie schneller zusammen, als Sie glauben. Versuchen Sie es mal!

## • Kommentar:

Besonders berüchtigt für das fast bedeutungslose »Jargonieren«
sind intellektuelle Berufsgruppen und Wissenschaftler. Das ar-
chaische Englisch der Juristen dient eigentlich kaum noch dem
präzisen juristischen Ausdruck, sondern kündet von dem besonderen Wissen und dem Status dieser Berufsgruppe als der einzigen, die juristische Texte zu interpretieren versteht. Würden solche Dokumente in normalem Englisch verfaßt (wie viele Experten es vorschlagen), wären sie jedermann verständlich, und der
Gang zum qualifizierten (und teuren) Fachmann würde sich häufig erübrigen.

In ähnlicher Weise haben auch Ärzte lange Zeit das den meisten
Menschen unverständliche Latein vorgezogen, um Krankheiten
zu benennen, wo Bezeichnungen in der jeweiligen Muttersprache
ihren Zweck genausogut erfüllt hätten. Wieder einmal dient die
Kenntnis des Jargons als Symbol für Wissen und Wert einer Berufsgruppe.

## Nr. 58 Die Nachbesserung: Abrogation
### Mit dem Schraubenzieher

## • Definition:

Abrogation meint Nachbesserung einer bisherigen Aussage oder
eines bisherigen Gesetzes durch Tilgung, Abschaffung, Aufhebung.

## • Beispiel:

Abrogation ist ein wichtiges Prinzip in der Auslegung des Korans.
Dieses Prinzip beruht auf Vers 2, 106 des Korans: »Wenn wir einen
Vers tilgen oder vergessen machen, so bringen wir einen, der bes-
ser ist als er oder der ihm gleichkommt.«
Wann aber sieht sich Gott veranlaßt, eine solche Selbstkorrektur
vorzunehmen? Da ist einmal der praktische Verlauf von Moham-

143

meds Tätigkeit, die, nachdem er in Medina an die Spitze eines ständig wachsenden Gemeinwesens getreten war, immer stärker gesetzgeberische Entscheidungen erforderte; zum anderen ergab sich aus der neuen Rolle des Propheten die Notwendigkeit strengerer disziplinarischer Zucht. Allmählich wurden mittels Abrogation härtere Strafen und Verbote erlassen. Nehmen wir die Entwicklung der Weinfrage im Koran.

1. *Ein Weinverbot bestand zunächst nicht*, denn ein früher Vers nennt den Wein unter Dingen, die Gottes Fürsorge für den Menschen erkennen lassen, wie Milch, Honig und dergleichen:»Und wir geben euch von den Früchten der Palmen und Weinstöcke, woraus ihr euch einen Rauschtrank macht.« (16, 67)

2. *Eine erste Einschränkung* erfolgte mit Vers 2,219:»Man fragt dich nach dem Wein und dem Losspiel. Sprich: In ihnen liegt eine große Sünde und Nutzen für die Menschen; doch ihre Sünde ist größer als ihr Nutzen.«

3. Da aber einige Gläubige weiterhin häufig angeheitert oder gar betrunken zum Gebet erschienen, wurde *nun ausdrücklich diese Unsitte untersagt*:»O ihr, die ihr glaubt! Kommt nicht betrunken zum Gebet, bis ihr wißt, was ihr sprecht.« (4, 43)

4. Schließlich aber erfolgte die *völlige Verurteilung des Weingenusses* mit den Worten:»O ihr, die ihr glaubt! Der Wein und das Losspiel und die Opfersteine und die Glückspfeile sind ein Greuel, vom Teufel gemacht! Meidet es, auf daß es euch wohl ergehe. Der Satan will euch ja nur in Feindschaft und Haß um Wein und Losspiel stürzen und euch abhalten vom Gedenken Gottes und vom Gebet. Wollt ihr denn nicht damit aufhören?!« (5, 90–91)

In solchen Fällen, in denen verschiedene göttliche Verlautbarungen sich widersprechen, gilt jeweils der zuletzt offenbarte – nachgebesserte – Vers des Korans.

• **Übung**

In George Orwells Fabel»Farm der Tiere« erklären die Schweine allen anderen Tieren, daß es ihnen im Verlauf ihres dreimonatigen Studiums gelungen sei, die Prinzipien des Animalismus auf wenige Grundsätze zu reduzieren. Alle Tiere hätten künftig danach zu leben – schließlich drohen von außen Angriffe der bösen Menschheit auf die Farm der Tiere. Ein Schwein liest die Grundsätze im Kampf gegen die Bosheit der Menschen laut vor. Alle Tiere nicken völlige Zustimmung. Und die schlaueren beginnen sogleich, die Gebote – zu Übungszwecken folgt eine Auswahl – auswendig zu lernen:

1 Kein Tier soll in einem Bett schlafen.
2 Kein Tier soll Alkohol trinken.
3 Kein Tier soll ein anderes Tier töten.
4 Alle Tiere sind gleich.
5 Vierbeiner gut, Zweibeiner schlecht!

Nach und nach erlangen Napoleon, der Eber, und mit ihm die Schweine die Herrschaft über die anderen Tiere. Folgerichtig läßt Napoleon die Grundsätze mit einigen wenigen Schlüsselworten nachbessern – Abrogation zu seinen Gunsten, zugunsten aller Schweine und zuungunsten der anderen Tiere. Was glauben Sie, wie hat Napoleon die fünf ausgewählten Grundsätze nachgebessert (die nachstehenden Fragenummern beziehen sich auf die oben erwähnten Nummern der Gebote)?

1 Mit welcher Nachbesserung dürfen die Schweine künftig in Betten schlafen?
2 Mit welcher Nachbesserung dürfen die Schweine künftig Alkohol trinken?
3 Mit welcher Nachbesserung darf künftig ein Tier getötet werden?
4 Mit welcher Nachbesserung nehmen sich die Schweine ihre Vorrechte heraus?
5 Mit welcher Nachbesserung biegen die Schweine, die auf der »Herrenfarm der Tiere« mittlerweile auf zwei Beinen gehen, den Schlachtruf »Vierbeiner gut, Zweibeiner schlecht!« zu ihren Gunsten zurecht?

Napoleon tilgt die Gesetze nicht einfach. Er bessert die überholten Gesetze nach. Er verschärft die Gesetze. Er schafft Ausnahmen. Er schränkt den Geltungsbereich ein. Kurzum: Er zieht die Schrauben an.

- **Lösungsvorschläge**
1 Kein Tier soll in einem Bett *ohne Leintuch* schlafen.
2 Kein Tier soll *im Übermaß* Alkohol trinken.
3 Kein Tier soll ein anderes Tier *grundlos* töten.
4 Alle Tiere sind gleich, *aber einige Tiere sind gleicher als andere.*
5 Vierbeiner gut, Zweibeiner *besser!*

- **Kommentar:**
Panta rei – alles ist im Fluß. Die Entwicklung überholt einmal geäußerte Botschaften, die folgerichtig angepaßt und ergänzt werden müssen. Nachbesserung bezeichnet in der Regel die Einfügung eines einzelnen oder mehrerer Begriffe in der Absicht, der ursprünglichen Botschaft eine »etwas andere« Bedeutung zu verleihen.

# Nr. 59 Die Vorwegnahme von Einwänden: Prolepsis
## Einspruch

- **Definition:**
Mögliche Einwände oder Fragen werden in den Ausführungen bereits vorweggenommen und gegebenenfalls widerlegt.

- **Beispiele:**
»Nun, jeder Fachmann weiß natürlich, daß …«

»Kritiker werden einwenden, daß …, aber …«

»Sie vermuten, daß ich nicht über die … sprechen werde. Zu Unrecht. Gerade die …«

»Es gibt immer wieder Leute, die behaupten …«

»Nun werden Sie erwidern, …«

- **Übung:**
Sie setzen sich für niedrigere Geschwindigkeiten innerorts ein. Bauen Sie ein kurzes Statement in zwei Schritten auf: Zuerst nehmen Sie mögliche Einwände von Gegnern vorweg. Danach votieren Sie klipp und klar für tiefer angesetzte Geschwindigkeitslimits.

- **Lösungsvorschlag**
*»Ich gebe zu, daß Raser schneller am Ziel sind, und sicherlich stimmt es, daß heutzutage Zeit Geld ist.* Aber für diejenigen, die erst einmal gegen einen Brückenpfeiler oder einen Baum gekracht sind, spielt das bestimmt keine Rolle mehr.«

- **Kommentar:**
Wer Einwände vorwegnimmt, blickt über den Tellerrand der eigenen Weltsicht hinaus, setzte sich dadurch ungleich seltener dem Vorwurf der Schwarzweißmalerei aus. Die Vorwegnahme möglicher Einwände führt zu einer höheren Akzeptanz der eigenen Argumentation.

# Nr. 60 Die Anregung zur Einsicht: Humor
## Sachen zum Lachen

- **Statt einer Definition ein Motto:**
Lachen ist gesund. Und ein Geständnis: Ich bin gerne gesund.

- **Beispiele:**
»Ich bin etwas schwerhörig, besonders auf dem *linken* Ohr.«

Helmut Schmidt, SPD

Ein Sicherheitsbeauftragter der Polizei erstellt eine Rede zum Thema »Warum sollen wir Sicherheitsgurte tragen?« Er schreibt brav und bieder:
»Nur wenn wir *Sicherheitsgurte* tragen, können wir uns an den *schönen Dingen des Lebens* noch freuen.«

Nun feilt der Polizist an seiner Rede. Er schlägt im Handbuch »Die Macht der Sprache. 101 Werkzeuge für eine überzeugende Kommunikation« nach. Darin findet er die Empfehlung, mit Gegensatzpaaren zu arbeiten. Prompt fällt dem aufgeweckten Polizisten ein Gegensatzpaar ein.

»Nur wenn wir ›*oben mit*‹ fahren, können wir uns über ›*oben ohne*‹ noch freuen.«

Der Polizist freut sich über das Gegensatzpaar »oben mit« (Sicherheitsgurte) und »oben ohne« (Anblick eines wohlgeformten Busens). Rhetorisch gesehen ist diese Pointe einwandfrei. Und sie paßt zu Sicherheitsgurten. Und doch scheidet sich unter kommunikativ aktiven Personen genau hier die Spreu vom Weizen: Rhetoriker ohne psychologisches Fingerspitzengefühl verwenden die Pointe allüberall – vor lauter Freude an der gelungenen Formulierung (schließlich muß man ja möglichst vielen Menschen zeigen, was man so alles draufhat). Rhetoriker mit einem psychologischen Fingerspitzengefühl setzen die Pointe »oben mit – oben ohne« zielgruppengerecht ein – vor dem Herrenclub ja (dort kann sie humorvoll wirken), vor Feministinnen nein (dort wirkt sie deplaziert).

»Lirum Larum Löffelstiel,
wer Bomben baut, verdient recht viel,
wen eine Bombe trifft, juchhei,
der ist von ganzem Herzen frei.
Eines von beidem allezeit
wünscht Dir die Tante Adelheid.«     Karlhans Frank

In der Schweiz entspricht eine sogenannte Düngergroßvieheinheit (DGVE) dem durchschnittlichen Abfall an Gülle und Mist einer sechshundert Kilogramm schweren Kuh pro Jahr. Auf einem Hektar Nutzfläche dürfen höchstens drei Düngergroßvieheinheiten – also höchstens der Jahresmist und die Jahresgülle von drei Kühen zu sechshundert Kilogramm – entfallen. Im Klartext: Die Bauern dürfen – auf Geheiß der Behörden – nur beschränkt Mist produzieren.
Ein Landwirt spitzt diese Gesetzesbestimmung in einer bauernpolitischen Diskussion zu einer humorvollen Pointe:»Wenn die Behörden uns nur so viele Gesetze und Auflagen machen würden,

wie wir Bauern Mist produzieren dürfen, ginge es uns allen besser.« Der Redner hat die lachenden Bauern auf seiner Seite.

- **Übung:**
Humor arbeitet mit dem oft verblüffenden Wechsel des Blickwinkels:»Wie tritt man einer Partei auf die Füße, die auf dem Kopf steht?« Der Witz lebt nachgerade vom Wechsel der Perspektive.
1 Was ist der Unterschied zwischen einem Finanzminister und der Straßenbahn?
2 Ein Junge fragt seinen Vater:»Wird mein Ding kleiner oder länger, wenn ich groß werde?«Was antwortet der Vater?
3 Ein gebeutelter Ehemann wird gefragt:»Haben Sie schon Ferienpläne gemacht?«Was erwidert er?
4 Die junge Ehefrau ist wütend:»Du hast mich doch nur geheiratet, weil ich von meinem Paten dreihunderttausend Mark geerbt habe!«Wie kontert der Ehemann?
5 Im Krankenhaus Kitzbühel treffen sich zwei Männer mit Gipsbein. Fragt der eine:»Abfahrt?«Was entgegnet der andere?

- **Lösungsvorschläge**
1 Die Straßenbahn hat Anhänger.
2 »Bleib lieber länger kleiner.«
3 »Wozu sollte ich Ferienpläne machen? Meine Frau bestimmt, wohin wir fahren, mein Chef, wann, und meine Bank, wie lange.«
4 »So ein Quatsch! Ich hätte dich auch geheiratet, wenn du das Geld von jemand anderem geerbt hättest.«
5 »Nein, Barhocker!«

- **Kommentar:**
Humor ist ... nicht für alle dasselbe. Worüber die einen lachen, dazu schweigen die andern betreten. Deshalb gehört Humor mit zu den schwierigsten Gestaltungsmitteln.
Sinn für Humor ist keineswegs Selbstzweck. Denn Humor entspannt, befreit, erfreut, beeinflußt Stimmung, löst Probleme, strahlt Wärme aus, ist ansteckend, fesselt, ermutigt, verbindet, stärkt.

# Nr. 61 Die Sprachschöpfung: Kreation
## Die Schöpfung

● **Definition:**
Neue Wort- und Satzbildungen schöpfen. Neue Wort- und Satzbildungen erfinden.

● **Beispiele:**
Placido Domingo singt »Dein ist mein ganzes Herz«:
»*Traumschön* und *sehnsuchtsbang* ist dein strahlender Blick«
Franz Lehár, Das Land des Lächelns

»Ober*katzen*geil«
»Der Spiegel«, Sondernummer »Menschen, Tiere, Emotionen«

»*Nasen*weich und *schneuz*fest«
Tempo, Taschentücher

»*Und* es wallet *und* siedet *und* brauset *und* zischt ...«
Friedrich von Schiller

»*A rose is a rose is a rose is a rose.*«
Gertrude Stein, Dichterin

»Jenseits von Marken/Medien/Mythen gibt es nichts mehr: *Medien produzieren Marken produzieren Mythen produzieren Medien* – und daraus entstehen Trends.«
David Bosshart, Gottlieb-Duttweiler-Institut

● **Übung:**

**1. Wortschöpfung vorgelagert**
Schöpfen Sie eine Wortverbindung, indem Sie das vorgegebene Wort ergänzen. Das zusätzliche Wort ist dem vorgegebenen *vor*gelagert.

| Vorgegebenes Wort | Wortschöpfung vorgelagert |
|---|---|
| 1 gesund | *kern*gesund |
| 2 glatt | _____ |
| 3 alt | _____ |
| 4 dünn | _____ |
| 5 dürr | _____ |
| 6 blank | _____ |

## 2. Wortschöpfung nachgelagert

Schöpfen Sie eine Wortverbindung, indem Sie das vorgegebene Wort ergänzen. Das zusätzliche Wort ist dem vorgegebenen *nach*-gelagert.

| Vorgegebenes Wort | Wortschöpfung nachgelagert |
|---|---|
| 1 zungen | zungen*fertig* |
| 2 sach | _____ |
| 3 freude | _____ |
| 4 welt | _____ |
| 5 dienst | _____ |
| 6 taten | _____ |

## • Lösungsvorschläge

**1.** 2 *spiegel*glatt
3 *stein*alt
4 *hauch*dünn
5 *spindel*dürr
6 *blitz*blank
**2.** 2 sach*verständig*
3 freude*strahlend*
4 welt*offen*
5 dienst*beflissen*
6 taten*durstig*

## • Kommentar:

Wortschöpfungen sind Ausdruck einer entwicklungsfreudigen Sprache. Sind Wortschöpfungen neu und/oder selten, lösen sie Staunen aus, wodurch Aufmerksamkeit erzeugt wird. Unabdingbare Voraussetzung für die Wortschöpfung – ein ganz und gar kreativer Akt – ist ein spielerischer, ja liebevoller Umgang mit dem Wort-Schatz.

# Nr. 62 Der Regelverstoß: Konstruktivismus
## Aktenzeichen XY

• **Definition:**
Konstruktivismus bezeichnet den vorsätzlichen (sprachlichen) Regelverstoß.

• **Beispiele:**
Er*volk*swagen                                    Volkswagen

»*Daunbailò*. Benigni, *iu ar de* best!«
»Down By Law«, Film mit dem italienischen
Starkomiker Roberto Benigni

»Ligurien – das schmeckt nach *meer!*«
»Sonntagsblick«, Titel eines Reiseberichts

»Deutschland hat jedenfalls nicht die Absicht, sich dieser jüdischen Bedrohung zu beugen, sondern vielmehr die, ihr rechtzeitig, wenn nötig unter vollkommener und radikalster *Ausrott-, -schaltung* des Judentums, entgegenzutreten.«
Joseph Goebbels, Wollt ihr den totalen Krieg?, 1943

• **Kommentar:**
Sprachliche Regelverstöße gelten als Kavaliersdelikt. Vorsätzlicher Regelverstoß heißt: Die Leserschaft stößt sich an Regelverstößen. Genau das ist erwünscht, um Aufmerksamkeit zu erzeugen und die Botschaft zu verankern.

# Nr. 63 Der Reim: Poesie
## Ein Gedicht von einem Gedicht

• **Definition:**
Dichten. Reimen.

• **Beispiele:**

»*Einer* ist *meiner*.«                   Toyota

»Go *well*. Go *shell*.«                  Shell

»Der *Kluge* reist im *Zuge*.«     Schweizerische Bundesbahnen, SBB

»Es sprüht mein Geist nur träge *Funken*,
Weil ich noch nicht Kaffee *getrunken*.«
                            Franz Mittler, Schüttelreim

»Dir soll ich Algebra *zeigen*?
Eher lernt ein Zebra *geigen*!«       Franz Mittler, Schüttelreim

Spätestens nach dem Frühstück lädt der Schüttelreim zur beliebigen Verfremdung (Transformation) ein. »Dir soll ich *Chemie* zeigen? Eher lernt ein Zebra geigen!«
Oder: »Dir soll ich *Orgelspiel* zeigen? Eher lernt ein Zebra geigen!« Oder ... jetzt sind Sie dran.

• **Übung:**
**Ergänzen Sie die Sprichwörter so, daß ein Reim entsteht.**
1 Sobald Gesetz ersonnen, wird Betrug _____
2 Eigenlob stinkt, Eigenruhm _____
3 Adel sitzt im Gemüte, nicht im _____
4 Schöne Gestalt verliert sich _____
5 Sprich, was wahr ist; trink, was klar ist; iß, was _____

- **Lösungsvorschläge**
1 gesponnen
2 hinkt
3 Geblüte
4 bald
5 was gar ist

- **Kommentar:**
Die Lust am Reim bleibt nicht etwa Goethe und Schiller vorbehalten. Wir alle sind aufgefordert, einprägsame Formeln in Reimform zu finden. Warum? Der Reim bringt oft in gebotener Kürze die Kernbotschaft auf den Punkt – wie das Beispiel mit den Sicherheitsgurten belegt:»Mit Gurten *fahren* hilft Leben *bewahren*.« Dieser Reim ist einprägsam. Der Erinnerungswert ist hoch. Doch alle Hobbydichter aufgepaßt: Abstoßend wirken holprige Reime, zum Beispiel:»Schnall dich an, der Sarg ist *enger*, angegurtet lebst du *länger*.« Solche Reime mögen auf Familienfesten mit lauter lieben und netten Menschen noch angehen. In der Öffentlichkeit hat eine derart geschmacklose Dichterei nichts zu suchen – zum Vorteil und Schutz des Hobbydichters.

## Nr. 64 Der Stabreim: Alliteration
### Milch macht müde Männer munter

- **Definition:**
Alliteration bedeutet Übereinstimmung in den Buchstaben. Alliteration bezeichnet die Wiederholung der gleichen Laute oder Silben in mehreren aufeinander folgenden Worten, besonders im Wortanlaut. Im Stabreim beginnen mehrere Wörter mit den gleichen Lauten oder Silben. Die eindringliche Wirkung wird an festen Redewendungen deutlich: *M*ilch *m*acht *m*üde *M*änner *m*unter.

- **Beispiele:**
»Stars ... *Sch*räg... *Sch*rill... *Sch*rullig«          »PopRocky«

»Backstreet Boys: Totaler Triumph«                    »Bravo«

Die Hip-Hop-Version von Roberta Flacks Ohrenschmeichler
»Killing Me Softly« schoß das amerikanische Trio The Fugees
weltweit in die Hitparaden: »Hip Hop Hit«.
                »Das Magazin«, »Tages-Anzeiger« und »Berner Zeitung«

»Warmherziges, widersprüchliches, würziges Weib wünscht weniger Wackelkontakte & würde wegen wahrnehmungsfähigem, wit-
zigem, wonnigem Walzertänzer womöglich wer-weiß-was wagen.
Wohlan! Warum warten?«          »Die Zeit«, Kontaktanzeige

»Feuer und Flamme für Propangas.«                    Esso

»Frieden und Freiheit für die Welt«
        Grundsatzprogramm der Christlich-Sozialen Union CSU, 1993

»Tag für Tag neue Lebenskraft für eine Haut in Bestform.«
                                        Helena Rubinstein

»Wimper für Wimper unendlich lang.«    Lancôme, Wimperntusche

»Stein auf Stein.«                                   Lego

»Freude am Fahren«                                   BMW

»Kenner kennen keine Kompromisse«    Berentzen Apfelkorn
Die Betonung der vier »k« verstärkt die Wirkung der Aussage.
Versuchen wir die Aussage mal ohne Stabreim, verliert sie an
Schlagkraft: Kenner machen nie Kompromisse.

»Mode, Macht und Mord«
        »Sonntags-Blick« über die Tragödie des Gucci-Clans

»Zweiundzwanzig Zentimeter Zärtlichkeit«
                        Johannes Mario Simmel, Buchtitel

»Fit for Finance«    Heinz Zimmermann und Bruno Gehrig, Buchtitel

Sie erhalten einen Schlüsselanhänger. Darauf steht:
»Wir öffnen Ihnen Tür und Tor ... zu besseren Zeiten.«
Österreichische Volkspartei ÖVP

»Mars macht mobil!«                    Mars Incorporated

»Mit Micky Mäuse machen«          »Geo Special Florida«

»Patron – Professionalität – Perfektion«
Korpskommandant Jacques Dousse,
Chef des Heeres der schweizerischen Armee

• **Übung:**
**Suchen Sie zu den herkömmlichen Ausdrücken den Stabreim.**

| Ohne Stabreim | Mit Stabreim |
|---|---|
| 1  sehr oft | wieder und wieder |
| 2  ungültig (Vertrag) | _____ |
| 3  Hurra-Geschrei | _____ |
| 4  alle zusammen (Familie) | _____ |
| 5  bei jedem Wetter | _____ |
| 6  schnell hintereinander | _____ |
| 7  fest zusammenhalten | _____ |
| 8  mal so, mal anders | _____ |
| 9  ganz ruhig, wortlos | _____ |

• **Lösungsvorschläge**
2  null und nichtig
3  Hipphipphurra
4  mit Kind und Kegel
5  bei Wind und Wetter
6  Schlag auf Schlag
7  durch dick und dünn
8  Hü und hott
9  still und stumm

• **Kommentar:**
Die Betonung derselben Anfangsbuchstaben verstärkt die Wirkung der Aussage. Wenn Sie die genannten Beispiele mal ohne Stabreim texten, verlieren die Aussagen sofort an Schlagkraft.

# Nr. 65 Die Abkürzung: Metaplasmi
## IQ, EQ, HQ ...

- **Definition:**

Abkürzungen geben Sachverhalte in einer Buchstabenreihe wieder.

- **Beispiele:**

*IQ* heißt Intelligenzquotient. Daniel Goleman führte mit seinem Bestseller »Emotionale Intelligenz« den *EQ* ein. Der EQ soll die Emotionale Intelligenz messen. Wetten, daß weitere Quotienten folgen?

»*Smog*« ist die Abkürzung von »smoke« (Rauch) und »fog« (Nebel).

»*Motel*« ist die Abkürzung von »moto« und »hotel«.

»*Stagflation*« ist die Abkürzung von »Stagnation« (verlangsamtes Wirtschaftswachstum) und »Inflation« (Teuerung, Kaufkraftverlust).

- **Übung:**

**1. Kennen Sie die Bedeutung der Abkürzungen?**

| *Abkürzung* | *Bedeutung* |
|---|---|
| 1 ABS | _____ |
| 2 ZEV | _____ |
| 3 CEO | _____ |
| 4 GAU | _____ |
| 5 DIN | _____ |
| 6 IOK | _____ |

**2. Welche Kunden- und Käufertypen werden im Rahmen der Marktsegmentierung mit diesen Abkürzungen bezeichnet?**

| | |
|---|---|
| 1 Yuppies | _____ |
| 2 Milkies | _____ |
| 3 Menties | _____ |
| 4 Dinkies | _____ |

157

### 3. Ein bißchen Spaß muß sein

IQ bedeutet Intelligenzquotient. EQ mißt die »Emotionale Intelligenz«. IQ und EQ bieten vielfältige Möglichkeiten zu reizvollen Verfremdungen. Ergänzen Sie die Lücken kreativ zu einer Abkürzung.

1 Emil Steinberger, der Kabarettist, verfügt über einen hohen ?Q, um widrigen Lebensumständen zu begegnen.

2 Geht der Chef wieder einmal polternd die Wand hoch, verfügt er über einen hohen ?Q.

3 Geht ein Mitarbeiter regelmäßig früher in die Pause, um auch regelmäßig später von der Pause an den Arbeitsplatz zurückzukehren, verfügt er über einen hohen ?Q.

- **Lösungsvorschläge**

**1.** 1 *A*utomatisches *B*rems-*S*ystem
2 *Z*ero *E*mission *V*ehicle (Auto ohne Abgase)
3 *C*hief *E*xecutive *O*fficer (Vorsitzender der operativ tätigen Geschäftsleitung)
4 *G*rößter *a*nzunehmender *U*nfall
5 *D*eutsche *I*ndustrie-*N*orm(en)
6 *I*nternationales *O*lympisches *K*omitee

**2.** 1 *Y*oung *U*rban *P*rofessional *P*eople
2 *M*odest *I*ntroverted *L*uxury *K*eepers
3 *M*en*t*al *J*ogging *P*eople
4 *D*ouble *I*ncome, *N*o *K*ids

**3.** 1 Emil Steinberger, der Schweizer Kabarettist, verfügt über einen hohen *HQ (Humorquotienten)*, um widrigen Lebensumständen zu begegnen.
2 Geht der Chef wieder einmal polternd die Wand hoch, verfügt er über einen hohen *AQ (Affektquotienten)*.
3 Geht ein Mitarbeiter regelmäßig früher in die Pause, um auch regelmäßig später von der Pause an den Arbeitsplatz zurückzukehren, verfügt er über einen hohen *PQ (Pausenquotienten)*.

Der Verfremdung von IQ und EQ sind keine Grenzen gesetzt.

- **Kommentar:**

Nicht erklärte oder nicht bekannte Abkürzungen grenzen Zuhö-

rer aus. Das ist eine Gefahr: Fachchinesisch gespickt mit Abkürzungen wirkt arrogant.
Wer mit Fachwissen auftrumpft und Abkürzungen nicht erklärt,
gewinnt keine Zeit. Früher oder später holt ihn die Wirklichkeit
ein. Die Zuhörer haben die Botschaft nicht verstanden. Und er
darf den Sachverhalt – diesmal ohne Abkürzung – wiederholen.
Wer in und mit einer Gruppe neue Abkürzungen schafft und sich
gemeinsam auf eine Formel verständigt, kann ein Wir-Gefühl erzeugen: Wir kennen die Abkürzung, wir gehören zusammen.

## Nr. 66 Die Formel mit Anfangsbuchstaben: Acrostico
### Eselsbrücken

• **Definition:**
Acrostico bedeutet die Bildung von Wörtern oder Sätzen mit den
Anfangsbuchstaben von Wörtern oder Sätzen.

• **Beispiele:**
Alitalia bedeutet in englischer Verballhornung:
»*A*lways *l*ate *i*n *t*aking-off. *A*lways *l*ate *i*n *a*rriving.«

Sabena heißt die verlustträchtige belgische Tochter der SAir-
Group:
»*S*uch *a* *b*ad experience *n*ever *a*gain.«

Tap heißt die portugiesische Fluggesellschaft:
»*T*ake *a*nother *p*lane.«

Sap stellt erfolgreich *S*ysteme/*A*nwendungen/*P*rodukte in der Da-
tenverarbeitung her. Findige Leute – in welchem Interesse auch
immer – machten daraus eine etwas andere Formel: »*S*chrecken,
*A*ngst und *P*anik.«

Vorschläge aller Mitarbeiter über verschiedene Ebenen hinweg müssen erkannt, geprüft und – sofern sinnvoll – umgesetzt werden. Dazu hat Anita Roddick ein DODGI, ein Department *of Damned Good Ideas*, errichtet.

Anita Roddick, Gründerin des Body Shop

Roche hat sein Vitamingeschäft trotz massiver Konkurrenz aus Fernost in den Griff bekommen – dank Vitamin *B*. B bedeutet hier nicht »*B*eziehungen«, sondern »*b*illiger«.

FIGUGEGEL: »*F*ondue *i*sch *g*uet *u*nd *g*it *e*n *g*ueti *L*uune.«
Diese Formel mit Anfangsbuchstaben lädt zur Verfremdung ein.
Einige Beispiele:
SIGUGEGEL: »*S*alat *i*sch *g*uet *u*nd *g*it *e*n *g*ueti *L*uune.«
PIGUGEGEL: »*P*izza *i*sch *g*uet *u*nd *g*it *e*n *g*ueti *L*uune.«

Erste Hilfe – kennen Sie GABI?
»*G*ibt er Antwort?
*A*tmet er?
*B*lutet er?
*I*st der Puls in Ordnung?«

• **Kommentar:**
Die Formeln mit den Anfangsbuchstaben enthalten Kernbotschaften, dargeboten oft in spielerischer Form. Die Anfangsbuchstaben gelten zugleich als Eselsbrücke, um sich die Botschaft schnell und gründlich einzuprägen. Die Anfangsbuchstaben stellen eine Gedächtnishilfe dar, um das Erinnerungsvermögen zu verbessern. Darin besteht der einfache und zugleich wirksame Zaubertrick.

# Nr. 67  Das Buchstabenspiel: Letter
## Sp(r)itzig

* **Definition:**

Spielerischer Umgang mit Buchstaben.

* **Beispiele:**

»Traum*r*eisen zu Traum*p*reisen«                         Vögele Reisen

»Weil Gesundheit auch Hau*t*sache ist.« (Hau*t*sache/Hau*pt*sache)
Vichy Laboratoires

»*B*estgeld statt *F*estgeld.«                         Commerzbank

»*Aha*, The B*aha*mas.«                         Fly&Travel Service

»*R*etail is *d*etail.« (Retail = Einzelhandel)
Ingvar Kamprad, Gründer von IKEA

»schre*IBM*aschinen«                         IBM

Zu den Buchstabenspielen gehören Anagramme als besondere
Variante. Ein Anagramm bezeichnet die Umstellung der Buchsta-
ben eines Wortes zu einem anderen Wort mit neuem Sinn.
»*Ave* zu *Eva*«
»*Roma* zu *Amor*«

In Schönheitswettbewerben werden die Karten oft schon vor dem
Anlaß gemischt:
»Wer Siegerin wird, ist *(k)*ein Geheimnis.«

* **Kommentar:**

Buchstabenspiele erheitern ebenso wie Wortspiele. Stellen Sie
einzelne Buchstaben um. Drehen und wenden Sie Buchstaben
spielerisch mit der Aussicht auf gelungene Wortspiele (*Fl*ower-

Power, *Ur*laub ist *Kur*laub, *K*onsens statt *N*onsens, *R*evolution statt *E*volution).

## Nr. 68  Das Wortspiel: Game
### Jonglieren mit Worten

• **Definition:**
Spielerischer Umgang mit Worten.

• **Beispiele:**
Otto Rehhagel, der frühere Meistertrainer von Werder Bremen, baut sich beim 1. FC Kaiserslautern eine Machtposition auf. In Anlehnung an bekannte Herrschaftsformen wie »Demokratie« heißt Otto Rehhagels Machtposition »*Ottokratie*«.

»Wählt jedermann den *Pittermann*, wird's *bitter dann* für jedermann.«

> Kalauer der ÖVP über den SPÖ-Politiker Bruno Pittermann

»Die Abgeordneten sind *Durchschnitt* … Die Unternehmer sind übrigens auch im *Durchschnitt Durchschnitt*.«

> Helmut Schmidt, SPD

Das geflügelte Wort vom »Schnee von gestern« paßt hundertprozentig, um angesichts des Snowboard-Booms die nachlassende Anziehungskraft von Skirennen zu erörtern:
»*Sind Weltcup-Rennen Schnee von gestern?*«

Die hohe Kunst des Wortspiels:
»Die *Ungerechtigkeit* akzeptiert die *Ungerechtigkeit*. Nicht die *Gerechtigkeit richtet* die *Welt*, die *Welt richtet* die *Gerechtigkeit*. Die *Welt richtet* sich ein, statt sich *richten* zu lassen.«

> Friedrich Dürrenmatt

162

Ein Punkt ändert die Bedeutung des Satzes völlig:
»Der Mensch ist *Mittelpunkt*.«
»Der Mensch ist *Mittel – Punkt*.«

»Alle die gesegneten deutschen *Länder* / Sind verkehrt worden in *Elender* …«
                                                           Friedrich von Schiller

Ein Big Mac schmeckt auf der ganzen Welt wie ein Big Mac:
»*Ham*burger als *Welt*burger«
                                    Wirtschaftszeitung »Cash« über McDonald's

Sie essen ein absolut exzellentes Menü. In Abwandlung des bekannten Gebetes »Vater unser, unser *tägliches* Brot gib uns *heute*« sagen Sie: »Vater unser, unser *heutiges* Brot gib uns *täglich*.«

• **Kommentar:**
Pfiffige Wortspiele heitern trockene Sachverhalte auf. Gelungene Wortspiele geben den Sachverhalt treffend wieder.

## Nr. 69  Das Zahlenspiel: Abakus
## Knacken Sie den Zahlenschlüssel?

• **Definition:**
Spielerischer Umgang mit Zahlen, Zahlenreihen oder anderen Größenangaben zur Veranschaulichung eines Sachverhaltes.

• **Beispiele:**
»Wenn *2* sich treffen und nicht *8* geben, dann wissen sie in spätestens *5* Wochen, daß sie in *9* Monaten zu *3* sind.«
                                               Peter Steiner, Kalauer-König

»Die Autobahnen als *vierspuriger* Ausweg aus der Wirtschaftsflaute?«

»*XXX-Large* Leisure«    Österreich-Werbung für junge Snowboarder

»*One* Woman – *One* Style«    Louis Feraud, Mode

»*Drei* Männer machen *einen* Tiger.«    Chan-kuoh ts'êh

Wer kennt sie nicht, die Klammeraffen? Das sind Leute, die einem mit übertriebener Inanspruchnahme die Zeit stehlen. Bei Klammeraffen nützt es oft wenig, zu sagen:»Fassen Sie sich kurz.« Klammeraffen nehmen sich alle Zeit der Welt.

Klammert sich ein nächstes Mal ein Affe an Sie (stiehlt Ihnen also jemand die Zeit), versuchen Sie es mit einem Zahlenspiel: »Das ›Vaterunser‹ zählt *einundsechzig* Worte. Bete ich das ›Vaterunser‹ andächtig, so dauert es *dreißig* Sekunden. Ich gebe Ihnen *zwei* ›Vaterunser‹ Zeit. Sie haben *sechzig* Sekunden.«

Die Zahlenreihe »an 365 Tagen im Jahr während 24 Stunden« ersetzt die Wörter »durchgehend« oder »immer« in wirkungsvoller Art und Weise:
»Der Verlust oder Diebstahl von Traveller Cheques kann *an 365 Tagen im Jahr während 24 Stunden* von jedem Telefonanschluß der Welt gemeldet werden.«    American Express

• **Übung:**
Zusammenkünfte mit Alberto Tomba sind Weihestunden. Tomba spielt Tomba. Tomba verkauft Tomba so, wie es das Publikum will – sportlich als Entertainer und kommerziell als Unternehmer.
Erste Frage des Journalisten an Alberto Tomba:»Madonna, Albertone, wie war das in den Nächten *vor* den Olympischen Spielen in Lillehammer?« Erste Antwort:»Ich kam um *fünf* nach Hause und hatte *drei* Frauen.« Dio mio!
Zweite Frage des Journalisten:»Werden Sie diese Schlagzahl auch *während* der Wettkämpfe in Lillehammer halten?«
Mit welchem Zahlenspiel hat Entertainer und Skichampion Alberto Tomba auf diese Frage des Journalisten geantwortet?

• **Lösung**
»Nein, ich werde um *drei* nach Hause kommen und *fünf* Frauen gehabt haben.«

## • Kommentar:

Angesichts der pfiffigen Zahlenspiele soll noch einer kommen und behaupten, der Umgang mit Zahlen und Ziffern bereite keinen Spaß. Zahlen und Ziffern, in Zahlenschlüssel gekleidet, gelten als hervorragende Verständlichmacher. Kurzum: Ein Zahlenspiel taugt mehr als tausend Worte.

## Nr. 70  Die Bedingungskette: Gradatio
## Bedingungslos angekettet?

## • Definition:

Bildung von Bedingungsketten (What if) mit ausgewählten Tatbeständen nach dem Muster: Was ist, wenn ...?

## • Beispiele:

»*Wenn Sie* im untersten Marktsegment die Preise um 1 Prozent erhöhen, verlieren Sie 2 bis 3 Prozent Absatz (Stückzahlen). Wir haben das mit der Swatch in den USA konkret erlebt. Der Preis wurde von 30 auf 35 Dollar angehoben. Ich habe das dummerweise zugelassen, die Verkäufe sackten sofort um rund 850 000 Stück ab.«                                    Nicolas G. Hayek, SMH

»Wer *selbst recht* ist, braucht nicht zu befehlen: und es geht. Wer *selbst nicht recht* ist, der mag befehlen: doch wird nicht gehorcht.«

Konfuzius

»Der Fürst ist das *Becken*, das Volk ist das *Wasser*. Ist das Becken viereckig, dann ist das Wasser viereckig; ist das Becken rund, dann ist das Wasser rund.«

Shi tsi shang

»*Wenn* der Himmel sich spaltet,
Und *wenn* sich die Sterne zerstreuen,
Und *wenn* sich die Wasser vermischen,

Und *wenn* die Gräber umgekehrt werden,
*Dann* weiß die Seele, was sie getan und unterlassen hat.«

Koran, Sure 82

»Übe keine negative Kritik: *Wenn* du nicht loben kannst, *dann*
schweige.«    Josemaría Escrivá de Balaguer, Gründer von »Opus Dei«

»*Wo* es kein Gesetz gibt, *da* gibt es auch keine Freiheit.«

John Locke, Zweite Abhandlung über die Regierung

Schriftzug auf einem Transparent israelischer Gegner eines militärischen Rückzuges aus Hebron:»Nach *Hebron Jerusalem*, nach
*Jerusalem Tel Aviv*, und nach *Tel Aviv* ganz *Israel*.«

»Neue Zürcher Zeitung«

»Und Kain erkannte sein Weib, die ward schwanger und gebar den
Henoch. Und er baute eine Stadt, die nannte er nach seines Soh-
nes Namen *Henoch*. *Henoch aber zeugte Irad, Irad zeugte Mahujael, Mahujael zeugte Methusael, Methusael zeugte Lamech. Lamech* aber nahm zwei Weiber; eine hieß Ada, die andere Zilla.«

Genesis 4, Vers 17–19

Der Eigenname erscheint zuerst als Erzeugtes (im Akkusativ),
dann als Erzeugendes (im Nominativ).

»*Wer die NZZ liest,*
kann mit Computern umgehen.
Wer mit Computern umgehen kann,
verläßt sich aufs Programm.
Wer sich aufs Programm verläßt,
geht öfter ins Theater.
Wer öfter ins Theater geht,
kennt ›Die Physiker‹.
Wer ›Die Physiker‹ kennt,
traut der Wissenschaft nicht alles zu.
Wer der Wissenschaft nicht alles zutraut,
*glaubt nicht alles.*«

Werbung für die »Neue Zürcher Zeitung«
im Programmheft eines Theaters

»Willst du wissen, *dann* frage; willst du können, *dann* lerne; willst du versorgt sein, *dann* sorge vor; willst du tüchtig sein, *dann* übe.«

Shi tsi shang

»Nicht jeder, der auf das Hochseil steigt, wird zu den Gewinnern gehören, aber jeder, der nicht auf das Hochseil steigt, gehört zu den Verlierern.«

Bill Gates, Microsoft

• **Kommentar:**

Die Folgerichtigkeit von Bedingungsketten ist für die Zuhörer nicht ohne weiteres schlüssig nachvollziehbar – insbesondere in der Hitze des Gefechtes nicht.

# Nr. 71 Das Mittel zum Zweck: Finalität
## Der Zweck heiligt die Mittel

• **Definition:**

Bestimmung des Verhältnisses zwischen Zweck und Mitteleinsatz: *Wodurch* wird der Zweck erreicht? Wie gehen wir vor, *um* den Zweck *zu* erreichen?

• **Beispiele:**

»Wir erheben den Anspruch, in unserem Markt als das führende Unternehmen anerkannt zu werden. *Durch* Spezialisierung und fokussierte Bearbeitung klar definierter Marktsegmente. *Durch* Kundenorientierung und Kundennähe. *Durch* ein weltweites Direktvertriebs- und Servicesystem. *Durch* die Begrenzung unseres Angebotes auf ein Sortiment, das sich durch Sicherheit, Qualität, Anwendungsfreundlichkeit und Innovation auszeichnet.«

Hilti, Leitbild

»Denn mich deucht immer, daß ihr selbst und euer Nächster Hierbei weit mehr gewinnt, als er. Er wird

Nicht fett *durch* euer Fasten; wird nicht reich
*Durch* eure Spenden; wird nicht herrlicher
*Durch* eu'r Entzücken; wird nicht mächtiger
*Durch* eu'r Vertraun. Nicht wahr? Allein ein Mensch!«
Gotthold Ephraim Lessing, Nathan

• **Kommentar:**
Die Argumentationsfigur gewinnt deutlich an Aussagekraft, wenn mehrere Mittel aufeinanderfolgend zweckführend eingesetzt werden.

## Nr. 72  Die Überraschung: Sustentio
### Verblüfft

• **Definition:**
Ein Handlungsablauf nimmt eine überraschende Wende in Form und Inhalt.

• **Beispiele:**
»Mit dem neuen Discovery möchte sich Land Rover verabschieden. *Von der Konkurrenz.*«
Land Rover

»Betrachten Sie Ihr Leben mal aus einer anderen Perspektive. *Zum Beispiel aus einem schönen Anzug.*«
René Lezard, Men's Women's Collection

»Wir wissen nicht, was wir wollen – *dies aber mit voller Kraft.*«
Peter Wiederkehr, Direktionspräsident der<br>Nordostschweizerischen Kraftwerke

»Verdammt
ich lieb dich,
ich lieb dich *nicht*
Verdammt

ich brauch dich
ich brauch dich *nicht*
Verdammt
ich will dich
ich will dich *nicht*
ich will dich *nicht verlieren*«        Song von Matthias Reim

»Was man in der erfolgreichsten Show des Privatfernsehens bekommt? *Lebenslänglich.*«        »Traumhochzeit«, Sendung auf RTL

»Roger Moore: 20 Mio. kostet seine Scheidung – *aber die Neue hat's ja.*«        »Bild«

»Ihr Mann ist tot und läßt Sie *grüßen.*«
Johann Wolfgang von Goethe, Faust I

»Lieber Gott, gib' mir Geduld, aber bitte *sofort.*«

»Retuschierbar ist
alles.
Nur
das Negativ nicht
*in uns.*«        Reiner Kunze

## • Übung:

### 1. Der schönste Tag
Eine Moderatorin zu einer adretten Frau:»Was war denn der schönste Tag in Ihrem Leben?« Was glauben Sie? Mit welchen überraschenden Worten antwortet die Frau?

### 2. Am besten gefallen
Die Vorgesetzte zur Mitarbeiterin:»Was gefiel Ihnen im vergangenen Jahr in unserem Unternehmen am besten?« Was glauben Sie? Mit welcher überraschenden Antwort wartet die Mitarbeiterin auf?

### 3. Der unterentwickelte Markt
Coca-Cola im Leitbild:»What's our most underdeveloped mar-

169

ket?« (»Welches ist unser unterentwickeltster Markt?«) Was glauben Sie? Welche überraschende Antwort gibt Coca-Cola auf diese Frage?

- **Lösungsvorschläge**
1. »Eine Nacht!«
2. »Die Pausen!«
3. »The human body.« (»Der menschliche Körper.«)

- **Kommentar:**
Überraschende Wendungen in der Rede und Schreibe gehen oft mit einer gewissen Schlagfertigkeit einher. Mit überraschenden Wendungen gelingt es, die Zuhörer in Staunen zu versetzen.

## Nr. 73 Die Rücknahme: Correctio
### Postwendend zurückgenommen

- **Definition:**
Die Correctio ist eine Art Selbstkorrektur, bei der ein (absichtlich geäußerter) übertriebener oder anstößiger Ausdruck zurückgenommen wird – was seine Wirkung jedoch nicht mildert.

- **Beispiele:**
Fangen Sie mit einer heißen These an (fahren Sie also schweres Geschütz auf), um diese sofort in Frage zu stellen: »*Nur wer über Leichen geht, kommt heute weiter. – Stimmt diese These?*«

»*Von Bayern gehen die meisten politischen Dummheiten aus.* Wenn aber wir in Bayern sie längst abgelegt haben, dann werden sie anderswo erst als der Weisheit letzter Schluß übernommen.«

Franz Josef Strauß

»*Er kläffte hier herum wie ein getretener Pinscher.* Nun ja, ganz stimmt das Bild nicht. Denn er ist ja ein großes Tier.«

*»Dieser Laden ist ein großer Saustall!* Einverstanden, es handelt sich um eine Wohnung, nicht um einen Stall. Aber etwas mehr Ordnung könnte hier schon herrschen.«

*»Welch Schauspiel!* Aber ach! ein Schauspiel nur!«
Johann Wolfgang von Goethe, Faust

»Beim weiblichen Genitale hat man trotz vieler *Versuchungen* – pardon, Versuche ...«
Freudscher Versprecher von Sigmund Freud,
Zur Psychopathologie des Alltagslebens

• **Kommentar:**
Mit der Correctio baden Sie die Leute abwechslungsweise heiß und kalt. Für das Wechselbad der Gefühle eignet sich die Rücknahme bestens. Beginnen Sie mit einer heißen These, um diese sofort in Frage zu stellen. So fordern Sie aufmerksame Zuhörer heraus. Merkt jedoch niemand die Rücknahme, müssen Sie Ihren Zuhörern sagen, daß Sie sich und die Zuhörerschaft aufs Glatteis geführt haben. Das Publikum wird jetzt höllisch aufpassen, daß Sie ihm keinen zweiten Streich mehr spielen.

## Nr. 74 Der Unterschied: Differenz
### Klein und fein

• **Definition:**
Differenz meint die sorgfältige Pflege kleiner und feiner Unterschiede durch eine sprachliche Hervorhebung.

• **Beispiele:**
»My name is Bond, *James* Bond.«
James-Bond-Darsteller Roger Moore u. a.

»Kennst du die Perle, *die Perle Tirols?* Das Städtchen Kufstein, das kennst du wohl.«
                                                       Franzl Lang, Das Kufsteiner Lied

Jörgen Tesman, seine Frau Hedda Tesman auf dem Arm tragend: »Erschossen! *Durch die Schläfe* erschossen!«
                                       Hedda Gabler, Schauspiel von Henrik Ibsen

»Die spinnen, *die Römer.*«                            Asterix und Obelix

»Coca-Cola provides value to everyone *who touches it.*«
                                                       Coca-Cola

»Einer für alles, *extra für Sie!*«                    Kia Automobil

Der feine Unterschied zwischen einem Audi und einem Gecko (einer Echse mit Haftlamellen): »So oder so. Perfekte Bodenhaftung haben beide. *Nur in einem Punkt* unterscheiden sie sich: Der Audi A4 als quattro ist besonders bei Regen und Kälte in seinem Element. Einem Wetter, bei dem der Gecko lieber zu Hause bleibt.«           Audi

»*Erstmals* darf ich in meiner neuen Funktion als Chef des Eidgenössischen Finanzdepartements zu Ihnen sprechen.«
                                       Bundesrat Kaspar Villiger anläßlich des
                                       Schweizerischen Bankiertages vom
                                       20. September 1996 in Basel

• **Kommentar:**

Je feiner und kleiner Unterschiede sind, desto bemerkenswerter sind sie. Also Augen auf! Wer feine und kleine Unterschiede erkennt, legt Zeugnis der Aufmerksamkeit seinen Gesprächspartnern gegenüber ab. Das Motto lautet: Kleine Unterschiede erkennen und – sofern sie fein sind – nennen, bevor es jemand anderes tut.

# Nr. 75 Die Ausgrenzung: Selektion
## Das Ausscheidungsrennen

• **Definition:**
Selektion meint die Auswahl bestimmter Personen oder Dinge bei gleichzeitiger Aussonderung nicht erwünschter Personen oder Dinge – oft nach dem Muster: nicht A, nicht B, sondern C.

• **Beispiele:**
»Und das möge jeder in Deutschland bedenken: Die Nationalsozialistische Partei hat Ungeheures geschaffen. *Nicht* unsere Wirtschaftsführer, *nicht* unsere Professoren und Gelehrten, *nicht* Soldaten und *nicht* Künstler, *nicht* Philosophen, Denker und Dichter haben unser Volk vor dem Abgrund zurückgerissen, *sondern* ausschließlich das politische Soldatentum unserer Partei.«
Adolf Hitler auf dem Reichsparteitag am 16. September 1935

»Welche Art Frieden meine ich? Nach welchem Frieden streben wir? *Nicht* nach einer Pax americana, die der Welt durch amerikanische Kriegswaffen aufgezwungen wird. *Nicht* nach dem Frieden des Grabes oder der Sicherheit der Sklaven. *Ich spreche hier von dem echten Frieden* – jenem Frieden, der das Leben auf Erden lebenswert macht, jenem Frieden, der Menschen und Nationen befähigt, zu wachsen und zu hoffen und ein besseres Leben für ihre Kinder aufzubauen.«
John F. Kennedy

»Smoking is a right *not* a privilege.«
B.A.T. Industries

»Die Großmutter blieb unbeirrt: ›Appenzeller tragen Ohrringe. Und Neger.‹ – ›Die tragen Nasenringe.‹ – ›Nicht nur. Meine Freundin‹, teilte Küde mit, ›die trägt auch einen. Einen kleinen. Die ist *nicht* aus Afrika, *sondern* aus Bümpliz.‹«
Hugo Loetscher, Saison

## • Kommentar:

Der Selektion liegen oft ebenso klischeehafte wie auch einfache und für alle verständliche Unterscheidungsmerkmale zugrunde: Freund oder Feind? Für mich oder gegen mich? Gut oder böse? Selektion schafft Klarheit in einer verwirrenden Lage.

## Nr. 76  Die Anspielung: Allusion
Gruß aus der Gerüchteküche

## • Definition:

Allusion meint das Anspielen auf eine Eigenschaft eines Menschen oder auf ein Merkmal eines Sachverhalts. Eine deutliche und ausdrückliche Hervorhebung einer Eigenschaft oder eines Merkmals wird absichtlich unterlassen.

## • Beispiele:

»Ich sage dir *nicht*, wie sehr du mir gefällst.«

»Über die Rolle, die Herr XY in dieser Angelegenheit gespielt hat, will ich gar *nicht* reden.«

»Die Hochachtung vor dem Publikum *verbietet* mir, das auszusprechen.«

»Darüber *schweigt* des Sängers Höflichkeit.«

Am 11. Januar 49 v. Chr. überschreitet Cäsar den Rubikon, das unscheinbare Flüßchen südlich von Ravenna (»Iacta alea est.«): »Ich glaube nicht, daß Cäsar so unbesonnen sein wird, die Sache zur Entscheidung zu treiben. Doch wenn er erst einmal losschlägt, *fürchte ich wahrhaftig vieles, was ich nicht zu schreiben wage.*«

Cicero

»Allerdings dürfen Sie Brillanz nicht unbedingt mit Dynamik verwechseln. *Das heißt natürlich keineswegs*, daß ich den Herrn Fröhlich für einen Bluffer halte.« Peter Noll, Der kleine Machiavelli

In diesem Zitat wird die verneinte Anspielung (»Das heißt natürlich keineswegs ...«) zum wirkungsvollen Werturteil: Und schon bleibt der Herr Fröhlich als Bluffer im Raum stehen!

• **Kommentar:**
Gehandelt werden Anspielungen an der Gerüchtebörse, Inbegriff des Kesseltreibens. Wenn Ihnen ein Gerücht über Sie selbst hinterbracht wird, können Sie ganz einfach feststellen, ob der Gesprächspartner, der Ihnen die Sache zuträgt, auf Ihrer Seite steht oder auf der anderen. Wenn er Ihnen das Gerücht in seinem ganz konkreten Inhalt darstellt und Sie dazu Stellung nehmen läßt, vielleicht noch durchblicken läßt, daß er nicht daran glaube, dann können Sie annehmen, daß er auf Ihrer Seite steht. Wenn er dagegen nur bemerkt, jemand habe sich negativ über Sie geäußert, dann gehen Sie besser davon aus, daß er auf der Seite Ihres Gegners steht und das Gerücht zumindest teilweise glaubt.

## Nr. 77 Die Vorstellungskraft: Imagination
Stellen Sie sich vor ...

• **Definition:**
Das Spiel mit der Unschärfe der Botschaften fordert die Vorstellungskraft der Menschen heraus – jeder nach seinem Gusto.

• **Beispiele:**
»Was unterscheidet Mönsche vom Schimpans
s'isch nid di glatti Huut, de fehlend Schwanz
nid, daß mier schlechter Böim ufechömed, nei
*daß mier Hemmige hei*
*Me stell sich d'Manne vor, wenn's anders wär*

175

und s'chäm es hübsches Meiteli dehär
jetzt lueget mier doch höchstens e chli uf Bei
will mier Hemmige hei
Und wenn mer gseht, was hüt der Mönschheit droht
so gseht mer wirklich schwarz, nid nume rot
und was mer nume chan hoffe, isch elai
daß sie Hemmige hei«             Mani Matter, Lied »Hemmige«

Mani Matter überläßt es in seinem berndeutschen Text jedem einzelnen Zuhörer, sich selbst hemmungslose Männer vorzustellen.
Mani Matter deutscht die Vorstellung hemmungsloser Männer
nicht aus. Jeder Zuhörer malt sich selbst ein Bild nach seinem Gusto. Dadurch spricht der Liedermacher mehr Leute an.

»Sie fragen: Was ist unser Ziel? Ich antworte mit einem Wort:
Sieg. Sieg um jeden Preis. Sieg trotz allem Schrecken. Sieg, wie
lange und beschwerlich der Weg auch sein mag. Denn ohne Sieg
gibt es kein Überleben. Das wollen wir ganz klar sehen: Kein
Überleben für das britische Weltreich. Kein Überleben für das
Drängen der Jahrhunderte, die Menschheit vorwärts *zu ihrem
Ziel* zu bringen.«
                    Winston Churchill, Blut-und-Tränen-Rede

Winston Churchill verzichtet bewußt darauf, das Ziel des Men-
schengeschlechts beim Namen zu nennen. Churchill vergibt sich
nichts. Jeder kann sich ein anderes Ziel vorstellen. Damit sichert
er sich die Gefolgschaft breiter Bevölkerungskreise.

Sie lesen in der Zeitung:»Die Polizei hat mehrere Kilo Pilze kon-
fisziert, die gesetzeswidrig gesammelt worden sind. Das beschlag-
nahmte Sammelgut soll nunmehr einzelnen Altersheimen zugute
kommen.«
Woran Sie soeben gedacht haben, die Pointe, die Ihnen – liebe Leserin, lieber Leser – soeben durch den Kopf ging, finde ich aber
ziemlich geschmacklos … womit bewiesen ist: Nicht immer muß
deutsch und deutlich im Wortlaut festgehalten werden, was in den
Köpfen verankert werden soll. Oft reicht auch eine Anspielung –
vor allem gepaart mit Ihrer Vorstellungskraft!

- **Kommentar:**
Drücken Sie sich unscharf aus – allerdings mit System. Das kann sich lohnen.

Merken Sie sich: Lieber eine unscharfe Anspielung, welche die Vorstellungskraft möglichst vieler Leute anspricht, als eine scharfe Behauptung, die alle Leute vor den Kopf stößt. Wecken Sie mit Anspielungen die Vorstellungskraft der Menschen.

## Nr. 78 Die Betonung: Artikulation
### Der Ton macht die Musik

- **Definition:**
Mit der Betonung ist die Hervorhebung einer Aussage gemeint – zum einen mündlich durch Abstimmung der Tonlage und der Klangfarbe, zum anderen schriftlich durch hervorgehobene Schriftzeichen.

- **Beispiele:**
»Wir messen einer starken Marktstellung hohe Bedeutung bei. Wir konzentrieren uns auf Marktsegmente, in denen wir als Spezialisten durch das Schaffen von *Mehr Wert* Marktführung erreichen können.«
                                                                    Hilti, Vision

*»Gegen Steuern gegensteuern.«*
            Kampagne 1994 der Freien Demokratischen Partei FDP

»Gutachten« »Gut achten!«                    »Die Zeit«, Wochenzeitung

Betont ist das *kursiv* geschriebene Wort. Je nach Betonung ändert sich die Bedeutung der Aussage:
*Das* war sein erster Erfolg.
Bedeutung: Ich meine diesen einen Erfolg.
Das *war* sein erster Erfolg.

177

Bedeutung: Ich weise auf die Vergangenheit des Erfolges hin.
Das war *sein* erster Erfolg.
Bedeutung: Ich hebe hervor, daß es sich um den Erfolg von niemand anderem handelt.
Das war sein *erster* Erfolg.
Bedeutung: Ich will klarmachen, daß weitere Erfolge folgten.
Das war sein erster *Erfolg*.
Bedeutung: Ich mache deutlich, daß es vorher nur Mißerfolge gegeben hat.

- **Übung:**

Betont ist das *kursiv* geschriebene Wort desselben Satzes. Was wird durch die Betonung besonders hervorgehoben?
1 *Dieses* Problem müssen wir gemeinsam lösen.
2 Dieses *Problem* müssen wir gemeinsam lösen.
3 Dieses Problem *müssen* wir gemeinsam lösen.
4 Dieses Problem müssen *wir* gemeinsam lösen.
5 Dieses Problem müssen wir *gemeinsam* lösen.
6 Dieses Problem müssen wir gemeinsam *lösen*.

- **Lösungsvorschläge**

1 Handlungs*bestimmtheit*: nicht irgendein anderes Problem.
2 Handlungs*schwierigkeit*: nicht eine Routine-Aufgabe.
3 Handlungs*verpflichtung*: nicht »sollten wir vielleicht einmal«.
4 Handlungs*verantwortung*: nicht andere Handlungs*träger*.
5 Handlungs*vorgehen*: nicht isoliert voneinander.
6 Handlungs*bedarf*: nicht nur debattieren.

- **Kommentar:**

Achtung: Monotonie macht das Publikum schläfrig. Im Kampf gegen einschläfernde Stimmen, die stets auf der gleichen Tonlage verharren, warnte Martin Luther scharf: »Tritt fest auf! Mach's Maul auf! Hör bald auf!«

## Nr. 79 Die Zusammengehörigkeit: Identifikation
## Zusammen sind wir stark.

- **Definition:**

Die Zusammengehörigkeit von Menschen und/oder Dingen stiftet Identifikation (Identifikation durch »togetherness«).

- **Beispiele:**

»Siemens. *Wir gehören zur Familie.*«          Siemens

»Die Sony Schweiz AG ist das Schweizer *Mitglied der* weltweiten
Sony-*Familie.*«          Sony Schweiz, Porträt

»Für uns ist es nicht einfach der Osten, sondern unsere *Heimat.*«
»Erstaunlich, wessen *Enkel* bei uns eine Banklehre machen.«
          Dresdner Bank, Verhältnis zu den neuen Bundesländern

»Sie ziehen *um* – Bild am Sonntag zieht *mit.*«
          »Bild am Sonntag« im Abonnement

»Wir wollen den Erfolg *für das Unternehmen und für uns selbst,
unseres eigenes Selbstwertgefühl.*«
          Mettler-Toledo, Produktion von Waagen

*»Sie haben den Stil. Wir das Auto.«*          Peugeot

*»Als wär's ein Stück von mir.«*          Toyota

Bei Matthäus entscheiden die sechs Werke der Barmherzigkeit, ob
an zu den Schafen oder zu den Böcken gezählt wird. Im Weltgericht
begründet der Menschensohn den Gerechten ihre Erwählung:
»Denn ich war hungrig, und ihr habt mir zu essen gegeben;
ich war durstig, und ihr habt mich getränkt;
ich war fremd, und ihr habt mich beherbergt;
ich war nackt, und ihr habt mich bekleidet;

ich war krank; und ihr habt mich besucht;
ich war im Gefängnis; und ihr seid zu mir gekommen. ...
Wahrlich ich sage euch: *Wiefern ihr es einem dieser meiner geringsten Brüder getan habt, habt ihr es mir getan.*« Matthäus 25, 35–40

»*Fried ist allweg in Gott, denn Gott ist der Friede.*«
Nikolaus von der Flüe (Bruder Klaus)

- **Kommentar:**

Viele Menschen scheinen Herdentieren ähnlich: Dabeisein ist (fast) alles. Viele Menschen bewegen sich im Kraftfeld zwischen Konformitätsdruck (Zugehörigkeit zu einer Gruppe: lieber einer Mehrheit als einer Minderheit angehören) und Isolationsangst (Angst vor Ausgrenzung: ja nicht allein oder völlig neben den Schuhen stehen). In diesem Kraftfeld zwischen Konformitätsdruck und Isolationsangst fallen zusammengehörigkeitsstiftende Aussagen auf äußerst fruchtbaren Boden.

## Nr. 80 Der Besitzanspruch: Empowerment
### Mein ist mein. Und dein ist dein.

- **Definition:**

Mit dem sprachlichen Besitzanspruch öffnen wir unser Herz für Menschen oder Sachen. Der sprachliche Besitzanspruch ist nicht so sehr Zeichen der Macht, sondern Zeichen der engen Verbundenheit mit Menschen oder Sachen.

- **Beispiele:**

»Wien, Wien, nur du allein
sollst stets die Stadt meiner Träume sein ...
dort wo ich glücklich und selig bin,
ist Wien, ist Wien, *mein* Wien.«
Die drei Tenöre José Carreras, Placido Domingo und
Luciano Pavarotti »in concert« in Rom, Terme di Caracalle,
am 7. Juli 1990 unter der Direktion von Maestro Zubin Mehta

Auf der Urlaubsreise mit dem eigenen Auto durch Großbritannien:
»*My* car ist *my* castle!«

»Denn *dein Knecht* hat sich für den Knaben vor seinem Vater verbürgt.«

Genesis 44, 32

• **Kommentar:**
Der Besitzanspruch als sprachliches Gestaltungsmittel eignet sich für Liebeserklärungen aller Art – von einer Laudatio an einen Mitmenschen bis hin zu einer Ode an eine Stadt.

# Nr. 81 Die Ausstrahlung: Charming
## Charme als Waffe

• **Definition:**
Mit Sympathie öffnen sich charmante Menschen die Türen zu den Herzen der Menschen.

• **Beispiele:**
Erinnern Sie sich noch an E.T., das kleine, außerirdische Männchen vom Film? Vielleicht. Künftig sollten Sie sich zu Ihrem eigenen Vorteil auf alle Fälle an einen ganz besonderen E.T. erinnern.
Er heißt – Sie kennen ihn bislang wohl kaum – E.T. Hall.
E.T. Hall ist Sozialpsychologe. Er hat erkannt, daß zwischen zwei Menschen achtzig Prozent auf der Sympathie-Antipathie-Skala erreicht sind, bevor die zwei Menschen überhaupt ein Wort gesprochen haben.
Entscheidend ist die nonverbale Kommunikation – Körpersprache, Gestik und vor allem Mimik. Sie sehen eine unbekannte Person das allererste Mal; bevor Sie sich gegrüßt haben, sind die Sympathie- oder Antipathiewerte zu achtzig Prozent verankert. Liebe auf den ersten Blick entscheidet sich wortlos. Gehen Sie also charmant auf Personen zu. Sie haben keine zweite Chance.

Sie als Persönlichkeit bleiben in unvergeßlicher Erinnerung. Sie prägen sich bei der Zuhörerschaft ein durch Ihre äußere Erscheinung und durch Ihr Verhalten. Dabei wird jede Einzelheit genau wahrgenommen. Jeder Quadratzentimeter Ihres Gesichts, Ihrer Figur, Ihrer Kleidung wird genau beobachtet und gemustert. Jedes Detail ist wichtig.

Dorothy Sarnoff, erfolgreiche Rhetoriktrainerin in den USA, behauptet, daß der persönliche Erfolg zu fünfzig Prozent von der Art und Weise des Vortragens, zu zweiundvierzig Prozent vom Aussehen und zu lumpigen acht Prozent vom Inhalt abhängt!

Gestatten Sie mir eine persönliche Anmerkung: Was Frau Sarnoff predigt, möchte ich mitnichten als Aufforderung verstanden haben, den Inhalt künftig zugunsten der Form zu vernachlässigen.

- **Kommentar:**
Nichts ist lächerlicher und peinlicher als eine künstlich erzeugte Liebenswürdigkeit. Keine Show, keine Schminke, kein Lifting! Bleiben Sie natürlich und echt. Bleiben Sie sich selbst Mensch.

## Nr. 82 Die Redegeschwindigkeit: Tempo
### Brillanz statt Substanz?

- **Definition:**
Redegeschwindigkeit.

- **Beispiel:**
Immer mehr Leute ersetzen Substanz durch Brillanz. Gefragt ist nicht mehr Substanz mit Brillanz. Gefragt ist Brillanz ohne Substanz, denn die Form gilt in unserer schillernden Welt – mehr und mehr – mehr als der Inhalt.

Die Testpsychologie hat nachgewiesen, daß in mündlichen Prüfungen jene Kandidaten deutlich besser abschneiden, die schnell sprechen. Spricht ein Kandidat hingegen denselben Inhalt langsam, schließt er die Prüfung deutlich schlechter ab. Warum? Die Experten sitzen einer verbreiteten Fehlwahrnehmung auf. Sie erliegen dem Mißverständnis, die Redegeschwindigkeit (Form) mit dem Gehalt der Prüfungsantworten (Inhalt) gleichzusetzen. Kandidaten, welche dieselben Prüfungsfragen mit demselben Inhalt langsam beantworten, bestrafen sich selbst.

Ein Forschungsteam aus Deutschland hat eine Abiturprüfung einer Kandidatin in Geographie mit der Videokamera aufgenommen. Die Schülerin erhielt die Note Drei. Danach sprach die Gymnasiastin alle Antworten noch einmal. In diesen Antworten auf die Fragen der Experten kamen alle Inhalte vor. Allerdings sprach die Kandidatin die ganze Prüfung einmal zögerlich und langsam, jedoch ohne zu stottern, *in dreiundzwanzig Minuten*; dann noch einmal flüssig und mit Überzeugung *in sechzehn Minuten*.

Einundachtzig Lehrkräfte in Geographie aus fünfundzwanzig Gymnasien beurteilten dann entweder die langsame oder die schnelle Fassung. Die Zensuren streuten bei beiden Fassungen von Eins bis Fünf. Die schnellere Fassung bekam jedoch die bessere mittlere Zensur, nämlich eine 2,51 – die langsamer gesprochene jedoch nur eine 3,88. Der Unterschied betrug mehr als eine ganze Note!

• **Kommentar:**
Welche Schlußfolgerung läßt dieses wissenschaftlich abgesicherte Forschungsergebnis zu? Es muß angenommen werden, daß hohes Sprechtempo mit hoher Leistungskompetenz und hoher Intelligenz assoziiert wird.

Die erstaunlichen Fehlwahrnehmungen und Fehlleistungen von Lehrkräften sind – machen wir uns nichts vor – getrost auch auf andere Lebensfelder zu übertragen, zumal ja das ganze Leben als eine große Prüfung bezeichnet werden darf. Tagtäglich werden wir im wirklichen Leben – in der Familie, im Bekanntenkreis, in der Firma, in der Öffentlichkeit – Prüfungen, zumeist in Form mündlicher Gespräche, unterzogen.

Wer jedoch Prüfungen unterzogen wird, unterliegt Fehlwahrnehmungen und setzt sich Fehlleistungen der Gesprächspartner aus. Sie strafen sich selbst mit einem zögerlichen und langsamen Redetempo, Sie belohnen sich mit einem flüssigen und überzeugenden Redefluß. Allerdings darf ein flüssig und überzeugend Redender nicht mit einem ununterbrochen vor sich hin plaudernden Schnellredner gleichgesetzt werden. Und nun die Gretchenfrage: Wirkt Ihre Rede auf Ihre Gesprächspartner flüssig und überzeugend? Falls ja, weiter so! Falls nein, Redegeschwindigkeit erhöhen!

## Nr. 83  Die Wartezeit: Wait time
### Wartekunst

• **Definition:**

Das Frage-und-Antwort-Spiel erfordert, was heute niemand mehr zu haben vorgibt: Zeit, Wartezeit. Beachten Sie die Drei-Sekunden-Regel:
Sie stellen eine Frage.
Sie warten drei Sekunden.
Sie nehmen die Antwort entgegen.
Sie warten abermals drei Sekunden.
Dann erst sprechen Sie weiter.

• **Beispiel:**

Was machen die Naturtalente unter den Rhetorikern? Die geborenen Redner richten im Gespräch ihre Fragen an den Zuhörerkreis. Ungeduldig warten sie eine Sekunde. Wenn bis dann die Antwort nicht gekommen ist, richten sie entweder die Frage an einen anderen Gesprächspartner oder wiederholen die Frage ungeduldig, oder geben die Antwort gleich selbst. Wenn ein Gesprächspartner geantwortet hat, wiederholen sie das Richtige in der Antwort und setzen das Gespräch fort.
Nun will ich mich ja nicht zu der Behauptung hinreißen lassen, die geborenen Redner würden alles falsch machen. Mit Gewißheit jedoch geht den rhetorischen Naturtalenten die Wartekunst ab.

Noch und noch verletzen sie die Drei-Sekunden-Regel. Deshalb sei geraten: Gönnen Sie sich im Frage-und-Antwort-Spiel öfter mal eine Pause – allerdings mit System.

Die trainierten Rhetoriker warten mindestens drei Sekunden – und zwar nach ihrer Frage und nochmals nach dem letzten Wort des Gesprächspartners. Denn wer die Drei-Sekunden-Regel einhält, erreicht in kürzerer Zeit bessere Gesprächsergebnisse:

1. Sie selbst und Ihre Gesprächspartner bilden sprachlich gepflegtere, häufiger auch vollständige Sätze.
2. Sie selbst und Ihre Gesprächspartner verbessern die Logik in der Argumentation und im Gedankengefüge.
3. Sie selbst und Ihre Gesprächspartner denken mehr und intensiver nach.
4. Sie erhalten mehr Fragen und Anregungen von Gesprächspartnern, die ohne Drei-Sekunden-Regel nicht mitmachen.
5. Die Diskussion unter den Gesprächspartnern erfolgt sachbezogener.
6. Sie erhalten auf Ihre Frage merklich mehr Antworten.
7. Sie erhöhen die Motivation der Gesprächspartner.
8. Es antworten nicht immer die gleichen Gesprächspartner. Mauerblümchen, Außenseiter und Zurückhaltende beteiligen sich häufiger.
9. Die Gesprächspartner gewinnen mehr Sicherheit und Selbstvertrauen zu ihren eigenen Antworten und Lösungen.
10. Und jetzt der Höhepunkt für alle Performance-Freaks: Mit der Drei-Sekunden-Regel erhalten Sie bessere Gesprächsergebnisse. Gespräche mit der Drei-Sekunden-Regel sind den Gesprächen ohne deutlich überlegen – inhaltlich wie auch zeitlich. Wartezeit ist keine verlorene Zeit. Wartezeit ist eine Investition in bessere Gesprächsergebnisse.

• **Kommentar:**
Noch ist die Drei-Sekunden-Regel im Gesprächsalltag unterentwickelt. Zum einen kennt die immerhin wissenschaftlich abgesicherte Drei-Sekunden-Regel niemand außer einigen eingefleischten Fans der Methodik und Didaktik. Zum anderen kommt die Wartezeit von drei Sekunden vielen zeitgenössischen Mitmenschen wie eine Ewigkeit vor. Wartezeit erleiden viele als Tortur.

Wartezeit – meine Damen und Herren – heißt jedoch nicht Nichts-tun! Nur ermöglicht die Wartezeit die vielerorts abhanden ge-kommene Wartekunst: erst denken, dann sprechen – wohlverstan-den flüssig sprechen.

## Nr. 84 Die Verstummung: Aposiopese
### Horror vacui – Der Schrecken vor dem Nichts

• **Definition:**
Sie verstummen. Unerwartet und urplötzlich. Bewußt legen Sie eine Pause ein, brechen – gekonnt – mitten im Satz ab. Scheuen Sie sich nicht, an ausgewählten Stellen den Redefluß zu unterbre-chen. Eine Aposiopese liegt vor, wenn der Redefluß bewußt un-terbrochen wird.

• **Beispiele:**
»Die Tatsache ist auch Ihnen nicht verborgen geblieben, daß ... *(verstummen)* ...«

»Sie erwarten hierauf eine klare Antwort, nun ... *(verstum-men)* ...«

»Ich bin sehr angetan davon, daß Sie mich in so beeindruckender Art und Weise ... *(verstummen)* ... hintergangen haben.«

»Wenn Sie morgens im Bett neben jemandem aufwachen, den Sie nicht kennen, dann ist das Karneval ... *(verstummen)* ... oder Alz-heimer.«

Die »Kleine Fabel« von Franz Kafka eignet sich vorzüglich, um zu zeigen, wie gerade die Verstummung als wirkungsvolles Gestal-tungsmittel die Erzählkunst belebt:

»Ach«, sagte die Maus,»die Welt wird enger mit jedem Tag. Zuerst war sie so breit, daß ich Angst hatte, ich lief weiter und war glücklich, daß ich endlich rechts und links in der Ferne Mauern sah, aber diese langen Mauern eilen so schnell aufeinander zu, daß ich schon im letzten Zimmer bin, und dort im Winkel steht die Falle, in die ich laufe.« –»Du mußt nur die Laufrichtung ändern«, sagte die Katze ... *(verstummen)* ... und fraß sie.

Der Erzähler verstummt nach dem Wort»Katze«. Zugleich läßt er die Stimme»oben« in der Schwebe. Er schaut die Zuhörer an. Die Spannung bleibt erhalten. Und er erzählt die Stelle»und fraß sie« in einem genüßlich-gierigen Ton.

»Die Freiheit, die du mir zubilligst, ist auch die deine. Die Freiheit, zu tun, was dir gefällt. Die Freiheit ist kein Tauschhandel, es ist: ... *(verstummen)* ... die Freiheit.«

André Malraux, Die Beschaffenheit des Menschen, 1933

• **Übung:**

**1. Faustdick**
An welcher Stelle empfehlen Sie einen Abbruch des Redeflusses?
An welcher Stelle soll Goethes Faust verstummen?
Faust ist begeistert. Seine Begeisterung gipfelt im Ausruf:
»Das ist der Weisheit letzter Schluß:
Nur der verdient sich Freiheit wie das Leben,
Der täglich sie erobern muß.«

**2. Wundermittel**
An welcher Stelle soll der Firmensprecher verstummen?
»Wir schreiben das Jahr 1853. George Bissell, ein Schulinspektor aus New Orleans, verfällt der Idee, das als Wunderheilmittel gebräuchliche ›Steinöl‹ zu raffinieren und als Leuchtstoff zu verkaufen. Erdöl verändert die Welt: In den knapp einhundertfünfzig Jahren seit Beginn der modernen Mineralölindustrie entwickelt sich Erdöl zum eigentlichen Treibstoff der Weltwirtschaft. Seit den Anfängen prägt eine Unternehmung weltweit maßgebend die Entwicklung der Mineralölindustrie: Exxon.«                    Esso

- **Lösungsvorschläge**
1. »Nur der verdient sich Freiheit wie das Leben, ... *(verstummen)* ... Der täglich sie erobern muß.«
2. »Seit den Anfängen prägt eine Unternehmung weltweit maßgebend die Entwicklung der Mineralölindustrie: ... *(verstummen)* ... Exxon.«

- **Kommentar:**
Verstummt Ihre Stimme, erleben die Zuhörer so etwas wie die Urangst vor der Leere (Horror vacui). Dieser Schrecken vor dem Nichts scheucht die Zuhörer auf. Sie werden erleben, welche Spannung Sie erzeugen. Die Augen der Zuhörer richten sich fragend auf Sie: »Was kommt jetzt?« Schauen Sie nach dem Redeabbruch die Zuhörer an. Das steigert die Wirkung. Und unterstreicht Ihre Sicherheit.
Wer sich rar macht (und verstummt), weckt die Neugierde der Gesprächspartner und gewinnt an Anziehungskraft. Wer schweigt, bringt andere zum Reden.

## Nr. 85  Die Lücke: Ellipse
### Von den Tücken mit den Lücken

- **Definition:**
Ein Wort oder ein Satzteil wird bewußt weggelassen – verbunden mit der Absicht, daß der Gesprächspartner die Lücke schließt.

- **Beispiel:**
An der Spitze eines Unternehmens zeichnet sich ein Wechsel ab. Der Direktor tritt altersbedingt zurück. Der Marketingchef und der Finanzchef machen sich die Nachfolge streitig. Beide stehen sie in den Startlöchern. Beide streben den Direktorenposten an. Der Finanzchef macht von der Ellipse (mißbräuchlichen) Gebrauch. Der Finanzchef spricht mit vielen, vielen Leuten in der

Firma über Gott, die Welt und … den Marketingchef. So zwischendurch und scheinbar völlig belanglos, günstige Gelegenheiten gibt es zuhauf, bringt er vorzugsweise in Gesprächen unter vier Augen den stets gleichen Lückensatz ein. »Und der Marketingchef ist …, na ja, Sie wissen schon …« In diesem Lückensatz erweisen sich ausgerechnet die scheinbar harmlosen Pünktchen als verheerend. Füllt ein hilfsbereiter Gesprächspartner wie Hans Hilfiker– solche liebe Mitmenschen gibt es bei stockendem Redefluß mehr als genug – die Lücke mit »… eine Null«, »… eine Niete« oder »… eine Katastrophe«, schnappt die Falle erbarmungslos zu.

Der Finanzchef legt mit einem Lückensatz eine Falle, indem er vernichtende Urteile wie »Null«, »Niete« oder »Katastrophe« bewußt ausläßt – verbunden mit der Absicht, daß Gesprächspartner Hilfiker die Lücke füllt. Die Schmutzarbeit verrichten andere für den Finanzchef. Herr Hilfiker bleibt allerhöchstens die Einsicht, daß im Leben die Reue länger dauert als die Sünde. Warum? Füllt Hilfiker diese Lücke laut und klar mit »… eine Null«, »… eine Niete« oder »… eine Katastrophe«, bringt dies dem Finanzchef fünf entscheidende Vorteile ein:

1. Er weiß, *auf welcher Seite* der Gesprächspartner zumindest dem Worte nach steht.
2. Er hat die Gewähr, daß Hans Hilfiker verstanden hat, was er bewirken wollte, und die Gewißheit, daß *Absicht und Wirkung* übereinstimmen.
3. Der Gesprächspartner Hilfiker vergißt durch das eigentätige Schließen der Lücke die Aussage weniger schnell, ja prägt sie sich besser und länger ein. Würde der Finanzchef selbst die vollständige Aussage »Der Marketingchef ist eine Null«, »… eine Niete«, »… eine Katastrophe« äußern, so ginge die Botschaft vermutlich zum einen Ohr Hilfikers hinein und zum anderen sogleich wieder hinaus (»Göschenen-Airolo-Effekt«). Bald wäre die Aussage vergessen. Das Schließen der Lücke durch den Gesprächspartner erhöht die *Nachhaltigkeit* der Aussage.
4. Nicht der Finanzchef, sondern der Gesprächspartner Hilfiker verbrennt sich die Finger. Es stimmt zwar, daß der Finanzchef in vornehmer *Zurückhaltung* dem Gesprächspartner die Aus-

drücke »Null«, »Niete« oder »Katastrophe« durchaus kühl berechnend in den Mund legt. Was zählt, ist jedoch nicht, wer wem was in den Mund gelegt hat. Hingegen läßt sich die Tatsache, wer was gesagt hat, gebührend ausschlachten. Fürwahr ist der Verweis auf einen Gesprächspartner für den Finanzchef weit eleganter als die Aussage: »Ich, der Finanzchef, halte den Marketingchef für eine Null.«

5. Der Finanzchef *verbreitet* hinter mehr oder weniger vorgestreckter Hand, der Gesprächspartner Hilfiker habe festgestellt, daß der Marketingchef eine Null, Niete, Katastrophe sei. Damit geht der Finanzchef in der Firma auf Tournee. Denn harmlos erkundigt sich der Finanzmanager bei weiteren Gesprächspartnern: »Herr Hilfiker hält den Marketingchef für eine Null. Wie sehen Sie das?« Unbescholten macht der Finanzchef auf Kosten des Gesprächspartners Hilfiker Stimmung für sich und gegen den Marketingchef.

Übrigens lohnt sich der Einsatz der Ellipse für den Finanzchef auf alle Fälle. Ergänzen einzelne oder mehrere Gesprächspartner in der Firma die Lücke mit »… ein As«, »… hervorragend« oder »… unübertroffen«, dann weiß der Finanzchef mit Blick auf die bevorstehende Beförderungsrunde zumindest, wo die Anhänger des Marketingchefs abzuholen sind.

• **Übung:**

Im Rahmen einer kleinen Feldarbeit können Sie die Hilfsbereitschaft der lieben Mitmenschen selbst erforschen. Setzen Sie Lückensätze in der Art des Beispiels ein, um von ausgewählten Gesprächspartnern etwas Bestimmtes zu erfahren. Lassen Sie also einen Satzteil oder ein Wort weg, indem Sie den Redefluß vorerst verlangsamen und dann schließlich bewußt abbrechen. Beobachten Sie: Welche Gesprächspartner zeigen sich vorsichtig und lassen die Lücke offen? Mit welchen Worten schließen die Gesprächspartner die Lücke? Wozu könn(t)en Sie diese Worte verwenden?

• **Kommentar:**

Aufgrund unserer natürlichen Neugierde horchen wir gerne ein bißchen in andere hinein. Und umgekehrt: Aufgrund ihrer Neugierde horchen andere gerne ein bißchen in uns hinein. Gerne bespitzeln uns andere in eigener Sache. Deshalb sei eine Warnung scharf ausgesprochen: Von Gespräch zu Gespräch laufen wir alle Gefahr, den Tücken eines Lückensatzes zu erliegen. Wie sind wir doch alle hilfsbereit: Kaum stockt unserem Gegenüber der Redefluß, füllen wir dienstfertig die Lücke. Oft unbedacht, oft allzu unbedacht. Schon sind wir dem Gesprächspartner auf Gedeih und Verderb ausgeliefert. Denn er kann unsere Aussage beliebig einsetzen – wenn es beliebt gar als Dreckschleuder. Unsere Hilfsbereitschaft kann schamlos ausgenützt werden.

## Nr. 86 Die Spiegelung: Paraphrasieren
### Spieglein, Spieglein in der Hand

- **Definition:**

Wenn der Sprecher A seinen ersten Gedanken geäußert hat, führt der Empfänger B das Gespräch nicht gleich mit einer Entgegnung weiter, sondern wiederholt zuerst das von A Gesagte mit eigenen Worten sinngemäß – das nennen wir »spiegeln« oder »paraphrasieren«. Erst wenn daraufhin A mit »Stimmt« oder »Richtig« bestätigt, daß der Sinn in der Wiedergabe von B nicht entstellt worden ist, erst dann setzt B mit eigenen Aussagen das Gespräch fort.

- **Beispiel:**

Lauschen wir einem Gespräch zwischen zwei sich spiegelnden Studenten:

*A sagt:* Ich finde, es bringt mir überhaupt nichts ein, wenn ich in eine Wohngemeinschaft (WG) ziehe. Oft muß ich Rücksicht nehmen. Und oft ist Streit.

*B spiegelt A:* Du hältst von einer Wohngemeinschaft nichts, denn du meinst, es gibt doch oft Ärger. Und du mußt dich einschränken.

*A bestätigt die Spiegelung:* Ja, stimmt.

*B fährt erst jetzt fort:* Ich finde das gar nicht so. Eine WG ermöglicht viele Kontakte mit anderen jungen Menschen. Zudem ist eine WG kostengünstig.

*A spiegelt B:* Du begrüßt eine WG, weil so eine Wohnung erschwinglich ist. Auch kannst du so mit anderen Studenten zusammenleben.

*B bestätigt die Spiegelung:* Richtig.

*Erst jetzt bringt A eine eigene Aussage:* Ich …

### • Kommentar:

Bei der Spiegelung – bei der Wiedergabe empfangener Botschaften – fällt leicht einiges unter den Tisch – besonders das, was einem nicht paßt. Eine Spiegelung deckt auch auf, welche Aussagen des Senders beim Empfänger nicht ankommen und infolgedessen Gefahr laufen, in Vergessenheit zu geraten.

Wenn A das, was A selbst gesagt hat, in Form einer Spiegelung aus dem Munde von B noch einmal sinngemäß hört, so empfindet A ein angenehmes Gefühl – oder gar eine berechtigte Hoffnung, verstanden zu werden.

Gesprächspartner dürfen nicht zu oft paraphrasieren und keinesfalls einfach die Worte des Senders wiederholen, sondern müssen mit eigenen Worten das Wesentliche sinngemäß wiedergeben (»Princeton-Spiel«).

## Nr. 87  Der Beleg: Zitat
### Die Zitatenzita

### • Definition:

Eine Stelle aus einem geschriebenen oder gesprochenen Text wörtlich anführen.

### • Übung:

Sie referieren über:»Welche Mitarbeiterinnen und Mitarbeiter erfordert die Zukunft in unserem Unternehmen?« Sie beginnen mit einem Zitat des erfolgreichsten Eishockeyspielers aller Zeiten: Wayne Gretzky. Inwiefern unterscheiden sich die beiden Vorgehensweisen beim Einstieg in die Rede hinsichtlich ihrer Wirkung auf das Publikum?

1. Zitat ohne Details: Wayne Gretzky sagte einmal: »Das Geheimnis meines Erfolges besteht darin, dorthin zu laufen, wo der Puck sein wird, und nicht dorthin, wo er ist.«

2. Zitat mit Details: »Wayne Gretzky, der weltweit beste Eishockeyspieler, Wayne Gretzky, der Star der National Hockey League mit dem Spitznamen ›The Great One‹, Wayne Gretzky, die einhundertdreiundachtzig Zentimeter hohe und einhundertfünfundachtzig Pfund schwere Nummer neunundneunzig der New York Rangers, eröffnete sein Erfolgsgeheimnis am 19. April 1994 in einem Interview mit dem Eishockey-Magazin ›Powerplay‹: ›Das Geheimnis meines Erfolges besteht darin, dorthin zu laufen, wo der Puck sein wird, und nicht dorthin, wo er ist.‹«

## • Lösungsvorschlag

Gegenüber der ersten Variante hegt und pflegt die zweite mehr Details. Warum? Details transportieren elegant verborgene Botschaften. Wer Details kennt und nennt, der signalisiert dem Publikum verborgen, daß er sich gründlich in das Thema eingelesen und das Referat sorgfältig vorbereitet hat. Dadurch erhöht sich die Glaubwürdigkeit und Vertrauenswürdigkeit des Kommunikators von allem Anfang an. Statt eingangs plump zu sagen »Ich habe mich seriös ins Thema eingearbeitet«, streichen Sie dosiert Details heraus.

## • Kommentar:

Ein gepflegter Umgang mit Zitaten ist unabdingbar. Die Quellenangabe gehört sinnigerweise dazu. Gefährlich scheint mir die Tatsache, daß Zitate als Ersatz für die eigene Geistesarbeit eingesetzt werden. Wer beispielsweise jede Sitzung mit einem Zitat einleitet und beendet, muß nicht erstaunt sein, wenn er – nennen wir die Person Zita – als Zitatenzita verschrien wird. Einmal so gestempelt, hilft nur noch beten ... oder sich unverzüglich anderer rhetorischer Figuren zu bedienen.

# Nr. 88 Die Einfachheit: Perspicuitas
## Die Steuern sind zu hoch

- **Definition:**
Perspicuitas heißt das Bekenntnis zu einer verständlichen, einfachen und klaren Sprache.

- **Beispiele:**
Die KISS-Methode (»*keep it stupid and simple*«) verlangt verständliche Texte.

Kurt Tucholsky zeigt in seinem ironischen Text »Ratschläge für einen schlechten Redner«, wie Sie auf gar keinen Fall reden und schreiben sollen:
»Du mußt alles in die Nebensätze legen. Gott wird es dir lohnen. Sag nie: ›Die Steuern sind zu hoch.‹ Das ist zu einfach. Sag: ›Ich möchte zu dem, was ich soeben gesagt habe, noch kurz bemerken, daß mir die Steuern bei weitem zu hoch sind.‹ So heißt das ... Kündige den Schluß deiner Rede lange vorher an, damit die Hörer vor Freude nicht einen Schlaganfall bekommen ... Kündige den Schluß an, und dann beginne deine Rede von vorn und rede noch eine halbe Stunde. Dies kann man mehrere Male wiederholen.«

Kurt Tucholsky, Ausschnitt aus:<br>Ratschläge für einen schlechten Redner

Tucholskys Ratschläge an schlechte Redner in Ehren. Doch vielleicht fragen Sie sich schon: Wie soll ich verständlich schreiben und reden? Wie erhöhe ich die Verständlichkeit meiner Texte? Gerne beantworte ich diese Fragen mit nützlichen Ratschlägen.
Der Schlüssel zu verständlichen Texten heißt: V-Index.
V steht für Verständlichkeit, Verständlichkeit Ihrer Rede und Schreibe. Der V-Index zeigt den Grad der Verständlichkeit Ihrer Ausdrucksweise in Wort und Schrift auf. Wer zu den V-Frauen oder V-Männern gehört, drückt sich verständlich aus.
Hier und jetzt lernen Sie ein analytisches Verfahren zur Bestimmung des Verständlichkeitsgrades Ihrer Texte kennen.

*Der Textausschnitt*
»… Sprich mit langen, langen Sätzen – solchen, bei denen du, der du dich zu Hause, wo du ja die Ruhe, deren du so sehr benötigst, deiner Kinder ungeachtet, hast, vorbereitest, genau weißt, wie das Ende ist, die Nebensätze schön ineinandergeschachtelt, so daß der Hörer, ungeduldig auf seinem Sitz hin und her träumend, sich in einem Kolleg wähnend, in dem er früher so gern geschlummert hat, auf das Ende solcher Periode wartet …«

Kurt Tucholsky, Ratschläge für einen schlechten Redner

*Das Vorgehen*
Wir ermitteln den V-Index dieses Textausschnittes in drei Schritten (siehe Graphik):
1. Wir zählen die Wörter mit mehr als sechs Buchstaben, die Wörter insgesamt und die Sätze des Textausschnitts.
2. Wir berechnen den Wortindex, den Satzindex und den V-Index nach dem vorgegebenen Schema.
3. Wir vergleichen den errechneten V-Index mit den Verständlichkeitsmaßen der Skala.

*Schema*

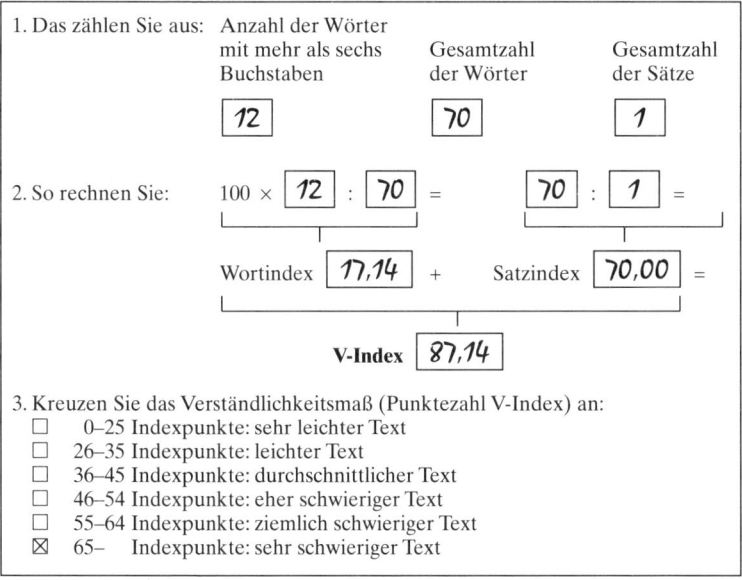

1. Das zählen Sie aus: Anzahl der Wörter mit mehr als sechs Buchstaben **12** | Gesamtzahl der Wörter **70** | Gesamtzahl der Sätze **1**

2. So rechnen Sie: 100 × **12** : **70** = **70** : **1** =

Wortindex **17,14** + Satzindex **70,00** =

V-Index **87,14**

3. Kreuzen Sie das Verständlichkeitsmaß (Punktezahl V-Index) an:
☐ 0–25 Indexpunkte: sehr leichter Text
☐ 26–35 Indexpunkte: leichter Text
☐ 36–45 Indexpunkte: durchschnittlicher Text
☐ 46–54 Indexpunkte: eher schwieriger Text
☐ 55–64 Indexpunkte: ziemlich schwieriger Text
☒ 65– Indexpunkte: sehr schwieriger Text

195

## • Übung:

Berechnen Sie den V-Index eines Redeausschnittes des Schweizer Nationalrats Christoph Blocher über den überschuldeten Sozialstaat:

»Und: Genommen wird vor allem dort, wo es hat, nämlich vor allem vom Mittelstand. Wie heißt es doch in der Bibel? ›*Geben ist seliger als nehmen.*‹ Aber im Umverteilungsstaat gilt das Gegenteil: ›*Nehmen ist seliger als geben.*‹ Und weil ja alle selig werden möchten, wollen alle immer weniger geben und immer mehr nehmen! Das geht so weiter, bis der Staat nur noch Empfangende hat. Und es bleibt nichts mehr übrig, als am Schluß den Staat selig zu preisen, denn er nimmt ja am meisten.«

## • Lösungsvorschlag

1. Schritt: Anzahl langer Wörter (mit mehr als sechs Buchstaben): 12; Gesamtzahl der Wörter: 84; Gesamtzahl der Sätze: 9.
2. Schritt: Wortindex: 14,28; Satzindex: 9,33; V-Index: 23,61.
3. Schritt: Gemäß Skala handelt es sich um einen sehr einfachen Text. Die Einfachheit und Verständlichkeit der Texte trägt zum Erfolg von Nationalrat Christoph Blocher bei.

## • Kommentar:

Die Faustregel aus der Werbung lautet: Sollen Texte für die Allgemeinheit verständlich sein, dürfen Sie den Schwierigkeitsgrad höchstens eines Schulaufsatzes der fünften/sechsten Schulklasse aufweisen. Was diese Faustregel bedeutet? Sie hätten die Schule nach der fünften/sechsten Klasse verlassen müssen, um die Verständlichkeit der Sprache zu erhalten. Wer die Schulbank länger drückte, verlor mit an Sicherheit grenzender Wahrscheinlichkeit seine Unschuld und seine Unverdorbenheit im sprachlichen Ausdruck. Am besten messen Sie den Verlust der sprachlichen Unschuld und Unverdorbenheit mittels V-Index konkret an Ihren eigenen Texten. Sie kennen jetzt ein Verfahren, um einfach und schnell herauszufinden, ob Sie zu den V-Frauen bzw. V-Männern gehören.

# Nr. 89  Die Vorannahme: Presumptuousness
## Nur ein ganz kleines Würstchen

- **Definition:**

Presumptuousness kennzeichnet das Ausmaß von Wissen und Erfahrungen, das ein Sender bei der Empfängerschaft voraussetzt.

- **Beispiele:**

Und wieder einmal sind uns die USA um einen Schritt voraus. Qualifikation wird in den USA Mangelware. Und wo Qualifikation Mangelware wird, tun Arbeitgeber gut daran, das Wissen neuer Arbeitnehmer tief, gelegentlich abgrundtief anzusetzen. Ken Heller zum Beispiel, Besitzer einer mittleren Umweltschutzfirma in Denver, machte so seine Erfahrungen: Ein neuer Angestellter hätte einen Stapel Aktenordner in chronologischer Reihenfolge sortieren sollen. Er konnte es nicht. Sein Problem: Er kannte die Bedeutung des Wortes »chronologisch« nicht. Ken Heller setzte beim neuen Mitarbeiter zuviel voraus! Wenigstens im Hinblick auf die Bildungsqualität müssen wir Europäer nicht unbedingt den USA folgen, warnte Ken Heller. Recht hat er. Halten wir mit leistungsfähigen Schulen die Bildungsqualität so hoch, daß bestimmte Vorannahmen weiterhin möglich sind.

Der Elektromonteur berät einen Hauseigentümer, der eine Dachrinnenheizung einbauen lassen will, mit den Worten:
»Das Wärmekabel einer Dachrinnenheizung hat eine feste Anschlußleistung von fünfundzwanzig Watt pro Meter. Die gesamte Heizkabellänge beträgt sechsunddreißig Meter. Was kostet nun der Betrieb dieser Heizung, wenn sie an fünfunddreißig Tagen durchgehend vierundzwanzig Stunden eingeschaltet wird und der Energiepreis achteinhalb Rappen pro Kilowattstunde beträgt? *Das ist ganz einfach*: $P = 25 \text{ W/m} \times 36 \text{ m} = 900 \text{ W}; W: P \times t = 0{,}9 \text{ kW} \times 35 \times 24 \text{ h} = 756 \text{ kWh}$; Kosten $= 756 \text{ kWh} \times 0.085 \text{ Fr./kWh} = \text{Fr. } 64{,}26$« Der Hauseigentümer versteht vor lauter Gleichungen und Abkürzungen nur »Bahnhof«. Er kommt sich vor wie ein kleines Würst-

chen. Der Eigentümer kaufte die Dachrinnenheizung bei einem anderen Elektromonteur.

• **Kommentar:**
Die fachlichen Vorannahmen unterstellen dem Empfänger eine Überlegenheit des fachlich beschlagenen Senders etwa hinsichtlich Wissen, Erkennen von Zusammenhängen, Beurteilungsvermögen oder Erfahrungsschatz.

Wenn Sie dann als Experte oder Spezialist die fachlichen Vorannahmen – angereichert mit Abkürzungen, Formeln und Gleichungen – noch mit »Das ist ganz leicht« schmücken, müssen Sie über den Vorwurf der Arroganz nicht staunen.

## Nr. 90  Der Vorausordner: Advance Organizer
### Aus dem Effeff!

• **Definition:**
Advance Organizer heißt: Vorausorganisator. Der Ausdruck bezeichnet eine bestimmte Technik, zu Beginn einer Rede oder Schreibe den gesamten Inhalt allgemeinverständlich zusammenzufassen. Und zwar so, daß die Zuhörer bereits das Wichtigste grundsätzlich verstanden haben. Erst danach beginnt die Detailerklärung.

• **Übung:**
Durch das Attentat von Sarajevo am 28. Juni 1914 auf das Thronfolgerpaar der österreichisch-ungarischen Doppelmonarchie wurde letztlich der Erste Weltkrieg ausgelöst. In der »Vossischen Zeitung« vom 29. Juni 1914 erscheint folgende Nachricht:
»Sarajevo, 28. Juni 1914 (Telegramm unseres Korrespondenten).
Als der Erzherzog-Thronfolger Franz Ferdinand und seine Gattin, die Herzogin von Hohenberg, sich heute vormittag zum Empfang in das hiesige Rathaus begaben, wurde gegen das erzherzogliche

Automobil eine Bombe geschleudert, die jedoch explodierte, als das Automobil des Thronfolgers die Stelle bereits passiert hatte. In dem darauffolgenden Wagen wurden der Major Graf Boos-Waldeck von der Militärkanzlei des Thronfolgers und Oberstleutnant Merizzi, der Personaladjutant des Landeshauptmanns von Bosnien, erheblich verwundet. Sechs Personen aus dem Publikum wurden schwer verletzt. Die Bombe war von einem Typographen namens Cabrinowitsch geschleudert worden. Der Täter wurde sofort verhaftet.

Nach dem festlichen Empfang im Rathaus setzte das Thronfolgerpaar die Rundfahrt durch die Straßen der Stadt fort. Unweit des Regierungsgebäudes schoß ein Gymnasiast der achten Klasse (Primaner) namens Princip aus Grabow aus einem Browning mehrere Schüsse gegen das Thronfolgerpaar ab. Der Erzherzog wurde im Gesicht, die Herzogin im Unterleib getroffen. Beide verschieden, kurz nachdem sie in den Regierungskonak gebracht worden waren, an den erlittenen Wunden. Auch der zweite Attentäter wurde verhaftet. Die erbitterte Menge hat die beiden Attentäter nahezu gelyncht.«

Erst im neunten Satz erfährt der Leser das Wichtigste. Das Thronfolgerpaar der österreichisch-ungarischen Doppelmonarchie lebt nicht mehr! Die Nachricht ist also falsch aufgebaut. Der Vorausorganisator fehlt.

Formulieren Sie die Nachricht mit einem Vorausorganisator. Schließlich wollen wir bereits im Vorspann den Kern, das Wichtigste erfahren.

## • Lösungsvorschlag

»Einer grauenvollen Bluttat sind der Erzherzog-Thronfolger Franz Ferdinand von Österreich-Ungarn und seine Gattin, die Herzogin von Hohenberg, zum Opfer gefallen. Durch Schüsse serbischer Fanatiker wurden sie ermordet, nachdem sie einem Bombenattentat, durch das einige Offiziere aus ihrem Gefolge und einige Personen aus dem Publikum verwundet wurden, entgangen waren.«

## • Kommentar:

Beim Advance Organizer schlägt die Stunde des informierten Profis. Nur dem, der ein Fach aus dem Effeff beherrscht, fallen Advance Organizer in den Schoß. Wer jedoch vor lauter Wald die Bäume nicht mehr sieht (oder umgekehrt), verirrt sich im Dickicht der Informationen.

## Nr. 91  Die Stilgattung: Code
Tauchen Sie beinhart ab!

• **Definition:**
Sag mir, wie du sprichst, und ich sag' dir, wer du bist: Menschen unterschiedlicher Gesellschaftsgruppen verfügen über unterschiedliche Fertigkeiten im sprachlichen Ausdruck – von der Gassensprache bis zur Dichtkunst. Jede Gesellschaftsgruppe pflegt und hegt einen eigenen Code, einen eigenen Sprachstil.

• **Übung:**
*Tauchen* Sie übungshalber *beinhart ab* in die Szene aktueller Trends der deutschen Jugendsprache(n). Finden Sie sich mit dem gegenwärtigen Sprachstil der Jugend zurecht?

**1. Stehgeiger**
Verstehen Sie die jugendsprachlichen Ausdrücke? Übersetzen Sie von der Jugendsprache in die Standardsprache. Nehmen Sie es locker.

| *Jugendsprache* | *Standardsprache* |
|---|---|
| 1 Du kannst sie ja *anopern*. | Du kannst sie ja *ansprechen*. |
| 2 Du bist ein Stehgeiger. | _____ |
| 3 Kannst du das löffeln? | _____ |
| 4 Hast du einen Luftballon? | _____ |
| 5 Sie ist die Mikrofonprofessorin. | _____ |
| 6 Er ist der Mufti. | _____ |
| 7 Er ist ein Stofflöwe. | _____ |
| 8 Die Trachtengruppe rollt an. | _____ |
| 9 Krieg' ich einen Tuscher? | _____ |

200

10 Mann, du bist ein Weichei! _____

11 Der Song ist absolut zulässig. _____

12 Er ist ein Zitterrüssel. _____

13 Ein flotter Zierfisch am Tresen! _____


## 2. Am Puls der Jugend?

Wie heißen die jugendsprachlichen Ausdrücke? Versuchen Sie, von der Standardsprache in die Jugendsprache zu übersetzen. Es bestehen mehrere Lösungsmöglichkeiten. Lassen Sie Ihrer Phantasie freien Lauf.

*Standardsprache*          *Jugendsprache*

1 Dummkopf _____

2 Kluge Person _____

3 Turnhalle _____

4 Witzbold _____


## • Lösungsvorschläge

**1.**  2 Du bist ein *Bequemling/Langweiler.*

3 Kannst du das *verstehen?*

4 Hast du ein *Kondom?*

5 Sie ist die *Sängerin.*

6 Er ist der *Anführer.*

7 Er ist ein *Maulheld.*

8 Die *(Verkehrs-)Polizei* fährt vor.

9 Bekomme ich einen *Kuß?*

10 Mann, du bist ein *Schwächling!*

11 Der Song ist *besonders gut.*

12 Er ist ein *Angsthase.*

13 Ein flottes *Mädchen* am Tresen!

**2.**  1 Dumpfbacke/Dünnbrettbohrer/Nullchecker/Bodenturner/ Dusseltier/Flachkopf/ Blindfuchs/Cotton Eye Joe/Trivialo

2 Expreßchecker/Schnelldurchblicker/Durchblickologe/ Schweinchen Schlau

3 Folterkammer/Gummizelle/Schweißhütte/Schwitzkasten/ Muskeltenne

4 Flocke/Flaps/Gecko/Bajazzo/Faxenheini/Pickelhering/ Salontiroler

- **Kommentar:**

Jede Gesellschaftsgruppe pflegt ihren Code. Um den Mitmenschen nicht mehr zu verstehen, braucht es oft gar keine Sprachgrenzen. Oft genügen Grenzen zwischen gesellschaftlichen Gruppen derselben Muttersprache.

Treten Sie als Außenstehender in eine Sprachgruppe, freuen sich deren Mitglieder, wenn sie wenigstens einige Brocken passiv verstehen oder aktiv beherrschen.

Betrachten Sie die Jugendsprache(n) nicht einfach unter dem Gesichtswinkel des Niedergangs und Zerfalls der deutschen Sprache, sondern spüren Sie das kreative Potential der jungen Sprachschöpfer auf.

## Nr. 92  Die Durchsicht: Transparenz
### Plädoyer gegen Lautsprecher

- **Definition:**

Natürlich gibt es in der Kommunikation keine Objektivität. Schon Stellung, Ausführlichkeit oder Verkürzung von Botschaften in einer Rede oder einer Schreibe verhindern Objektivität im strengen Sinne. Dennoch ist ein Bericht oder eine Nachricht charakterisiert durch den weitgehenden Verzicht auf die Meinung dessen, der Informationen *pur* vermittelt. Der Kommentar ist dagegen eine bewußte und offensichtliche Meinungsäußerung, die in den meisten Fällen meinungsbildend wirken soll.

»Facts are sacred, but comment is free!« Die Aufgabe des Kommentars besteht also darin, die in den Nachrichten meist nur isoliert und punktuell berichteten Tatsachen in ihr Beziehungsgefüge untereinander und nach außen zu stellen, Ursachen und Hintergründe zu untersuchen, die möglichen Wirkungen abzuschätzen, die Folgen zu bewerten und auch so etwas wie eine Handlungsanweisung oder doch eine Nutzanwendung zu geben.

Eingedenk der Tatsache, daß in der Kommunikation stets verborgene Botschaften mitschwingen, ist so etwas wie eine *kommunikative Deklarationspflicht* einzufordern. Wie? Ganz einfach und wirksam: Die Redenden und Schreibenden deklarieren im Kommentar wertend, wie sie die reine Information verstehen. Sie verpflichten sich, ergänzend zur reinen Nachricht eine persönliche Wertung mit »Ich-Sätzen« vorzunehmen. Das braucht Zivilcourage.

• **Kommentar:**
Wenig Sinn macht für Kommentatoren das Versteckspiel hinter einer anderen Meinung oder einem allgemeinen »On dit« (»Man sagt, daß ...«). So fungiert ein Kommentator nur als Lautsprecher fremder Meinungen. Die allgemeinen Wendungen wie »Wir glauben«, »Man tut«, »Jedermann denkt«, »Niemand sollte« sind fast immer persönliche Versteckspiele. Der Kommentator übernimmt nicht die volle Verantwortung. Deshalb: Im Kommentar sind Ich-Sätze Pflicht, besteht eine Deklarationspflicht.

## Nr. 93  Die Ansprache: Apostrophieren
## Du, Polizist

• **Definition:**
Die Kunst der richtigen Anrede.

• **Beispiele:**
»Erfreue *dich, Florenz*, ob *deiner* Größe,
Daß über Land und Meer *du* schlägst die Flügel,
Und in der Höll' auch sich *dein* Ruf verbreitet!«

Dante Alighieri, Die göttliche Komödie

»Der Ruf darf nicht lauten: *Du, Staat*, ... schütze mich und hilf mir, sondern umgekehrt: Kümmere *du, Staat*, dich nicht um meine Angelegenheiten, sondern gib mir so viel Freiheit und laß mir von dem Ertrag meiner Arbeit so viel, daß ich meine Existenz, mein

Schicksal und dasjenige meiner Familie selbst zu gestalten in der Lage bin.«

Ludwig Erhard, der »Vater des Wirtschaftswunders« in Deutschland

In jeder Anrede steckt eine Beziehungsdefinition, die sich heute, allen Annahmen zum Trotz, mit Du und Sie schwieriger gestaltet als vor 1968. Vieles, was einfach geworden zu sein scheint, hat seine Tücken, wie die Geschichte der Nürnberger Marktfrau Gustl belegt: Wenn man den Herrgott schon duzt, dann dürfte eigentlich ein Polizeioberkommissar wegen des *Du* nicht beleidigt sein. Aber nein, da gelten andere Gesetzlichkeiten. Die streitbare Gustl wurde schließlich wegen hartnäckigen Duzens des Polizeioberkommissars zu zweitausendzweihundertfünfzig Mark Strafe verurteilt. Sie konnte das aus ihrer Weltsicht heraus kaum verstehen. Sie sei in einem Dorf aufgewachsen, und dort sage man *du*. – »Da lacht ja das ganze Ausland, wenn wir Deutschen uns nicht mehr duzen dürfen.«

»Sprich, *Evchen*, hörst du, sprich jetzt, *Jungfer Evchen*!
Gib Gotte, hörst *du, Herzchen*, gib, mein Seel,
ihm und der Welt, gib ihm was von der Wahrheit.«

Heinrich von Kleist, Der zerbrochene Krug

»Der Sohn des Mannes von Tsou« (= Konfuzius)     Kuoh-yü

»Ihr *unsterblichen Seelen*, Ihr, *die ihr nicht von dieser Welt seid*, Ihr *Weltoffenen*.«     Peter Handke, Publikumsbeschimpfung

## • Übung:

Immer wieder ärgere ich mich über die phantasielosen 08/15-Anfänge von Reden mit der immer gleichen Ansprache: »Sehr geehrte Damen und Herren«. Damit Sie mich deutlich verstehen. Ich habe nichts gegen eine anständige Anrede. Zu den wohlklingenden Anreden gehört »Sehr geehrte Damen und Herren« zweifellos. Auch ich verwende diese Anrede. Nur nicht gleich am Anfang einer Rede.
Aus meiner Seele mache ich keine Mördergrube. Ich habe etwas gegen Rednerinnen und Redner, die furchtbar langweilig mit

einem einschläfernden 08/15-Anfang einsteigen: »Sehr geehrte Damen und Herren, wir sind heute zusammengekommen, um Sie über das angestrebte Umsatzwachstum im nächsten Geschäftsjahr zu informieren.« So nicht. Bitte, so nicht.

Beginnen Sie eine Rede mit einem Auftakt, der es verdient, als Ouvertüre bezeichnet zu werden. Gesetzt den Fall: Sie haben die Aufgabe, die Mitarbeiterinnen und Mitarbeiter über die Umsatzziele im nächsten Geschäftsjahr zu informieren.

In einem sehr starken Wachstumsmarkt soll das Umsatzwachstum achtzig Prozent betragen. Wie steigen Sie ein?

## • Lösungsvorschlag

Sie steigen in drei Schritten ein:

1. Schritt: Sie schalten den Hellraumprojektor ein. Sie schreiben mit einem dicken Filzstift die Zahl »80« auf die leere Folie. Dann erst sprechen Sie: »Achtzig. Ich spreche nicht über die achtzig Sekunden Vorsprung, mit denen Rad-Weltmeister Alex Zülle gestern ein Zeitfahren gewonnen hat.«

2. Schritt: Wiederum mit dem Filzstift machen Sie aus der »80« ein »80°«. Dann sagen Sie: »Achtzig Grad. Genauer achtzig Oechsle-Grad. Auch spreche ich nicht über die Oechsle-Grad des hiesigen Weißweines.«

3. Schritt: Sie zeichnen mit dem Filzschreiber aus »80°« das Zeichen »80 %«. Sie sagen: »Ich spreche über unser Umsatzziel. Achtzig Prozent mehr Umsatz wollen wir im nächsten Geschäftsjahr erreichen. Sehr geehrte Damen und Herren, …«

Mit einem solchen Anfang haben Sie drei Fliegen auf einen Schlag erwischt. Erstens haben Sie die Aufmerksamkeit der Zuhörer gewonnen. Zweitens ist die Zahl achtzig bereits verankert. Und drittens haben Sie die Anrede im Redeauftakt verpackt.

## • Kommentar:

Höflich bitte ich Sie um einen Gefallen. Da Sie jetzt diesen Abschnitt über das Apostrophieren gelesen haben, bitte ich Sie, Ihre Reden künftig nicht mehr mit einer 08/15-Anrede der Unart »Sehr geehrte Damen und Herren« zu beginnen. Es gibt weiß Gott originellere und kreativere Redeanfänge. Die Anrede können Sie ruhig nach der Ouvertüre einschieben.

Tun Sie es trotzdem, dann erwähnen Sie bitte nicht, daß Sie das Buch »Die Macht der Sprache. 101 Werkzeuge für eine überzeugende Kommunikation« gelesen haben. Aufmerksame Leserinnen und Leser könnten Ihnen dann vorwerfen, Sie hätten dem Sachbuch nicht eben viel … So eine peinliche Bemerkung ersparen wir uns doch lieber.

## Nr. 94  Der Beiname: Antonomasie
### Zwischen Beleidigung und Würdigung

- **Definition:**
Ein Eigenname wird durch einen Beinamen oder eine Umschreibung ergänzt oder ersetzt.

- **Beispiele:**
Richard Branson, ehemaliger Schauspieler und Sänger, stieg als Unternehmer ins Schallplatten- und Computergeschäft ein, gründete Transportunternehmen, darunter eine Fluggesellschaft. Die italienische Zeitschrift »Panorama« titelte dazu:
*»Richard Branson – Peter Pan degli affari«* (»Richard Branson – Peter Pan der Geschäftswelt«).

»Die Clowns … zum Beispiel …, sind sie, sage ich, Menschen, Männer, vorstellungsweise im Bürgerlichen und Natürlichen unterzubringende Personen. Nach meinem Dafürhalten ist es bloße Sentimentalität, zu sagen, sei seien ›auch Menschen‹, mit den Herzlichkeiten von solchen, womöglich mit Weib und Kind. Ich erweise ihnen die Ehre, ich verteidige sie gegen humane Abgeschmacktheit, indem ich sage: nein, sie sind es nicht, sie sind ausgefallene, dem Leben nicht angehörige *Mönche der Ungereimtheit*, *koboldende Zwitter* aus Mensch und närrischer Kunst.«
Thomas Mann, Bekenntnisse des Hochstaplers Felix Krull

Ophelia über Hamlet:
»O welch ein *edler Geist* ist hier zerstört,
Des *Hofmanns Auge*, des *Gelehrten Zunge*,
Des *Kriegers Arm*, des *Staates Blum' und Hoffnung*,
Der *Sitte Spiegel* und der *Bildung Muster*,
Das *Merkziel der Betrachter*, ganz, ganz hin!«

William Shakespeare, Hamlet

Herbert Wehner nannte Kurt Georg Kiesinger einen »Heldentenor« und Rainer Barzel einen »Brunnenvergifter«. Margret Thatcher hieß die »eiserne Lady«. Kurt Biedenkopf begleiteten die Necknamen »der kleine Professor«, später »der General« und schließlich »König Kurt«.

Sportler geben Franz Beckenbauer mit dem Beinamen »Kaiser Franz« die Ehre. Fußballer Gerd Müller ist mit »kleines dickes Müller«, Schwimmerin Franziska von Almsick mit »Goldfranzi« und Eisschnelläuferin Franziska Schenk mit »Eis-Franzi« gemeint. Um Formel-1-Fahrer Ralf Schumacher von seinem älteren Bruder Michael »Schumi« Schumacher zu unterscheiden, tauften ihn die Sportreporter »Schumi II«.

»Dr. Chaos« ist ein zerstreuter Wissenschaftler, »Grizzly« ein Mann mit starker Körperbehaarung und »Feldwebel« die strenge ältere Schwester.

## • **Kommentar:**

Wer Beinamen einführt oder verwendet, begibt sich auf eine Gratwanderung zwischen Beleidigung und Würdigung. Der Eigenname des Menschen ist nicht etwa wie ein Mantel, der – so Johann Wolfgang von Goethe – bloß um ihn her hängt und an dem man allenfalls noch zupfen und zerren kann, sondern ein vollkommen passendes Kleid, ja wie die Haut selbst ihm über und über angewachsen, an der man nicht schaben und schinden darf, ohne ihn selbst zu verletzen.

# Nr. 95 Die Begriffsumschreibung: Definition
## Der Sheriff-Effekt

- **Definition:**

Genaue Bestimmung eines Begriffs durch Auseinanderlegung und Erklärung seines Inhaltes.

- **Beispiele:**

Isidor von Sevilla führt am Beispiel des Begriffs »Wissenschaft« insgesamt fünfzehn Definitionsvarianten vor. Ziel: Am Beispiel des Begriffs »Wissenschaft« lernen Sie – und darauf kommt es mir an – fünfzehn Arten der Begriffsbestimmung kennen. Diese fünfzehn Arten lassen sich auf beliebige Begriffsbestimmungen übertragen. Stehen Sie vor der Aufgabe, einen Begriff zu definieren, greifen Sie vorteilhaft auf das Arsenal von Isidor von Sevilla zurück.

| | |
|---|---|
| 1 Wesensbestimmung (definitio substantialis) | »Das Wesen jeglicher Wissenschaft besteht in dem Versuch, auf methodische, systematische und nachprüfbare Weise neue Erkenntnisse zu gewinnen.« |
| 2 Kennzeichnung ohne Wesensangabe (notio) | »Wissenschaft versucht, auf methodische, systematische und nachprüfbare Weise neue Erkenntnisse zu gewinnen.« |
| 3 Merkmale der Beschaffenheit (definitio qualitativa) | »Wissenschaft ist die Suche nach neuen Erkenntnissen. Sie wird methodisch, also nach anerkannten Regeln, systematisch, das heißt in planmäßiger und zielstrebiger Weise, und in nachprüfbaren, darum wiederholbaren Verfahren betrieben.« |
| 4 Beschreibung (descriptio) | »Wissenschaft findet an Universitäten und Fachhochschulen statt.« |
| 5 Schlagwort (definitio ad verbum) | »Wissenschaft ist Wissensvollendung.« |

208

| | |
|---|---|
| 6 Unterscheidungs-merkmal (definitio per differentiam) | »Die wissenschaftliche Suche nach Erkenntnissen hält sich an nachvollziehbare Methoden, im Gegensatz zu spekulativen oder intuitiven Erleuchtungsübungen.« |
| 7 Bewertung (definitio per translationem) | »Der Wissenschaftler wendet die Methoden der Forschung in eigener Verantwortung für Gelingen und Scheitern an; seine Studenten und Assistenten werden im Gebrauch der Erkenntniswerkzeuge erst geschult oder leisten unselbständige Hilfsdienste.« |
| 8 Verneinung des Gegenteils (definitio per privantiam contrarii) | »Wissenschaft erkundet die Gesetzmäßigkeiten im Aufbau der Welt, aber nicht, indem sie Offenbarungen hinnimmt, Spekulationen freien Lauf läßt, sich einem Dogma unterordnet, bloße Behauptungen aufstellt, nur weil diese opportun sind; sie läßt sich weder von Interessen noch per Machtwort zu falschen Aussagen verleiten.« |
| 9 Vorstellung eines einzelnen (definitio per imaginationem) | »Mit Humboldt ist Wissenschaft zu definieren als das Bemühen um Wahrheit als ›etwas noch nicht ganz Gefundenes und nie ganz Aufzufindendes‹.« |
| 10 Entsprechung (definitio per analogiam) | »Wissenschaft ist gleichsam die Nachschöpfung der Phänomene, die sie entdecken, entschlüsseln und darstellen will.« |
| 11 Zugehörigkeit (definitio per indigentiam pleni ex eodem genere) | »Forschung und Lehre sind zwei notwendig miteinander verbundene Teile wissenschaftlicher Arbeit, der eine gerichtet auf die Ermittlung neuer Erkenntnisse, der andere gerichtet auf Vermittlung der Erkenntnisse und der Methoden zur Erkenntnisgewinnung.« |
| 12 Superlativ (definitio per laudem) | »Wissenschaft ist die höchste Anstrengung des Geistes.« |

| 13 Herkunft (definitio secundum quid) | »Wissenschaft als Befähigung zur Erkenntnis wird in einem Lern- und Übungsprozeß erworben, der auf methodische, systematisch-planvolle und nachvollziehbare Suche nach der Wahrheit vorbereitet.« |
|---|---|
| 14 Umfangsangabe (definitio per totum) | »Wissenschaft ist der Inbegriff aller Versuche, auf methodische, systematische und nachprüfbare Weise neue Erkenntnisse zu gewinnen.« |
| 15 Grund oder Ursache (definitio secundum rationem) | »Der Antrieb der Wissenschaft ist das Verlangen, zuverlässig und darum nachvollziehbar neuere Erkenntnisse zu gewinnen.« |

Einverstanden: Definieren ist kein einfaches Geschäft. Das Beispiel mit den fünfzehn Definitionsvarianten von »Wissenschaft« dient der eigenen Definitionsarbeit.

## • Übung:
1. Definieren Sie »Glaube«.
2. Definieren Sie »Manipulation«.

## • Lösungsvorschläge
1. Dante Alighieri definiert in »Die göttliche Komödie«: »Der Glaube ist Substanz gehoffter Dinge und der Beweisgrund für die unsichtbaren Dinge. Und solches dünkt zu sein mir seine Weisheit.«
2. Karl Steinbuch definiert: »Manipulation ist die Kunst, jemanden zu einem Zweck zu gebrauchen, den er nicht kennt.«

## • Kommentar:
Wer eine Definition vorgeben kann, besetzt das Terrain. Das ist der Sheriff-Effekt. Wer zuerst definiert, spurt die Marschrichtung eines Gesprächs vor. Wer folgt, beißt sich oft an der ersten Definition fest.
Im Streit um Definitionen gibt es bewährte Lockerungsübungen: Fragen Sie eine Gruppe von *zwanzig* Anästhesisten nach einer Definition der Narkose, bekommen Sie *einundzwanzig* verschie-

dene Antworten. Treffen *drei* Rechtsanwälte aufeinander, treffen zumindest *vier* Meinungen hinsichtlich eines Sachverhaltes aufeinander ...

## Nr. 96  Die Herkunft von Ausdrücken: Etymologie
### Wurzelsaft

- **Definition:**

Etymologie erforscht die Herkunft von Wortkörpern. Der Bedeutungswandel wird aufgezeigt durch einen Vergleich der herkömmlichen Bedeutung eines Wortkörpers mit der Bedeutung des entsprechenden Wortkörpers zu einem anderen Zeitpunkt (diachronische Semantik).

- **Beispiele:**

*Ursprüngliche* Bedeutung von einfältig: aufrichtig, ehrlich und nicht doppelzüngig
*Gegenwärtige* Bedeutung: dumm
*Wirft Ihnen jemand »Einfältigkeit« vor,* packen Sie ihn an der Wurzel der Wortbedeutung:
»Einfältig? Sie meinen also, ich sei dumm ... Nur allzu gerne beweise ich Ihnen, wer hier der Dumme ist. Und wenn Sie nun die Ohren spitzen, sind Sie nachher gar ein bißchen weniger dumm. Einfältig bezeichnet im ursprünglichen und eigentlichen Sinne nicht einen dummen, sondern einen aufrichtigen und ehrlichen Menschen. In diesem herkömmlichen Sinne danke ich Ihnen für die treffende Einschätzung: Tatsächlich bin ich aufrichtig und ehrlich – auch im Umgang mit Begriffen. Sehen Sie, Sie haben jetzt gelernt, was ›einfältig‹ ursprünglich bedeutet. Jetzt müssen nur noch Sie selbst ›aufrichtig‹ und ›ehrlich‹ werden.«

*Ursprüngliche* Bedeutung von Pharisäer: eine besonders gesetzestreue jüdische Laienbewegung.

*Gegenwärtige* Bedeutung: rechthaberischer Besserwisser, Heuchler.

*Wirft Ihnen jemand »Pharisäertum« an den Kopf,* packen Sie ihn an der Wurzel der Wortbedeutung:
»Pharisäer? Vermutlich wissen Sie es nicht. Aber ›Pharisäer‹ bezeichnet im ursprünglichen und eigentlichen Sinne des Wortes eine besonders gesetzestreue jüdische Laienbewegung. In diesem ursprünglichen Sinne danke ich Ihnen für das treffende Urteil: Tatsächlich verhalte ich mich besonders gesetzestreu.«

*Ursprüngliche* Bedeutung von Rhetorik: »Rhetor« hieß ursprünglich der Antragsteller in der griechischen Volksversammlung.
*Gegenwärtige* Bedeutung: Mit der Aussage »Was Sie sagen, das ist ja nur Rhetorik« soll darauf hingewiesen werden, daß die Worte mit der Wirklichkeit nicht übereinstimmen.
*Wirft Ihnen jemand »Das ist ja nur Rhetorik« an den Kopf,* packen Sie ihn an der Wurzel der Wortbedeutung:
»Rhetorik? Vermutlich wissen Sie es nicht. Aber Rhetor bezeichnet im ursprünglichen und eigentlichen Sinne des Wortes Antragsteller in der griechischen Volksversammlung. Auch ich bekenne mich zum Rhetor, denn als Freund der Demokratie mache ich von einem Volksrecht erster Güte wie dem Antragsrecht gerne Gebrauch. Ich lade Sie ein: Werden auch Sie Rhetor. Werden auch Sie Freund der Demokratie.«

## • Kommentar:

Besonders in der Hitze des Gefechtes zwischen Streithähnen kann der Rückgriff auf die ursprüngliche und eigentliche Bedeutung von Wortkörpern ein starkes Mittel sein.
Wer die Herkunft von Wörtern kennt, gewinnt an Glaubwürdigkeit – er hechelt nicht einfach modischen Trends nach, in seinem Sprachgebrauch unterzieht er sich selbst einer besonderen Sorgfaltspflicht.
Übrigens: Herkunftswörterbücher sind da, um gebraucht zu werden. Hand aufs Herz: Wann haben Sie zum letztenmal in einem etymologischen Nachschlagewerk geblättert, beispielsweise um die topaktuellen Schlagwörter auf die ursprüngliche Bedeutung zu prüfen? Tun Sie es selten, könnten Sie eine Chance verpassen.

# Nr. 97 Das Umschalten: Switchen
## Im allgemeinen ganz besonders empfehlenswert

- **Definition:**

Gedankengänge mit einem Sprung – oft vom Allgemeinen zum Besonderen, seltener vom Besonderen zum Allgemeinen.

- **Übung:**

Die Gemeindeversammlung einer verkehrsbelasteten Kleinstadt soll über eine Umgehungsstraße oder den Ausbau der verkehrsbelasteten Hauptstraße beschließen. Sie votieren ganz klar für den Bau der Umgehungsstraße. Sie beginnen mit dem Allgemeinen und schalten auf das Besondere um. Das Allgemeine sei: Die wirtschaftlich angespannte Finanzlage des Gemeinwesens erfordert den sparsamen Umgang mit öffentlichen Geldern. Verfassen Sie ein kurzes Statement in Stichworten (maximal sechzig Sekunden, maximal fünf Gedankenschritte).

- **Lösungsvorschlag**

Der erste Gedankenschritt enthält das Allgemeine: »In Anbetracht der Wirtschaftslage mögen die Behörden recht haben, wenn sie keine neuen Bauvorhaben mehr unterstützen.«
Der zweite Gedankenschritt enthält bereits das Besondere: »Die Lage in unserer Stadt ist aber besonders schwerwiegend belastet durch den enormen Durchgangsverkehr.«
Im dritten und vierten Gedankenschritt sollen die Folgen der besonderen Lage aufgezeigt werden: »Zum einen verhindern der enorm hohe Durchgangsverkehr und die sehr häufigen Staus in der Hauptstraße die wirtschaftliche Entwicklung des Gewerbes in unserer Stadt auf Jahre hinaus. Zum anderen führt der enorme Durchgangsverkehr auf Dauer gesehen zu Schäden, die auch mit hohem finanziellem Aufwand nicht mehr beseitigt werden können.«
Der fünfte Schritt enthält die Handlungsaufforderung: »Nur eine Lösung bleibt: Wir brauchen die Umgehungsstraße.«

## • Kommentar:

Die allgemeine Aussage zum sorgfältigen Umgang mit öffentlichen Geldern wirkt als Einstiegsdroge – erhöht also die Bereitschaft der Zuhörerinnen und Zuhörer, Ihrer Argumentation zu folgen. Damit erreichen Sie eine breite Zustimmung bei den Zuhörern. Nun liegt die oft verkannte Eleganz des Switchens darin, daß eine allgemeine Aussage (das öffentliche Gemeinwesen soll sparen) durch die Einführung einer Besonderheit stets ins Gegenteil verkehrt wird (das öffentliche Gemeinwesen soll Gelder für den Bau der Umgehungsstraße bereitstellen). Obschon Sie am Schluß des Statements das Gegenteil dessen fordern (Geld ausgeben), was Sie eingangs gelobt haben (Geld sparen), erscheint die Argumentation vom Allgemeinen zum Besonderen keineswegs als brüchig. Darin liegt der Reiz dieser rhetorischen Allerweltsfigur.

## Nr. 98  Der Beeinflussungstropfen: AKT
### Steter Tropfen höhlt den Stein nicht

## • Definition:

Wer sich daranmacht, über die Vermittlung von Wissen, Kenntnissen und Fertigkeiten hinaus die Einstellungen, Haltungen, Überzeugungen von Menschen zu entwickeln oder zu verändern, erlebt Überraschungen. Bei den einen gelingt es. Bei den anderen prallen wir ab. Erfolge wandeln sich plötzlich in Rückfälle. Manchmal entwickelt sich die beabsichtigte Einstellungs- und Verhaltensänderung kontraproduktiv (geht der Schuß gar nach hinten los): Die Gesprächspartner zeigen am Ende gar ein verstärktes nicht erwünschtes Verhaltensmuster oder haben offensichtlich genau das Gegenteil der erwünschten Einstellung aufgebaut (Bumerangeffekt).

Eine Einstellung macht noch kein Verhalten. Deshalb nehmen wir Abschied vom rhetorischen Mythos des »Predigens«, der so tut, als ob Einstellung und Verhalten der Menschen in einem gottgegebenen Zusammenhang stünden. Wir ersetzen diesen Mythos durch das Wissen um die spezielle Psychologie des Erlernens und Veränderns von Einstellungen und Haltungen. Unsere Einstellungen kommen zustande durch Wissenselemente (Kopf), durch Gefühlselemente (Herz) und durch Handlungen (Hand).

## • Beispiele:

Jeder Mensch ist Träger von Einstellungen. Und jede Einstellung weist drei Zonen auf. Stellen Sie sich also jeden Menschen zwiebelartig mit drei Schalen vor. Denn die *Assimilations-Kontrast-Theorie (AKT)* von M. Sherif und C. Hovland besagt, daß um jede Einstellung herum drei Zonen bestehen: eine Kontrastzone (außen), eine Indifferenzzone (in der Mitte) und eine Akzeptanzzone (innen).

| Schale | Zone | Umschreibung | Informationswert |
|--------|------|--------------|------------------|
| außen | Kontrastzone | Ich bin dagegen. | Information abgelehnt |
| Mitte | Indifferenzzone | Das ist mir egal. | Information wirkungslos |
| innen | Akzeptanzzone | Damit bin ich einverstanden. | Information wirkungsvoll |

Hält beispielsweise ein Computermissionar einem Computerbanausen einen Vortrag über Pentium und Router, dann fällt das beim Banausen in die Indifferenzzone. Er weiß nicht, was das soll, hört höflich zu, nickt gar freundlich, geht zur Tagesordnung über und merkt nicht, was das mit seiner Einstellung zum Computergebrauch zu tun haben soll. Nichts passiert.

Schlägt der Missionar dem Computerbanausen vor, doch vielleicht mal ein eleganteres Softwarepaket anzuschaffen, welches mit wenig Zeitaufwand und viel Zeitgewinn das Layout, die graphische Gestaltung der Texte, verbessern würde, mag das den Banausen überzeugen und zu einigen bescheidenen Investitionen für den Computer bewegen. Die Information ist in die Akzeptanzzone gefallen. Der Banause wird zwar nicht zum Computerfan, aber er verschiebt seine Einstellung in die vom Missionar gewünschte Richtung.

Will der Missionar aber »predigen«, der Computerbanause solle nun endlich auch seine Terminplanung elektronisch auf dem Computer führen, dann hat er Pech gehabt! Der Missionar reizt die Kontrastzone des Computerbanausen, der seine Termine stets

lustvoll mit farbigen Stiften in den dicken Terminkalender ein-
trägt. Und nun soll er seinen Terminkalender künftig elektronisch
führen? Nein. Sofort sträuben sich die Haare des Banausen; doch
damit nicht genug, er holt zu Gegenargumenten aus, fängt an, sich
zu wehren. Das Perfide daran ist nun, daß der Computerbanause
die Attacke auf seine Einstellung nicht einfach abprallen läßt, sondern daß seine Abwehranstrengungen gleichzeitig seine ursprüngliche Einstellung verstärken – ein klassischer Bumerangeffekt!
Immer wieder wird betont, daß eine einzige Information nie und
nimmer reicht. Doch das Sprichwort vom steten (Informations-)
Tropfen, der den Stein höhlt, stimmt nur im Akzeptanzbereich.
Fallen die Beeinflussungstropfen in die Indifferenzzone, verpufft
die Information wirkungslos. Und fallen die Beeinflussungstropfen in den Kontrastbereich, kräftigen sie im Gegenteil jedesmal
die Ablehnungsanstrengung, ja sie treiben den Banausen am
Schluß gar in einen Kreuzzug gegen den Computer …

Wer die sozialpsychologisch-rhetorische AKT begriffen hat, wird
in seinem Rede- und Schreibverhalten den naiven Glauben an die
Kraft überzeugender Gegenargumente ablegen. Was so alles ab-
läuft, wenn in ihren Einstellungen bedrohte Menschen in der Kontrastzone aktiv werden, zeigt sich auch im Bereich heißer Eisen
wie der Beziehung zu Ausländerinnen und Ausländern. Erzählt
die Tochter, der Türke Mehmet habe ein Konto auf einer Schweizer Bank, dann fällt das in die Akzeptanzzone des Vaters. Erzählt
die Tochter, der Türke Mehmet arbeite in der Reinigungsfirma,
die das Büro des Vaters putzt, so fällt das in Paps' Indifferenzzone,
denn es ist ihm völlig egal, ob das Büro von einer inländischen
oder einer ausländischen Person gereinigt wird. Hauptsache es ist
sauber. Erzählt nun die Tochter, sie werde Mehmet Güntürkün
heiraten, so provoziert die Nachricht den Vater in der Kontrastzone. Von dem Moment an geht ein ganzes Arsenal von Abwehr-
maßnahmen los (Bumerangeffekt). Was tut der Vater?
1. Die häufigste Abwehrmaßnahme ist die, daß der Vater die un-
angenehme Botschaft überhört, nötigenfalls umbiegt, das ausfil-
tert, was ihm nicht paßt, und das durchläßt, was er auf seine
Mühlen leiten kann (selektive Wahrnehmung).
2. Hilft dies nicht, kann er aus der mißlichen Situation heraus-

flüchten: Der Vater »schaltet« ab, beginnt die Zeitung zu lesen (natürlich die Seite »Vermischtes« seines Leibblattes mit den Verbrechensmeldungen vorzugsweise türkischer Urheber), oder er verläßt den Familientisch vorzeitig. Wenn er sich dann gleich zu seiner Stammtischrunde gesellen kann, die ihn in seiner Auffassung bestärkt, ist der Seelenfrieden endgültig wiederhergestellt.

3. Irrt immer noch ein Restchen Unbehagen in seinem Gehirn herum, hilft vielleicht die Suche nach bestärkenden Gegenargumenten, zum Beispiel in passenden Erfahrungsberichten bekannter und verwandter Personen (Ehe mit einem Ausländer ging schief) oder passenden Forschungsergebnissen (Scheidungsrate bei Türken am höchsten), die seine Auffassung bestätigen.

4. Wer lästige und ärgerliche »Wahrheiten« (der Arbeitskollege kennt eine deutsche Frau, die seit fünfzehn Jahren glücklich mit einem Türken verheiratet ist) verbreitet, wird diffamiert (War da nicht einmal was mit dem Arbeitskollegen?).

5. Hilft auch das nicht, bequemt sich der Vater vielleicht doch noch zur Änderung seiner Einstellung, eventuell gleich als Flucht nach vorn: Er wird dabei überlegen, ob er nur ein temporärer Schein-Paulus werden oder aber gerade eine Paulus-Partei gründen und als Präsident die Fahne mit der Aufschrift »Türken heiraten verboten« schwenken soll.

### • Kommentar:

Informieren Sie nicht einfach wild drauflos. Steter Tropfen höhlt den Stein nur in der Akzeptanzzone (Information wirkungsvoll), nicht jedoch in der Indifferenzzone (Information wirkungslos) und auch nicht in der Kontrastzone (Information wird nicht nur abgelehnt, sie führt zum Bumerangeffekt). In der Kontrastzone wecken Sie schlafende Hunde.

Das rhetorische AKT-Modell gilt verschärft im Umgang mit Fanatismus in allen Lebensbereichen. Überlegen Sie sich einmal, wie die Einstellungszone eines Fußballfans zum Beispiel des BVB Dortmund aussieht? Außen eine sehr große Kontrastzone (alle anderen Bundesligaclubs werden abgelehnt), dazwischen keine Indifferenzzone (fußballerisch ist ihm nichts gleichgültig) und innen eine sehr kleine Akzeptanzzone (nur der BVB Dortmund zählt). Dieses Persönlichkeitsprofil ist allen Fanatikern eigen.

- **Definition:**

Die Menschen mit ihren je eigenen Einstellungen stehen sich entweder positiv (konsonant) oder negativ (dissonant) gegenüber. Solche Einstellungen zwischen Menschen schlagen sich in sprachlichen Äußerungen nieder.

Aus sprachlichen Äußerungen leitet der Kognitionspsychologe F. Heider Voraussagen ab, welche Einstellungen in welche Richtung verändert werden, um ein Gleichgewicht (eine Balance) in zwischenmenschlichen Beziehungen zu erreichen.

- **Beispiel:**

Abteilungsleiter Gut macht mit der Mitarbeiterin Frisch positive Erfahrungen. Gut hat die Mitarbeiterin Frisch von seinem Kollegen, Abteilungsleiter Müller, vor noch nicht allzu langer Zeit übernommen. Müller äußerte sich stets negativ über die Mitarbeiterin Frisch. Graphisch darstellen läßt sich diese nicht ausgeglichene »Dreierkiste« folgendermaßen:

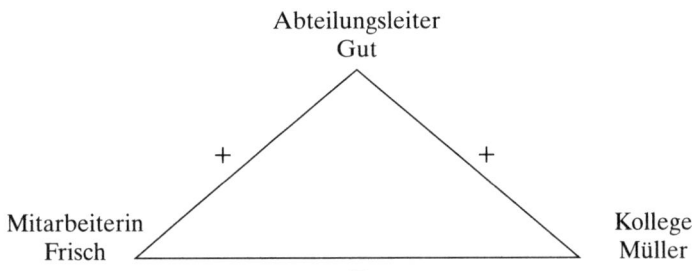

Verhältnis von Gut, Müller und Frisch ist nicht ausbalanciert

Die Beziehungen zwischen dem Abteilungsleiter Gut, seinem Kollegen Müller und der Mitarbeiterin Frisch werden positiv oder negativ gekennzeichnet. Es handelt sich hierbei um eine *nicht* balancierte Konstellation. Abteilungsleiter Gut kann diese in Richtung einer balancierten Konstellation verändern. Dazu prüft Gut vier Vorgehensweisen:

1. Abteilungsleiter Gut läßt die Beziehung zur Mitarbeiterin Frisch negativ werden. Damit solidarisiert er sich mit dem Kollegen Müller. Zugleich stößt er die Mitarbeiterin ab.

2. Abteilungsleiter Gut verändert die Beziehung zum Kollegen Müller. Er solidarisiert sich mit der Mitarbeiterin Frisch. Zugleich stößt er den Kollegen Müller ab.

3. Abteilungsleiter Gut kann versuchen, auf die Beziehung zwischen seinem Kollegen Müller und der Mitarbeiterin Frisch Einfluß zu nehmen.

4. Abteilungsleiter Gut sieht sowohl die Mitarbeiterin Frisch als auch seinen Kollegen Müller künftig negativ.

Welche Veränderung ist nun im vorliegenden Beziehungsgeflecht die wahrscheinlichste? Um diese Frage zu beantworten, hat F. Heider eine Fülle von Untersuchungen durchgeführt. Seine wissenschaftlichen Erkenntnisse formulierte er in vier Prinzipien:

a) *Positivitätsprinzip:* Es besteht die Wahrscheinlichkeit zur Erhöhung der Zahl positiver Beziehungen. In unserem Beispiel bestünde also die Tendenz, die Beziehung zwischen der Mitarbeiterin und dem Kollegen Müller zu verändern.

b) *Ökonomieprinzip:* Es wird ein Ausgleich zwischen Beziehungen mit möglichst geringem Aufwand, das heißt durch Veränderung von möglichst wenigen Beziehungen, angestrebt. In unserem Beispiel scheiden alle Lösungen aus, die eine Veränderung von zwei Beziehungen voraussetzen. Abteilungsleiter Gut muß nur eine Beziehung verändern, wenn er sich dem Urteil des Kollegen anschließt und die Beziehung zur Mitarbeiterin negativ werden läßt. Doch verkauft der Abteilungsleiter seine Seele auf diese Weise? Wohl kaum.

c) *Polarisationsprinzip:* Bisher sind wir davon ausgegangen, daß die drei Beziehungsachsen zwischen Abteilungsleiter Gut, seinem Kollegen Müller und der Mitarbeiterin Frisch gleichgewichtig sind. Tatsächlich hängt die Veränderung von Einstellungen davon ab, wie stark die Beziehungen zwischen den Beteiligten sind. Hat Herr Gut zum Kollegen Müller eine sehr positive Beziehung und hat dieser sich über die Mitarbeiterin sehr negativ geäußert, sind die positiven Beobachtungen des Abteilungsleiters Gut über die Mitarbeiterin dagegen noch nicht zahlreich, so ist trotz des Positivitätsprinzips eine Veränderung des Verhältnisses zwischen Abteilungsleiter Gut und Mitarbeiterin Frisch sehr wahrscheinlich. Umgekehrt macht die Einschätzung des Kollegen Müller wenig Eindruck auf den Abteilungsleiter Gut und auf dessen Einstellung gegenüber der Mitarbeiterin, wenn seine Beziehung zum Kollegen sehr schwach ausgeprägt ist.

d) *Commitment-Prinzip:* Je nachdem, wie stark sich der Abteilungsleiter bereits öffentlich zu der einen oder anderen Meinung (positive Einstellung zum Kollegen, positive Einstellung zur Mitarbeiterin) bekannt hat, fühlt er sich »gebunden« und tendiert dazu, die bisher am wenigsten offen bekannte Einstellung zu verändern. Hat er die Mitarbeiterin also bereits öffentlich gelobt, so wird er eher dazu tendieren, die ihm diskret zugetragene Information des Kollegen zu verändern.

• **Kommentar:**

Mit jeder sprachlichen Äußerung pendelt sich das Beziehungsgeflecht zwischen Menschen neu ein – sei es positiv oder negativ, sei es konsonant oder dissonant. Heiders Prinzipien leisten als Kompaß zur Ausbalancierung menschlicher Beziehungen einen wertvollen Dienst.

## Nr. 100  Das Gleichgewicht: Äquilibrium
### Gehalt und Gestalt

• **Definition:**

Inhalt und Form halten in der gelungenen Rede und Schreibe ein Gleichgewicht. Die Forderung nach dem Gleichgewicht zwischen Gehalt und Gestalt hat Konfuzius gestellt:
»Bei wem der Gehalt die Form überwiegt,
der ist ungeschlacht,

bei wem die Form den Gehalt überwiegt,
der ist ein Schreiber.
Bei wem Form und Gehalt im Gleichgewicht sind,
der erst ist ein Edler.«

## • Kommentar:

»Die Redekunst bedarf angestrengter Arbeit, eines unbändigen
Eifers, verschiedener Übung, vielfacher Erfahrung, sehr hoher
Klugheit und geistesgegenwärtigen Urteils.«
Diese Worte schrieb Quintilian, römischer Rhetoriker aus dem
1. Jahrhundert unserer Zeitrechnung. Und seine Worte haben hier
und heute in gleicher Weise Gültigkeit: Gehalt und Gestalt in
Übereinstimmung zu bringen, das ist Knochenarbeit – so gekonnt
das Ergebnis in Rede und Schreibe auch wirkt. Trimmen Sie Ihre
Texte, bis Sie ein Gleichgewicht an Inhalt und Form erreicht haben. Stellen Sie die rhetorischen Werkzeuge praktisch und konkret in den Dienst Ihrer Rede- und Schreibkunst.

## Nr. 101 Das Maß: Dosis
### Hintertux

## • Definition:

Wie sagte doch Quintilian, der römische Rhetoriker: Allzu viele
Redefiguren auf einmal wirken läppisch. Deshalb verbinde ich
mit der 101. Figur eine Bitte: Widerstehen Sie der verlockenden
Versuchung, in Ihrer öffentlichen Rede und Schreibe alle Figuren
jederzeit und überall einzusetzen. Auf die Dosis kommt es an.
»Was das nit gifft ist?
Alle ding sind gifft und nichts ist ohn gifft.
Allein die dosis macht das ein ding kein gifft ist.
Als ein Beispiel: ein jetliche speiß und ein jetlich getranck
so es über sein dosis eingenommen wirdt,
so ist es gifft.«                                       Paracelsus

221

Bedienen Sie sich *dosiert* der Werkzeuge für die Entwicklung nachhaltig wirksamer Botschaften.

- **Beispiel:**
Lassen Sie sich – wie im Beispiel des Snowboard-Urlaubs in Hintertux – von der Fundgrube inspirieren:

Snowboard-Urlaub in Hintertux für DM 349,–

| | *Figur* | *Umsetzung* |
|---|---|---|
| 3 | Anapher: | Für viel Spaß |
| | | Für viel Gefühl |
| | | Für viel Freiheit |
| | | Für DM 349,– |
| 4 | Epipher: | Funpark in Hintertux. Neu! |
| | | Quarterpipe in Hintertux. Neu! |
| | | DM 349,– in Hintertux. Neu! |
| | | Sie in Hintertux. Neu? |
| 10 | Allegorie: | Weiß wie der Schnee. |
| | | Blau wie der Himmel. |
| | | Golden wie die Sonne. |
| | | Die Gletschertricolore in Hintertux. |
| | | Für Snöber. |
| 20 | Antithese: | Weich surfen – stark fühlen |
| 24 | Chiasmus: | Weniger Snob. Mehr Snöber. |
| 25 | Alternative: | Snowboard in Hintertux – Halfpipe oder Quarterpipe? |
| 37 | Rhetorische Frage: | Das Paradies auf Erden? Für Snöber in Hintertux. |
| 39 | Paradoxon: | Wählen Sie den Urlaub für DM 349,–. Der für DM 249,– ist zu teuer. |
| 42 | Phraseologismus: | So schreiben Sie DM 349,– in den Wind. |
| 64 | Alliteration: | Hintertux – Snow, Snacks, S'nitghl-life, Snöber |
| 67 | Letter: | Super-Snöber-Spaß mit dem Super-Snöber-Paß |
| 68 | Game: | Fun und Sun für DM 349,– |
| 70 | Gradatio: | Surfen. Wenn schon nicht Hawaii, dann wenigstens Hintertux. |
| 76 | Allusion: | Kriegen Sie in Hintertux die Kurve? |

## • **Kommentar:**

Dosieren Sie den Einsatz der Gestaltungsmittel in der Öffentlichkeit. Setzen Sie nicht immer und überall alle Figuren ein. Gestalten Sie zum Beispiel den Redeanfang und den Redeschluß durch. Oder Schlüsselstellen. Oder Slogans (wie für den österreichischen Ferienort Hintertux).

Spielen Sie mit den Gestaltungsmitteln – morgens unter der Dusche oder abends in der Badewanne, im Flugzeug, im Zug, im Auto, auf dem Motorrad oder auf dem Fahrrad. Machen Sie das Sachbuch zum ständigen und dienstbeflissenen Begleiter.

# C
# Die Anwendung

# John F. Kennedy: Ich bin ein Berliner!

## • Das Umfeld

Präsident John F. Kennedy sah in seiner bevorstehenden Europareise eine Gelegenheit, nicht nur die Regierungen anzusprechen, sondern – mit aller Behutsamkeit – auch die Völker. Anfang Juni 1963 trug er seinem Sonderberater Arthur M. Schlesinger auf, einen Blick in die vom State Department vorbereiteten Entwürfe der Reden für die Reise zu werfen. »Ganz allgemein finde ich sie überwiegend banal und geistlos«, berichtete Schlesinger seinem Präsidenten. »Diese Reden hätten ebensogut Präsident Eisenhower oder Präsident Nixon halten können. Sie lassen in keiner Weise eine neue amerikanische Einstellung oder eine charakteristische Kennedy-Note erkennen.«

Schlesinger riet Kennedy zur Überarbeitung der Reden. Selbstverständlich müsse der Präsident über Deutschland, die europäische Einheit, die unerschütterliche Entschlossenheit der Vereinigten Staaten zur Verteidigung Europas, die Untrennbarkeit von Europa und den Vereinigten Staaten sowie die atlantische Partnerschaft sprechen. Während seiner Europareise sollte der Präsident jedoch vor allem die Tatsache hervorheben, daß in Washington eine junge energische, fortschrittliche Regierung eingezogen sei, die sich für die breite Masse einsetze und nicht für eine privilegierte Minderheit.

Am 23. Juni 1963 flog John F. Kennedy nach Deutschland ab. Eine triumphale Reise begann. Am 25. Juni setzte er sich in der Frankfurter Paulskirche mit europäischen Fragen auseinander. Dann ging es weiter nach Berlin, wo ihm am 26. Juni 1963 der stürmischste Empfang der ganzen Reise bereitet wurde.

Drei Fünftel der Bevölkerung Westberlins waren auf den Straßen zusammengeströmt. Sonderberater Schlesinger berichtet: »Berlins Bevölkerung klatschte, winkte, weinte, jubelte, als handelte es sich um die Wiederkehr Christi. Vor dem offiziellen Besuch im Schöneberger Rathaus und der Eintragung ins Goldene Buch besichtigte Kennedy zum erstenmal die *Mauer*. Niemand ist auf den

Eindruck der Mauer gefaßt. Der Präsident war entsetzt. Und als er aus dem Rathaus trat und auf die brodelnde Menge blickte, die zu einer kompakten, erregten, leidenschaftlichen Masse verschmolzen schien, war er immer noch zornig. Er begann seine Rede. Seine Worte waren berechtigt, aber ungewohnt scharf. Die Menge bebte, bäumte sich auf und brüllte wie ein Tier. Ganz auf seine kurzen Ausführungen konzentriert, sprach Kennedy rasch weiter. Nach der Rede war Kennedy zuerst angetan, dann beruhigt; er habe das Gefühl gehabt, erzählte er bei seiner Rückkehr, er hätte nur zu sagen brauchen: ›Marschiert an die Mauer, reißt sie nieder‹ – und seine Zuhörer wären marschiert.«

## • Die Rede

»Meine Berliner und Berlinerinnen!
Ich bin stolz, heute in Ihre Stadt zu kommen als Gast Ihres hervorragenden Regierenden Bürgermeisters, der in allen Teilen der Welt als Symbol für den Kampf und Widerstandsgeist Westberlins gilt.
Ich bin stolz, auf dieser Reise die Bundesrepublik Deutschland zusammen mit Ihrem hervorragenden Bundeskanzler besucht zu haben, der während so langer Jahre die Politik bestimmt hat nach den Richtlinien der Demokratie, der Freiheit und des Fortschritts.
Ich bin stolz darauf, heute in Ihre Stadt in Gesellschaft eines amerikanischen Mitbürgers gekommen zu sein. General Clay, der hier tätig war in der Zeit der schwersten Krise, durch die diese Stadt gegangen ist, und der wieder nach Berlin kommen wird, wenn es notwendig werden sollte.
Vor zweitausend Jahren war der stolzeste Satz, den ein Mensch sagen konnte, der: Ich bin einer Bürger Roms! Heute ist der stolzeste Satz, den jemand in der freien Welt sagen kann: Ich bin ein Berliner!
Wenn es in der Welt Menschen geben sollte, die nicht verstehen oder die nicht zu verstehen vorgeben, worum es heute in der Auseinandersetzung zwischen der freien Welt und dem Kommunismus geht, dann können wir ihnen nur sagen, sie sollen nach Berlin kommen.
Es gibt Leute, die sagen, dem Kommunismus gehöre die Zukunft. Sie sollen nach Berlin kommen!

Und es gibt wieder andere in Europa und in anderen Teilen der Welt, die behaupten, man könne mit den Kommunisten zusammenarbeiten. Auch sie sollen nach Berlin kommen.

Und es gibt auch einige wenige, die sagen, es treffe zwar zu, daß der Kommunismus ein böses und schlechtes System sei; aber er gestatte es ihnen, wirtschaftlichen Fortschritt zu erreichen. Aber laßt auch sie nach Berlin kommen!

Ein Leben in Freiheit ist nicht leicht, und die Demokratie ist nicht vollkommen. Aber wir hatten es nie nötig, eine Mauer aufzubauen, um unsere Leute bei uns zu halten und sie daran zu hindern, woanders hinzugehen.

Ich möchte im Namen der Bevölkerung der Vereinigten Staaten, die viele tausend Kilometer von Ihnen entfernt auf der anderen Seite des Atlantiks lebt, sagen, daß meine amerikanischen Mitbürger sehr stolz darauf sind, mit Ihnen zusammen selbst aus dieser Entfernung die Geschichte der letzten achtzehn Jahre teilen zu können. Denn ich kenne keine Stadt, die jemals achtzehn Jahre lang belagert wurde und dennoch lebt mit ungebrochener Vitalität, mit unerschütterlicher Hoffnung, mit gleicher Stärke und mit gleicher Entschlossenheit wie heute Westberlin.

Die Mauer ist die abscheulichste und die stärkste Demonstration für das Versagen des kommunistischen Systems. Die ganze Welt sieht dieses Eingeständnis des Versagens.

Wir sind darüber keineswegs glücklich, denn, wie Ihr Regierender Bürgermeister gesagt hat, die Mauer schlägt nicht nur der Geschichte ins Gesicht, sie schlägt der Menschlichkeit ins Gesicht.

Durch die Mauer werden Familien getrennt, der Mann von der Frau, der Bruder von der Schwester, Menschen werden mit Gewalt auseinander gehalten, die zusammen leben wollen.

Was für Berlin gilt, gilt für Deutschland: Ein echter Friede in Europa kann nicht gewährleistet werden, solange jedem vierten Deutschen das Grundrecht einer freien Wahl vorenthalten wird.

In siebzehn Jahren des Friedens und der europäischen Verläßlichkeit hat diese Generation der Deutschen sich das Recht verdient, frei zu sein, einschließlich des Rechtes, die Familien und die Nation in dauerhaftem Frieden wieder vereint zu sehen.

Sie leben auf einer verteidigten Insel der Freiheit. Aber Ihr Leben ist mit dem des Festlandes verbunden, und deswegen fordere ich

229

Sie zum Schluß auf, den Blick über die Gefahren des Heute hinweg auf die Hoffnung des Morgen zu richten, über die Freiheit dieser Stadt Berlin, über die Freiheit Ihres Landes hinweg auf den Vormarsch der Freiheit überall in dieser Welt, über die Mauer hinweg, auf den Tag des Friedens in Gerechtigkeit.

Die Freiheit ist unteilbar, und wenn auch nur einer versklavt ist, dann sind nicht alle frei.

Aber wenn der Tag gekommen sein wird, an dem alle die Freiheit haben und Ihre Stadt und Ihr Land wieder vereint sind, wenn Europa geeint ist und Bestandteil eines friedvollen und zu höchsten Hoffnungen berechtigten Erdteils, dann können Sie mit Zufriedenheit von sich sagen, daß die Berliner und diese Stadt Berlin zwanzig Jahre lang Front gehalten haben.

Alle freien Menschen, wo immer sie leben mögen, sind Bürger dieser Stadt Westberlin, und deshalb bin ich als freier Mann stolz darauf, sagen zu können: Ich bin ein Berliner!«

- **Die Aufgabe: Gestaltungsmittel entdecken**

J. F. Kennedys »Ich bin ein Berliner!«-Rede gilt als Meisterstück. Versuchen Sie, möglichst viele Gestaltungsmittel zu erkennen. Gehen Sie gleichsam als rhetorischer Chirurg vor, und analysieren Sie die Rede mit Hilfe des Werkzeugkastens: Welche rhetorischen Werkzeuge erkennen Sie?

- **Der Lösungsvorschlag**

»Meine Berliner und Berlinerinnen!«
  *Nr. 93: Ansprache/Apostrophieren*
  *Nr. 29: Ausruf/Exclamatio*
»Ich bin stolz …«
»Ich bin stolz …«
»Ich bin stolz …«
  *Nr. 3: Wortwiederholung am Satzanfang/Anapher*
»… als Gast Ihres … Bürgermeisters …«
  *Nr. 47: Untertreibung/Understatement*
»… der in allen Teilen der Welt …«
  *Nr. 79: Zusammengehörigkeit/Identifikation*
  *Nr. 46: Übertreibung/Hyperbel (in der westlichen Welt)*
»… Bürgermeisters, der in … der Welt als Symbol für den Kampf

und Widerstandsgeist«
*Nr. 50: Köpfe/Personalisierung*
»... Ihres ... Regierenden Bürgermeisters ...«
»... Ihrem ... Bundeskanzler ...«
»... Ihre Stadt ...«
*Nr. 80: Besitzanspruch/Empowerment*
»... hervorragenden ...«
»... hervorragenden ...«
*Nr. 1: Wiederholung/Epizeuxis*
*Nr. 48: Feier/Zelebration*
»... nach so langen Jahren ...«
»... in der Zeit der ... Krise ...«
*Nr. 54: Zeitabfolge/Sequenz*
 »... Politik bestimmt hat nach den Richtlinien der Demokratie,
der Freiheit und des Fortschritts ...«
*Nr. 33: Anhäufung von Satzgliedern/Akkumulation*
»... Regierenden Bürgermeisters ...«
»... Bundeskanzler ...«
»... eines amerikanischen Mitbürgers ... General Clay ...«
*Nr. 94: Beiname/Antonomasie*
»... schwersten Krise ...«
*Nr. 44: Steigerung/Klimax*
»... schwersten Krise, durch die diese Stadt gegangen ist ...«
*Nr. 51: Vermenschlichung/Anthropomorphismus*
»... General Clay, der hier tätig war ... und der wieder ... kommen
wird, wenn es notwendig wird.«
*Nr. 50: Köpfe/Personalisierung*
*Nr. 70: Bedingungskette/Gradatio*
»... der stolzeste Satz ...«
*Nr. 44: Steigerung/Klimax*
»... Ich bin ein Bürger Roms!«
*Nr. 30: Raffung/Brevitas*
*Nr. 29: Ausruf/Exclamatio*
»Vor zweitausend Jahren ... Heute ...«
*Nr. 54: Zeitabfolge/Sequenz*
» ... in der freien Welt ...«
*Nr. 8: Umbenennung/Synekdoche*
»Ich bin ein Bürger Roms! Ich bin ein Berliner!«

*Nr. 79: Zusammengehörigkeit/Identifikation*
*Nr. 43: Verfremdung/Transformation*
*Nr. 31: Entsprechung im Satzaufbau/Parallelkonstruktion*
*Nr. 29: Ausruf/Exclamatio*
»Wenn es geben sollte …«
»Es gibt …«
»Und es gibt …«
»Und es gibt …«
    *Nr. 3: Wortwiederholung am Satzanfang/Anapher*
»… die nicht verstehen oder die nicht zu verstehen vorgeben …«
    *Nr. 25: Weichenstellung/Alternative*
»… zwischen der freien Welt und dem Kommunismus …«
    *Nr. 8: Umbenennung/Synekdoche (freien Welt)*
    *Nr. 3: Wiederholung/Epizeuxis (freien Welt)*
    *Nr. 76: Anspielung/Allusion (Kommunismus als unfreie Welt)*
    *Nr. 20: Gegensatz/Antithese (freie und unfreie Welt)*
»… sie sollen nach Berlin kommen.«
»Sie sollen nach Berlin kommen!«
»Auch sie sollen nach Berlin kommen!«
»Aber laßt auch sie nach Berlin kommen!«
    *Nr. 3: Wortwiederholung am Satzende/Epipher*
    *Nr. 31: Entsprechung im Satzaufbau/Parallelkonstruktion*
    *Nr. 29: Ausruf/Exclamatio*
»Wenn es … geben sollte, … dann können wir ihnen nur sagen, sie …«
    *Nr. 70: Bedingungskette/Gradatio*
»… können *wir* ihnen sagen …«
    *Nr. 79: Zusammengehörigkeit/Identifikation*
»… dem Kommunismus gehöre die Zukunft.«
    *Nr. 54: Zeitabfolge/Sequenz*
»… Leute, die sagen, dem Kommunismus gehöre die Zukunft.«
»… wieder andere … behaupten, man könne mit den Kommunisten zusammenarbeiten.«
»… es treffe zwar zu, daß der Kommunismus ein böses und schlechtes System sei; aber es gestatte ihnen, wirtschaftlichen Fortschritt zu erreichen.«
    *Nr. 59: Vorwegnahme von Einwänden/Prolepsis*
»… in Europa und in anderen Teilen der Welt …«

*Nr. 8: Umbenennung/Synekdoche*
»Ein Leben in Freiheit ist nicht leicht, und die Demokratie ist nicht vollkommen.«

*Nr. 22:Verneinung des Gegenteils/Litotes (nicht leicht statt schwierig, nicht vollkommen statt mit Mängeln behaftet)*
»… wir hatten es nicht nötig …«

*Nr. 79: Zusammengehörigkeit/Identifikation*
»… eine Mauer aufzubauen …«

*Nr. 12: Sprachbild/Metapher*
*Nr. 26: Veranschaulichung/Evidentia*
»… unsere Leute …«
»… im Namen der Bevölkerung der Vereinigten Staaten …«

*Nr. 80: Besitzanspruch/Empowerment*
»… viele tausend Kilometer …«

*Nr. 19: Rechenkunst/Arithmetik*
»… sehr stolz darauf sind …«

*Nr. 48: Feier/Zelebration*
*Nr. 49: Sinnlichkeit/Synästhesie*
»… die Geschichte … teilen zu können …«

*Nr. 79: Zusammengehörigkeit/Identifikation*
»… mit ungebrochener Vitalität, mit unerschütterlicher Hoffnung, mit der gleichen Stärke und mit der gleichen Entschlossenheit …«

*Nr. 33: Anhäufung von Satzgliedern/Akkumulation*
»Die Mauer ist die abscheulichste und die stärkste Demonstration für das Versagen des kommunistischen Systems.«

*Nr. 45: Rücksteigerung/Antiklimax (Versagen)*
*Nr. 1: Wiederholung/Epizeuxis (Mauer)*
»… Versagen …«
»… des Versagens …«

*Nr. 1: Wiederholung/Epizeuxis*
»Die ganze Welt sieht …«

*Nr. 8: Umbenennung/Synekdoche*
*Nr. 51: Vermenschlichung/Anthropomorphismus*
»Wir sind darüber keineswegs glücklich …«

*Nr. 22:Verneinung des Gegenteils/Litotes*
»… die Mauer schlägt nicht nur der Geschichte ins Gesicht, sie schlägt der Menschlichkeit ins Gesicht.«

*Nr. 51:Vermenschlichung/Anthropomorphismus*

*Nr. 68: Wortspiel/Game*
*Nr. 30: Raffung/Brevitas*
»… werden Familien getrennt, der Mann von der Frau, der Bruder von der Schwester …«
*Nr. 8: Umbenennung/Synekdoche*
*Nr. 50: Köpfe/Personalisierung*
»… Menschen werden mit Gewalt auseinander gehalten, die zusammen leben wollen …«
*Nr. 20: Gegensatz/Antithese*
»… Berlin … Deutschland … Europa …«
*Nr. 44: Steigerung/Klimax*
»… jedem vierten Deutschen das Grundrecht einer freien Wahl vorenthalten wird.«
*Nr. 53: Bezugsrahmen/Relation*
»… der letzten achtzehn Jahre …«
»… die jemals achtzehn Jahre lang …«
»… In siebzehn Jahren …«
*Nr. 19: Rechenkunst/Arithmetik*
»… Recht …«
»… einschließlich des Rechts ….«
*Nr. 1: Wiederholung/Epizeuxis*
»… in dauerhaftem Frieden …«
*Nr. 54: Zeitabfolge/Sequenz*
»… wieder vereint …«
*Nr. 79: Zusammengehörigkeit/Identifikation*
»Sie leben auf einer verteidigten Insel der Freiheit. Aber Ihr Leben ist mit dem des Festlandes verbunden …«
*Nr. 12: Sprachbild/Metapher*
»… Insel … Festland …«
*Nr. 20: Gegensatz/Antithese*
»… fordere ich Sie … auf …«
*Nr. 49: Sinnlichkeit/Synästhesie (statt bitte ich Sie …)*
»… Gefahren des Heute hinweg auf die Hoffnung des Morgen …«
*Nr. 24: Kreuzstellung/Chiasmus*
*Nr. 54: Zeitabfolge/Sequenz*
»… über die Freiheit … über die Freiheit … der Freiheit überall …«
*Nr. 3: Wortwiederholung am Satzanfang/Anapher*
»… auch wenn nur einer versklavt ist, dann sind nicht alle frei.«

*Nr. 70: Bedingungskette/Gradatio*
*Nr. 69: Zahlenspiel/Abakus*

»… Freiheit dieser Stadt, … Freiheit Ihres Landes …, Freiheit überall in dieser Welt, … Die Freiheit ist unteilbar, … nicht alle frei … alle die Freiheit. Alle freien Menschen …, … als freier Mann …«

*Nr. 1: Wiederholung/Epizeuxis*

»… Freiheit dieser Stadt Berlin, … Ihres Landes … überall in der Welt …«

*Nr. 44: Steigerung/Klimax*

»… Ihres Landes hinweg … über die Mauer hinweg …«

*Nr. 31: Entsprechung im Satzaufbau/Parallelkonstruktion*

»… versklavt …«

*Nr. 12: Sprachbild/Metapher*

»Aber wenn der Tag gekommen sein wird, an dem …«

*Nr. 87: Beleg/Zitat (Anlehnung an Jüngsten Tag in der Bibel)*

»… Ihre Stadt … Ihr Land … wenn Europa … Erdteils …«

*Nr. 44: Steigerung/Klimax*

»… höchsten Hoffnungen …«

*Nr. 44: Steigerung/Klimax*

»… Nation in dauerhaftem Frieden wieder vereint zu sehen …« (oben)

»… Ihre Stadt und Ihr Land wieder vereint sind …«

*Nr. 1: Wiederholung/Epizeuxis*

»… zwanzig Jahre lang die Front gehalten haben …«

*Nr. 12: Sprachbild/Metapher*
*Nr. 20: Gegensatz/Antithese*
*Nr. 19: Rechenkunst/Arithmetik*

»Alle freien Menschen, wo immer sie leben mögen, sind Bürger dieser Stadt Westberlin, …«

*Nr. 95: Begriffsumschreibung/Definition*
*Nr. 9: Bedeutungsübertragung/Metonymie*

»… stolzeste Satz …«
»… stolzeste Satz …«
»… meine amerikanischen Mitbürger stolz …«
»… als freier Mann stolz …«

*Nr. 1: Wiederholung/Epizeuxis*
*Nr. 48: Feier/Zelebration*

»… Westberlin …«

»… Berlin …«
  *Nr. 74: Unterschied/Differenz*
»Ich bin ein Berliner!«
  *Nr. 1: Wiederholung/Epizeuxis*
  *Nr. 29: Ausruf/Exclamatio*

## Winston Churchill: Blut und Tränen!

### • Das Umfeld

Am 10. Mai 1940 fielen deutsche Truppen in Belgien, Holland und Luxemburg ein. Auf Bitten Leopolds, des Königs der Belgier, wurden gleichzeitig britische Truppen in Richtung Belgien in Marsch gesetzt. Am gleichen Tage resignierte Neville Chamberlain, der versucht hatte, mit Adolf Hitler in Frieden leben zu können. Das englische Königshaus beauftragte am späten Abend desselben Tages Winston Churchill mit der Bildung einer Allparteien-Regierung. Drei Tage später – am 13. Mai 1940 –, am Tage, bevor das holländische Oberkommando kapitulierte, hielt Churchill vor dem Unterhaus seine berühmt gewordene »Blut und Tränen«-Rede. Mit dieser Rede gelang es ihm, die zerstrittenen Parteien zu einigen und das britische Volk zusammenzuschließen. Beide waren bereit, große Opfer zu bringen.

### • Die Rede

»Abends erhielt ich von Seiner Majestät den Auftrag, eine neue Regierung zu bilden … Offensichtlich war es der Wunsch und Wille des Parlaments und der Nation, daß dies auf einer möglichst breiten Basis geschehe. Alle Parteien sollten eingeschlossen sein. Ich habe den wichtigsten Teil dieser Aufgabe erfüllt …
Eine Regierung von solchem Ausmaß und von solcher Vielgestaltigkeit zu bilden ist an sich eine schwere Aufgabe; wir müssen aber bedenken, daß wir uns im Anfangsstadium einer der größten Schlachten der Weltgeschichte befinden, daß wir an vielen Punkten Norwegens und Hollands kämpfen, daß wir im Mittelmeer

kampfbereit sein müssen, daß der Luftkrieg ohne Unterlaß weitergeht und daß wir hier im Lande viele Vorbereitungen treffen müssen. Ich hoffe, man wird es mir verzeihen, wenn ich in dieser kritischen Lage mich heute nicht mit einer längeren Ansprache an das Haus wende. Ich hoffe, daß jeder meiner Freunde und jeder meiner jetzigen oder früheren Kollegen, der von der Regierungsbildung berührt ist, den etwaigen Mangel an Förmlichkeit, mit dem wir vorgehen mußten, nachsehen wird.

Ich möchte dem Hause dasselbe sagen, was ich zuvor denen gesagt habe, die die neue Regierung bilden werden: ›Ich habe nichts anzubieten als Blut, Mühsal, Tränen und Schweiß.‹

Vor uns steht die schwerste aller Prüfungen. Vor uns liegen viele, viele lange Monate des Kampfes und der Entbehrung. Sie fragen: Was ist unsere Politik? Ich will es Ihnen sagen: Es gilt, einen Krieg zu führen auf der See, auf dem Land und in der Luft mit all unserer Macht – und mit all der Kraft, die Gott uns geben kann. Es gilt, einen Krieg zu führen gegen eine ungeheuerliche Tyrannei, die von nichts übertroffen wird in der dunklen traurigen Liste menschlicher Verbrechen. Das ist unsere Politik.

Sie fragen: Was ist unser Ziel? Ich antworte mit einem Wort: Sieg. Sieg um jeden Preis. Sieg trotz allem Schrecken. Sieg, wie lange und beschwerlich der Weg auch sein mag. Denn ohne Sieg gibt es kein Überleben. Das wollen wir ganz klar sehen: Kein Überleben für das britische Weltreich. Kein Überleben für das Drängen der Jahrhunderte, die Menschheit vorwärts zu ihrem Ziel zu bringen. Ich übernehme meine Aufgabe mit Schwung und Hoffnung. Ich fühle sicher, daß unsere Sache nicht fehlschlagen wird. So fühle ich mich in diesem Augenblick berechtigt, die Hilfe aller zu fordern. Und ich rufe: Kommt denn, laßt uns gemeinsam vorwärtsschreiten mit vereinter Kraft!«

## • Die Aufgabe: Gestaltungsmittel entdecken

Unsere Aufmerksamkeit gilt Winston Churchills Redeschluß. Denn der Redeschluß ist ganz besonders ab dem dritten Abschnitt »Ich möchte dem Hause dasselbe sagen, ...« meisterhaft durchgestaltet. Versuchen Sie, ab der genannten Textstelle möglichst viele Gestaltungsmittel zu erkennen: Welche rhetorischen Werkzeuge erkennen Sie?

# • Der Lösungsvorschlag

»Ich möchte dem Hause dasselbe sagen …«
*Nr. 8: Umbenennung/Synekdoche (Haus steht für Parlament)*
»Ich möchte dem Hause dasselbe sagen, was ich … denen gesagt habe, die die neue Regierung bilden …«
*Nr. 92: Durchsichtigkeit/Transparenz (keine Geheimnisse/Transparenz)*
»… Blut, … Tränen und Schweiß.«
*Nr. 9: Bedeutungsübertragung/Metonymie*
*Nr. 12: Sprachbild/Metapher*
»… und Schweiß.«
*Nr. 87: Beleg/Zitat*
*(Anlehnung an Bibelzitat »Im Schweiße deines Angesichts«)*
»… nichts anzubieten als ….«
*Nr. 47: Untertreibung/Understatement*
»Ich habe … Ich möchte …«
*Nr. 3: Wortwiederholung am Satzanfang/Anapher*
»… die schwerste aller Prüfungen.«
*Nr. 44: Steigerung/Klimax*
»… viele, viele lange Monate ….«
*Nr. 1: Wiederholung/Epizeuxis*
»Vor uns liegen … Monate des Kampfes und der Entbehrung.«
*Nr. 33: Anhäufung von Satzgliedern/Akkumulation*
»Vor uns … Vor uns …«
*Nr. 3: Wortwiederholung am Satzanfang/Anapher*
»*Ich* habe … *Ich* möchte … Vor *uns* … Vor *uns* …«
*Nr. 79: Zusammengehörigkeit/Identifikation*
*(Wechsel von 1. Person Singular zur 1. Person Plural)*
»Sie fragen: Was ist unsere Politik?«
*Nr. 37: Scheinfrage/Rhetorische Frage*
»Es gilt, einen Krieg zu führen auf der See, auf dem Land und in der Luft mit all unserer Macht – und mit all der Kraft, die Gott uns geben kann.«
*Nr. 33: Anhäufung von Satzgliedern/Akkumulation*
»… auf der See, auf dem Land und in der Luft …«
*Nr. 12: Sprachbild/Metapher*
»… mit all unserer … mit all der …«

*Nr. 1: Wiederholung/Epizeuxis*
»… der Kraft, die Gott uns geben kann.«
*Nr. 48: Zelebration/Feier*
»Es gilt, einen Krieg zu führen … Es gilt, einen Krieg zu führen …«
*Nr. 3: Wortwiederholung am Satzanfang/Anapher*
*Nr. 31: Entsprechung im Satzaufbau/Parallelkonstruktion*
»… eine ungeheuerliche Tyrannei …«
*Nr. 9: Bedeutungsübertragung/Metonymie*
»… die von nichts übertroffen wird in der dunklen traurigen Liste menschlicher Verbrechen.«
*Nr. 75: Ausgrenzung/Selektion*
»Das ist unsere Politik.«
*Nr. 38: Scheinantwort/Rhetorische Antwort*
»Sie fragen: Was ist unser Ziel?«
*Nr. 37: Scheinfrage/Rhetorische Frage*
»Sie fragen … Ich will es Ihnen sagen …«
»Sie fragen … Ich antworte …«
*Nr. 20: Gegensatz/Antithese*
»Sieg. Sieg um … Sieg trotz … Sieg, wie lange … Denn ohne Sieg …«
*Nr. 1: Wiederholung/Epizeuxis*
»Sieg um jeden Preis.«
*Nr. 42: Sprichwort/Phraseologismus (»Winning at any rate.«)*
»Denn ohne Sieg gibt es kein Überleben.«
*Nr. 46: Übertreibung/Hyperbel*
*(Überleben bei Niederlage gibt es, allerdings versklavt)*
»… kein Überleben. Kein Überleben … Kein Überleben …«
*Nr. 1: Wiederholung/Epizeuxis*
»Kein Überleben für das britische Weltreich. Kein Überleben für das Drängen … «
*Nr. 3: Wortwiederholung am Satzanfang/Anapher*
*Nr. 31: Entsprechung im Satzaufbau/Parallelkonstruktion*
»… für das Drängen der Jahrhunderte, die Menschheit vorwärts zu ihrem Ziel zu bringen.«
*Nr. 77: Vorstellungskraft/Imagination*
»Ich übernehme … Ich fühle …«
*Nr. 3: Wortwiederholung am Satzanfang/Anapher*
»… fühle sicher …«
*Nr. 21: Aufprall von Gegensätzen/Ossimoro*

»Ich fühle ... So fühle ich ...«
*Nr. 1: Wiederholung/Epizeuxis*
*Nr. 49: Sinnlichkeit/Anästhesie*
»... Und ich rufe: Kommt denn, laßt uns gemeinsam vorwärts-
schreiten mit vereinter Kraft!«
*Nr. 29: Ausruf/Exclamatio*
*Nr. 79: Zusammengehörigkeit/Identifikation (uns gemeinsam).*
*Abfolge im untersuchten Redeabschnitt: ich – wir – Sie – ich – wir.*

## Joseph Goebbels: Wollt ihr den totalen Krieg?

### • Das Umfeld

Um die Mitte des Jahres 1942 stand fast ganz Kontinentaleuropa
unter deutscher Herrschaft. Nördlich von Stalingrad erreichten
deutsche Soldaten die Wolga. Dann aber begannen die Rück-
schläge. Im Oktober bleibt die Offensive vor Stalingrad stecken.
Am 19./20. November tritt die Rote Armee zum Gegenangriff an.
Die sechste Armee wird in Stalingrad eingeschlossen und muß
hier auf Befehl Hitlers ausharren. Am 2. Februar 1943 ergeben
sich die letzten deutschen Soldaten in Stalingrad. Einhundert-
sechsundvierzigtausenddreihundert deutsche Soldaten fallen,
neunzigtausend gehen in russische Gefangenschaft. Die Wende
des Krieges wird vielen bewußt.
Bereits am 30. Januar 1943 rief Goebbels zum totalen Krieg auf.
Nachdem das Desaster von Stalingrad vollkommen war, hielt
Goebbels am 18. Februar 1943 in Münchens Sportpalast seine
berühmteste Rede. Tatsächlich gelang es ihm, Millionen von Menschen Sand in die Augen zu streuen. Stalingrad wurde von einem
tödlichen Schicksalsschlag zu einem »Mahnruf des Schicksals an
die deutsche Nation« umgedeutet. Goebbels' »Wollt ihr den totalen Krieg?«-Rede war dieser Mahnruf.
Der »totale Krieg« ist nicht länger Sache der Streitkräfte, sondern
eine Sache von Völkern. Wie zuvor eine Truppe die andere möglichst vernichtend schlagen wollte, so will im totalen Krieg ein

Volk das andere vernichtend treffen. Joseph Goebbels kannte das bereits 1935 erschienene Buch mit dem Titel »Der totale Krieg« von E. Ludendorff, der den Ersten Weltkrieg als den ersten dieser Völkerkriege bezeichnete: »Das Wesen des totalen Krieges beansprucht buchstäblich die gesamte Kraft eines Volkes, wie er sich gegen sie richtet.« Ludendorff fordert als Voraussetzung für den totalen Krieg die seelische Geschlossenheit des Volkes, die völlige Ausrichtung der Wirtschaft auf den Krieg und den bedingungslosen und absoluten Gehorsam der Soldaten und Bürger.

## • **Die Rede**

»Das im Nationalismus erzogene, geschulte und disziplinierte deutsche Volk kann die volle Wahrheit ertragen. Es weiß, wie schwierig es um die Lage des Reichs bestellt ist. Und seine Führung kann es deshalb auch auffordern, aus der Bedrängtheit der Situation die nötigen harten, wenn nötig auch härtesten Folgerungen zu ziehen. Wir Deutsche sind gewappnet gegen Schwäche und Anfälligkeit. Und Schläge und Unglücksfälle des Krieges verleihen uns nur zusätzliche Kraft, feste Entschlossenheit und eine seelische und kämpferische Aktivität, die bereit ist, alle Schwierigkeiten und Hindernisse mit revolutionärem Elan zu überwinden.

Das große Heldenopfer, das unsere Soldaten in Stalingrad brachten, ist für die ganze Ostfront von einer ausschlaggebenden geschichtlichen Bedeutung gewesen. Es war nicht umsonst. Warum – das wird die Zukunft beweisen.

Ich habe die Aufgabe, Ihnen ein ungeschminktes Bild der Lage zu entwerfen und darauf die harten Konsequenzen für das Handeln der deutschen Führung, auch für das Handeln des deutschen Volkes zu ziehen.

Wir durchleben im Osten augenblicklich eine schwere militärische Belastung. Der Ansturm der Steppe gegen unseren ehrwürdigen Kontinent ist in diesem Winter mit einer Wucht losgebrochen, die alle menschlichen und geschichtlichen Vorstellungen in den Schatten stellt. Die deutsche Wehrmacht bildet dagegen mit ihren Verbündeten den einzigen überhaupt in Frage kommenden Schutzwall.

Es ist verständlich, daß wir bei den großangelegten Tarnungs- und Bluffmanövern des bolschewistischen Regimes das Kriegspotential der Sowjetunion nicht richtig eingeschätzt haben. Erst jetzt offenbart es sich uns in seiner ganzen wilden Größe.

Wir wissen damit also, vor welcher geschichtlichen Aufgabe wir stehen. Eine zweitausendjährige Aufbauarbeit der abendländischen Menschheit steht in Gefahr. Man kann diese Gefahr gar nicht ernst genug schildern, aber es ist auch bezeichnend, daß, wenn man sie nur beim Namen nennt, das internationale Judentum in allen Ländern dagegen in lärmenden Ausführungen Protest einlegt.

Die europäischen Staaten einschließlich Englands behaupten, stark genug zu sein, einer Bolschewisierung des europäischen Kontinents rechtzeitig und wirksam entgegenzutreten. Diese Erklärung ist kindisch und verdient überhaupt keine Widerlegung. Sie besitzen weder das Potential noch die militärischen Machtmittel, noch die geistigen Voraussetzungen, um dem Bolschewismus auch nur den geringsten Widerstand entgegenzustellen. Sie würden im Bedarfsfall von seinen motorisierten Roboterdivisionen in wenigen Tagen glatt überfahren werden. Die geistigen Lähmungserscheinungen der westeuropäischen Demokratien gegen ihre tödlichste Bedrohung sind wahrhaft herzbeklemmend. Das internationale Judentum fördert sie mit allen Kräften. Wenn das feindliche Ausland wegen unseren Maßnahmen gegen das Judentum heuchlerische Krokodilstränen vergießt, so kann uns das nicht daran hindern, das Notwendigste zu tun. Deutschland hat jedenfalls nicht die Absicht, sich dieser jüdischen Bedrohung zu beugen, sondern vielmehr die, ihr rechtzeitig, wenn nötig unter vollkommener und radikalster Ausrott-, -schaltung des Judentums, entgegenzutreten. Wir lassen uns nicht durch das Geschrei des internationalen Judentums in aller Welt in der mutigen und aufrechten Fortführung des gigantischen Kampfes gegen diese Weltpest beirren. Es kann und darf nur mit Sieg enden!

Das Ringen um Stalingrad wurde geradezu zu einem Symbol dieses Widerstandes gegen den Aufruhr der Steppe. Im Osten tobt ein Krieg ohne Gnade. Der Führer hat ihn richtig charakterisiert, als er erklärte: Es werden aus ihm nicht Sieger und Besiegte, sondern nur noch Überlebende und Vernichtete hervorgehen.

Das deutsche Volk steht damit vor der ernstesten Frage dieses Krieges, nämlich der: die Entschlossenheit aufzubringen, alles einzusetzen, um alles, was es besitzt, zu erhalten, und alles, was es zu späterem Leben benötigt, zu gewinnen. Terror wird nicht mit geistigen Argumenten, sondern nur mit Gegenterror gebrochen! Wir sind entschlossen, unser Leben mit allen Mitteln zu verteidigen, ohne Rücksicht darauf, ob die uns umgebende Welt die Notwendigkeit dieses Kampfes einsieht oder nicht. Der totale Krieg ist also das Gebot der Stunde.

Es muß jetzt zu Ende sein mit den bürgerlichen Zimperlichkeiten, die auch in diesem Schicksalskampf nach dem Grundsatz verfahren wollen: Wasch mir den Pelz, mach mich nicht naß.

Als ich in meiner Rede vom 30. Januar von dieser Stelle aus den totalen Krieg proklamierte, schwollen mir aus den versammelten Menschenmaßen Orkane der Zustimmung zu. Ich kann also feststellen, daß die Führung sich in ihren Maßnahmen in vollkommenster Übereinstimmung mit dem ganzen deutschen Volke in der Heimat und an der Front befindet. Das Volk will alle, auch die schwersten Belastungen auf sich nehmen und ist bereit, jedes Opfer zu bringen, wenn damit dem Siege gedient wird. Arm und reich und hoch und niedrig müssen in gleicher Weise beansprucht werden. Jedermann wird in dieser ernstesten Phase unseres Schicksalskampfes zur Erfüllung seiner Pflicht der Nation gegenüber angehalten, wenn nötig, gezwungen werden! Auch dabei wissen wir uns in Übereinstimmung mit dem nationalen Willen unseres Volkes. Die Front hat angesichts der übermenschlichen Opfer, die sie täglich zu bringen hat, ein elementares Anrecht darauf, daß auch nicht ein einziger in der Heimat das Recht für sich in Anspruch nimmt, am Kriege und seinen Pflichten vorbeizuleben. Ich bin glücklich, dieses Programm des Sieges einem Volke vortragen zu dürfen, das diese Maßnahmen nicht nur willig auf sich nimmt, sondern sie fordert. Ich möchte aber zur Steuer der Wahrheit an euch, meine deutschen Volksgenossen und Volksgenossinnen, eine Reihe von Fragen richten, die ihr mir nach bestem Wissen und Gewissen beantworten müßt. Ihr, meine Zuhörer, repräsentiert in diesem Augenblick die Nation.

Ich frage euch: Glaubt ihr mit dem Führer und mit uns an den endgültigen Sieg der deutschen Waffen? Seid ihr entschlossen, dem Führer in der Erkämpfung des Sieges durch dick und dünn und unter Aufnahme auch der schwersten persönlichen Belastungen zu folgen?

Ich frage euch: Seid ihr bereit, mit dem Führer als Phalanx der Heimat hinter der kämpfenden Wehrmacht stehend, diesen Kampf mit wilder Entschlossenheit und unbeirrt durch alle Schicksalsfügungen fortzusetzen, bis der Sieg in unseren Händen ist?

Ich frage euch: Soldaten, Arbeiter und Arbeiterinnen, seid ihr und das deutsche Volk entschlossen, wenn der Führer es einmal in der Notzeit befehlen sollte, zehn, zwölf, wenn nötig vierzehn und sechzehn Stunden täglich zu arbeiten und das Letzte für den Sieg herzugeben?

Ich frage euch: Wollt ihr den totalen Krieg? Wollt ihr ihn, wenn nötig, totaler und radikaler, als wir ihn uns heute überhaupt erst vorstellen können?

Ich frage euch: Vertraut ihr dem Führer? Ist eure Bereitschaft, ihm auf allen seinen Wegen zu folgen und alles zu tun, was nötig ist, um den Krieg zum siegreichen Ende zu führen, eine absolute und uneingeschränkte?

Ich frage euch: Seid ihr von nun an bereit, eure ganze Kraft einzusetzen und der Ostfront, unseren kämpfenden Vätern und Brüdern, die Menschen und Waffen zur Verfügung zu stellen, die sie brauchen, um den Bolschewismus zu besiegen?

Ich frage euch: Gelobt ihr mit heiligem Eid der Front, daß die Heimat mit starker, unerschütterlicher Moral hinter der Front steht und Ihr alles geben werdet, was sie zum Siege nötig hat?

Ich frage euch: Wollt ihr, daß die Regierung dafür sorgt, daß auch die letzte Arbeitskraft, auch die der Frau, der Kriegführung zur Verfügung gestellt wird und daß die Frau überall da, wo es nur möglich ist, einspringt, um Männer für die Front freizumachen?

Ich frage euch: Billigt ihr, wenn nötig, die radikalsten Maßnahmen gegen einen kleinen Kreis von Drückebergern und Schiebern, die mitten im Kriege Frieden spielen wollen und die Not des Volkes zu eigensüchtigen Zwecken ausnutzen? Seid ihr damit einverstanden, daß, wer sich am Kriege vergeht, den Kopf verliert?

Und nun frage ich euch zuletzt: Wollt ihr, daß, wie das nationalsozialistische Parteiprogramm das vorschreibt, gerade im Kriege gleiche Rechte und gleiche Pflichten vorherrschen, daß die Heimat die schwersten Belastungen des Krieges solidarisch auf ihre Schultern nimmt und daß sie für hoch und niedrig und arm und reich in gleicher Weise verteilt werden?

Ich habe euch gefragt, und ihr habt mir eure Antwort nicht vorenthalten. Ihr seid ein Stück Volk. Durch euren Mund hat sich die Stellungnahme des Volkes vor der Welt manifestiert. Ihr habt unseren Feinden das zugerufen, was sie wissen müssen, damit sie sich keinen Illusionen und falschen Vorstellungen hingeben. Somit sind wir, wie von der ersten Stunde unserer Macht an durch all die zehn Jahre hindurch, fest und brüderlich mit dem deutschen Volke vereint.

Wenn wir je treu und unverbrüchlich an den Sieg geglaubt haben, dann in dieser Stunde der nationalen Besinnung. Wir sehen ihn greifbar nahe vor uns liegen, wir müssen nur zufassen! Wir müssen nur die Entschlußkraft aufbringen, alles in seinem Dienste unterzuordnen; das ist das Gebot der Stunde! Und darum lautet von jetzt ab die Parole: Nun, Volk, steh auf – und Sturm brich los!«

## • Die Aufgabe: Gestaltungsmittel erkennen

Versuchen Sie, die Gestaltungsmittel zu erkennen: Welche rhetorischen Werkzeuge entdecken Sie?

## • Der Lösungsvorschlag

»Das im Nationalismus erzogene, geschulte und disziplinierte … Volk …«

*Nr. 33: Anhäufung von Satzgliedern/Akkumulation*

»… deutsche Volk …«

*Nr. 74: Unterschied/Differenz*

»… die volle Wahrheit ertragen.«

*Nr. 92: Durchsichtigkeit/Transparenz (angeblich nichts verheimlicht!)*

»Es weiß, wie schwierig es um die Lage des Reichs bestellt ist. Und seine Führung kann es deshalb auch auffordern, aus der Bedrängtheit der Situation …«

*Nr. 70: Bedingungskette/Gradatio*

»… die nötigen harten, wenn nötig auch härtesten Folgerungen zu ziehen.«

*Nr. 44: Steigerung/Klimax*

»Wir Deutsche …«

*Nr. 79: Zusammengehörigkeit/Identifikation*

»Wir Deutsche sind gewappnet gegen Schwäche und Anfälligkeit.«

*Nr. 20: Gegensatz/Antithese*

*Nr. 76: Anspielung/Allusion (Deutsche sind nicht schwach. Und nicht anfällig)*

»... Schwäche *und* Anfälligkeit. *Und* Schläge *und* Unglücksfälle ...«

*Nr. 61: Sprachschöpfung/Kreation*

»Und Schläge und Unglücksfälle des Krieges verleihen uns nur zusätzliche Kraft, feste Entschlossenheit und eine seelische und kämpferische Aktivität ...«

*Nr. 33: Anhäufung von Satzgliedern/Akkumulation*

»... die bereit ist, *alle* Schwierigkeiten und Hindernisse mit revolutionärem Elan zu überwinden.«

*Nr. 46: Übertreibung/Hyperbel*

»Das große *Heldenopfer,* das unsere Soldaten in Stalingrad brachten ...«

*Nr. 9: Bedeutungsübertragung/Metonymie*

*Nr. 40: Schönfärberei/Euphemismus*

»... ist für die ganze Ostfront von einer *ausschlaggebenden geschichtlichen* Bedeutung gewesen.«

*Nr. 48: Feier/Zelebration*

»Es war nicht umsonst.«

*Nr. 22: Verneinung des Gegenteils/Litotes*

»Warum – das wird die Zukunft beweisen.«

*Nr. 54: Zeitabfolge/Sequenz*

»Ich habe die Aufgabe, Ihnen ein ungeschminktes Bild der Lage zu entwerfen und darauf die harten Konsequenzen für das Handeln der deutschen Führung, auch für das Handeln des deutschen Volkes zu ziehen.«

*Nr. 70: Bedingungskette/Gradatio*

*Nr. 31: Entsprechung im Satzaufbau/Parallelkonstruktion (für das Handeln ..., für das Handeln ...)*

»Wir durchleben im Osten augenblicklich ...«

*Nr. 54: Zeitabfolge/Sequenz*

»... augenblicklich eine ... militärische Belastung.«

*Nr. 40: Schönfärberei/Euphemismus*

*Nr. 47: Untertreibung/Understatement*

»Der Ansturm der Steppe …«

*Nr. 9: Bedeutungsübertragung/Metonymie*

»… Ansturm der Steppe gegen … ehrwürdigen Kontinent …«

*Nr. 20: Gegensatz/Antithese*

»… mit einer Wucht losgebrochen, die alle menschlichen und geschichtlichen Vorstellungen in den Schatten stellt.«

*Nr. 77: Vorstellungskraft/Imagination*
*Nr. 75: Ausgrenzung/Selektion*

» … in den Schatten stellt.«

*Nr. 12: Sprachbild/Metapher*

» … den *einzigen* überhaupt in Frage kommenden …«

*Nr. 74: Unterschied/Differenz*

» … Schutzwall.«

*Nr. 12: Sprachbild/Metapher*

»Es ist verständlich, daß wir … nicht richtig eingeschätzt haben.«

*Nr. 40: Schönfärberei/Euphemismus*

» … bei den großangelegten Tarnungs- und Bluffmanövern des bolschewistischen Regimes …«

*Nr. 59: Vorwegnahme von Einwänden/Prolepsis*

»Erst jetzt offenbart es sich uns in seiner ganzen wilden Größe.«

*Nr. 54: Zeitabfolge/Sequenz*

»… vor welcher geschichtlichen Aufgabe wir stehen.«

*Nr. 48: Feier/Zelebration*

»… geschichtlichen Vorstellungen … geschichtlichen Aufgabe …«

*Nr. 1: Wiederholung/Epizeuxis*

»Eine zweitausendjährige Aufbauarbeit der abendländischen Menschheit steht in Gefahr.«

*Nr. 54: Zeitabfolge/Sequenz*
*Nr. 77: Vorstellungskraft/Imagination*

»… Gefahr gar nicht ernst genug schildern …«

*Nr. 44: Steigerung/Klimax*

»… wenn man sie nur beim Namen nennt, das internationale Judentum …«

*Nr. 94: Beiname/Antonomasie*

»… in lärmenden Ausführungen …«

*Nr. 51: Vermenschlichung/Anthropomorphismus*

»Die europäischen Staaten einschließlich Englands ... Bolschewisierung ... Bolschewismus ...«

*Nr. 1: Wiederholung/Epizeuxis*

»Diese Erklärung ist kindisch und *verdient überhaupt keine Widerlegung.* Sie besitzen weder das Potential noch die militärischen
Machtmittel, noch die geistigen Voraussetzungen, um dem Bolschewismus auch nur den geringsten Widerstand entgegenzustellen.«

*Nr. 39: Scheinwiderspruch/Paradoxon (es folgt doch eine Wider-
legung)*

»Sie besitzen weder das Potential noch die militärischen Machtmittel, noch die geistigen Voraussetzungen ...«

*Nr. 59: Vorwegnahme von Einwänden/Prolepsis*

»Sie besitzen weder ... noch ... , noch ... um dem Bolschewismus ...«

*Nr. 71: Das Mittel zum Zweck/Finalität*

»... auch nur den geringsten Widerstand entgegenzustellen.«

*Nr. 45: Rücksteigerung/Antiklimax*

»... von seinen motorisierten Roboterdivisionen.«

*Nr. 9: Bedeutungsübertragung/Metonymie*

» ... glatt überfahren werden.«

*Nr. 12: Sprachbild/Metapher*

»Die geistigen Lähmungserscheinungen der westeuropäischen
Demokratien ...«

*Nr. 51: Vermenschlichung/Anthropomorphismus*

»... gegen ihre *tödlichste* Bedrohung ...«

*Nr. 44: Steigerung/Klimax*

»... sind wahrhaft *herzbeklemmend.*«

*Nr. 61: Sprachschöpfung/Kreation*

» ... das feindliche Ausland ...«

*Nr. 20: Gegensatz/Antithese*

» ... Judentum ... Judentum ...«

*Nr. 1: Wiederholung/Epizeuxis (insgesamt fünfmal)*

»... heuchlerische Krokodilstränen vergießt ...«

*Nr. 42: Sprichwort/Phraseologie*

»... das Notwendigste zu tun.«

*Nr. 44: Steigerung/Klimax*

»... wenn nötig ...«

*Nr. 70: Bedingungskette/Gradatio*

»…unter vollkommener und radikalster …«

*Nr. 44: Steigerung/Klimax*

»… Ausrott-, -schaltung des Judentums, entgegenzutreten.«

*Nr. 62: Regelverstoß/Konstruktivismus (einer der berühmtesten Versprecher)*

» … Geschrei des internationalen Judentums … Kampfes gegen diese Weltpest beirren.«

*Nr. 9: Bedeutungsübertragung/Metonymie (Geschrei: störendes Geräusch; Weltpest: Krankheit; Seuche epidemisch verbreitet)*

»… in der mutigen und aufrechten Fortführung des gigantischen Kampfes.«

*Nr. 44: Steigerung/Klimax*

»Es kann und darf nur mit Sieg enden!«

*Nr. 30: Raffung/Brevitas*

*Nr. 29: Ausruf/Exclamatio*

»… Stalingrad … Symbol … gegen den Aufruhr der Steppe.«

*Nr. 8: Umbenennung/Synekdoche*

»… Aufruhr der Steppe …«

*Nr. 9: Bedeutungsübertragung/Metonymie (oben Ansturm der Steppe)*

»… ein Krieg ohne Gnade.«

*Nr. 13: Erweiterung des Sprachbildes/Annexion*

»Der Führer …«

*Nr. 94: Beiname/Antonomasie*

»Es werden aus ihm nicht Sieger und Besiegte, sondern nur noch Überlebende und Vernichtete hervorgehen.«

*Nr. 87: Beleg/Zitat (Goebbels zitiert Hitler)*

*Nr. 20: Gegensatz/Antithese (Sieger/Besiegte, Überlebende/Vernichtete)*

*Nr. 75: Ausgrenzung/Selektion (nicht …, sondern nur noch … )*

*Nr. 46: Übertreibung/Hyperbel (nur noch Überlebende und Vernichtete)*

»Das deutsche Volk steht damit vor der ernstesten Frage dieses Krieges …«

*Nr. 44: Steigerung/Klimax*

»… nämlich der: …«

*Nr. 84: Verstummung/Aposiopese*

»… die Entschlossenheit aufzubringen, alles einzusetzen, um alles, *was es* besitzt, *zu* erhalten, und *alles, was es* zu späterem Leben benötigt, *zu* gewinnen.«

> *Nr. 31: Entsprechung im Satzaufbau/Parallelkonstruktion*
> *Nr. 71: Mittel zum Zweck/Finalität (einzusetzen, um ...)*
> *Nr. 1: Wiederholung/Epizeuxis (alles)*

»Terror wird nicht mit geistigen Argumenten, sondern nur mit Gegenterror gebrochen!«

> *Nr. 20: Antithese/Gegensatz (Terror/Gegenterror)*
> *Nr. 75: Ausgrenzung/Selektion (nicht, sondern nur)*
> *Nr. 29: Ausruf/Exclamatio*

»Wir sind entschlossen, unser Leben ...«

> *Nr. 79: Zusammengehörigkeit/Identifikation*

»Der totale Krieg ist also das Gebot der Stunde.«

> *Nr. 44: Steigerung/Klimax*

»... bürgerlichen Zimperlichkeiten ...«

> *Nr. 9: Bedeutungsübertragung/Metonymie*

»Wasch mir den Pelz, mach mich nicht naß.«

> *Nr. 42: Sprichwort/Phraseologie*

»... schwollen ... Orkane der Zustimmung zu.«

> *Nr. 12: Sprachbild/Metapher*
> *Nr. 46: Übertreibung/Hyperbel*
> *Nr. 15: Beispiel/Konkretisierung (für Übereinstimmung mit Volk)*

»Ich kann also feststellen, daß die Führung sich in ihren Maßnahmen in vollkommenster Übereinstimmung mit dem ganzen deutschen Volke in der Heimat und an der Front befindet.«

> *Nr. 79: Zusammengehörigkeit/Identifikation*

»... in vollkommenster Übereinstimmung ...«

> *Nr. 62: Regelverstoß/Konstruktivisums (vollkommen läßt sich nicht steigern)*
> *Nr. 46: Übertreibung/Hyperbel*

»... in der Heimat und an der Front ...«

> *Nr. 8: Umbenennung/Synekdoche*

»Das Volk will alle, auch die schwersten Belastungen auf sich nehmen und ist bereit, jedes Opfer zu bringen, wenn damit dem Siege gedient wird.«

> *Nr. 70: Bedingungskette/Gradatio*
> *Nr. 44: Steigerung/Klimax (schwersten)*

»Arm und reich und hoch und niedrig ...«
*Nr. 8: Umbenennung/Synekdoche*
»... in dieser ernstesten Phase ...«
*Nr. 44: Steigerung/Klimax*
*Nr. 1: Wiederholung/Epizeuxis (siehe vorne: ernstesten Frage)*
»Jedermann wird ... zur Erfüllung seiner Pflicht der Nation gegenüber angehalten, wenn nötig, gezwungen werden!«
*Nr.70: Bedingungskette/Gradatio*
»Auch dabei wissen wir uns in Übereinstimmung mit dem nationalen Willen unseres Volkes.«
*Nr. 79: Zusammengehörigkeit/Identifikation*
»Die Front hat angesichts der übermenschlichen Opfer, die sie täglich zu bringen hat, ein elementares Anrecht darauf, daß auch nicht ein einziger in der Heimat das Recht für sich in Anspruch nimmt, am Kriege und seinen Pflichten vorbeizuleben.«
*Nr. 75: Ausgrenzung/Selektion*
»Ich bin glücklich ...«
*Nr. 49: Sinnlichkeit/Synästhetik*
»... dieses Programm des Sieges ...«
*Nr. 13: Erweiterung des Sprachbildes/Annexion*
»... einem Volke vortragen zu dürfen, das diese Maßnahmen nicht nur willig auf sich nimmt, sondern sie fordert.«
*Nr. 8: Umbenennung/Synekdoche*
»Ich möchte aber zur Steuer der Wahrheit ...«
*Nr. 71: Mittel zum Zweck/Finalität*
»... meine deutschen Volksgenossen und Volksgenossinnen ...«
»... meine Zuhörer ...«
*Nr. 93: Ansprache/Apostrophieren (Männer vor Frauen)*
»... nach bestem Wissen und Gewissen ...«
*Nr. 42: Sprichwort/Phraseologismus (stehende Redewendung)*
»Ihr, meine Zuhörer, repräsentiert in diesem Augenblick die Nation.«
*Nr. 48: Feier/Zelebration*
»Ich frage euch: ...«
*Nr. 1: Wortwiederholung am Satzanfang/Anapher (diese Formel wird zehnmal wiederholt. Zehn Gebote wie in der Bibel)*
*Nr. 20: Gegensatz/Antithese (Fragesteller/Antwortende)*
»... Sieg der deutschen Waffen?«
*Nr. 9: Umbenennung/Synekdoche*

»… Erkämpfung des Sieges …«

*Nr. 13: Erweiterung des Sprachbildes/Annexion*

»… durch dick und dünn …«

*Nr. 64: Stabreim/Alliteration*

»… der schwersten persönlichen Belastungen zu folgen?«

*Nr. 44: Steigerung/Klimax*

»… als Phalanx der Heimat …«

*Nr. 13: Erweiterung des Sprachbildes/Annexion*

»… bis der Sieg in unseren Händen ist?«

*Nr. 51: Vermenschlichung/Anthropomorphismus (Hand)*

*Nr. 54: Zeitabfolge/Sequenz*

»… Soldaten, Arbeiter und Arbeiterinnen, seid ihr und das deutsche Volk entschlossen …«

*Nr. 93: Ansprache/Apostrophieren*

»… zehn, zwölf, wenn nötig vierzehn und sechzehn Stunden täglich zu arbeiten und das Letzte für den Sieg herzugeben?«

*Nr. 44: Steigerung/Klimax*

»Wollt ihr den totalen Krieg? Wollt ihr ihn, wenn nötig, totaler und radikaler, als wir ihn uns heute überhaupt erst vorstellen können?«

*Nr. 62: Regelverstoß/Konstruktivismus (total läßt sich nicht steigern)*

*Nr. 77: Vorstellungskraft/Imagination*

»Vertraut ihr dem Führer?«

*Nr. 1: Wiederholung/Epizeuxis (Führer im Text sechsmal verwendet)*

*Nr. 94: Beiname/Antonomasie*

»… ihm auf *allen* seinen Wegen zu folgen und *alles* zu tun …«

*Nr. 1: Wiederholung/Epizeuxis*

»… siegreichen …«

*Nr. 61: Sprachschöpfung/Kreation*

»Seid ihr von nun an bereit, eure ganze Kraft einzusetzen …«

*Nr. 54: Zeitabfolge/Sequenz*

»… unseren kämpfenden Vätern und Brüdern …«

*Nr. 50: Köpfe/Personalisierung*

»… die Menschen und Waffen …«

*Nr. 21: Aufprall von Gegensätzen/Ossimoro*

»… zur Verfügung zu stellen, die sie brauchen, um den Bolschewismus zu besiegen?«

*Nr. 71: Mittel zum Zweck/Finalität*
»Gelobt ihr mit heiligem Eid der Front, daß ...«
*Nr. 87: Beleg/Zitat (in Anlehung an die Bibel)*
»... und ihr alles geben werdet, was sie zum Siege nötig hat?«
*Nr. 70: Bedingungskette/Gradatio*
»... , daß auch die letzte Arbeitskraft, auch die der Frau ...«
*Nr. 15: Beispiel/Konkretisierung (Frau)*
*Nr. 92: Durchsichtigkeit/Transparenz (letzte Arbeitskraft)*
»... die Frau ... einspringt, um Männer für die Front freizuma-
chen?«
*Nr. 71: Mittel zum Zweck/Finalität*
»... für die Front freizumachen?«
*Nr. 40: Schönfärberei/Euphemismus*
»Billigt ihr, wenn nötig, die radikalsten Maßnahmen ...«
*Nr. 70: Bedingungskette/Gradatio*
»... die radikalsten Maßnahmen ...«
*Nr. 44: Steigerung/Klimax*
*Nr. 1: Wiederholung/Epizeuxis (radikal zum drittenmal verwendet)*
»... gegen einen kleinen Kreis von Drückebergern und Schiebern ...«
*Nr. 9: Bedeutungsübertragung/Metonymie*
»... die mitten im Kriege Frieden spielen ...«
*Nr. 21: Aufprall von Gegensätzen/Ossimoro*
»... den Kopf verliert?«
*Nr. 12: Metapher/Sprachbild*
*Nr. 52: Wirklichkeitsbezug/Referenz (die Übersicht verlieren ver-
sus geköpft werden)*
»... gerade im Kriege gleiche Rechte und gleiche Pflichten vorherrschen ...«
*Nr. 1: Wiederholung/Epizeuxis*
»... die schwersten Belastungen des Krieges ...«
*Nr. 44: Steigerung/Klimax*
*Nr. 1: Wiederholung/Epizeuxis (schwersten kommt zum dritten-
mal vor)*
»... die Heimat ... auf ihre Schultern nimmt ...«
*Nr. 51: Vermenschlichung/Anthropomorphismus*
»... hoch und niedrig und arm und reich ...«
*Nr. 8: Umbenennung/Synekdoche (oben bereits als arm und reich
und hoch und  niedrig)*

»Ich habe euch gefragt, und ihr habt mir eure Antwort nicht vorenthalten.«

*Nr. 38: Scheinantwort/Rhetorische Antwort*

»Ihr seid ein Stück Volk.«

*Nr. 79: Zusammengehörigkeit/Identifikation*

»Durch euren Mund ...«

*Nr. 8: Umbenennung/Synekdoche*

» ... vor der Welt manifestiert.«

*Nr. 48: Feier/Zelebration*

»Ihr habt unseren Feinden das zugerufen, was sie wissen müssen ...«

*Nr. 20: Gegensatz/Antithese*

»Somit sind wir, wie von der ersten Stunde unserer Macht an durch all die zehn Jahre hindurch, fest und brüderlich mit dem deutschen Volke vereint.«

*Nr. 54: Zeitabfolge/Sequenz*

*Nr. 79: Zusammengehörigkeit/Identifikation*

»Wenn wir je ... geglaubt haben, dann in dieser Stunde ...«

*Nr. 70: Bedingungskette/Gradatio*

»... in dieser Stunde der nationalen Besinnung.«

*Nr. 13: Erweiterung des Sprachbildes/Annexion*

*Nr. 49: Sinnlichkeit/Synästhetik*

»... wir müssen nur zufassen!«

*Nr. 29: Ausruf/Exclamatio*

»... wir müssen nur zufassen! Wir müssen nur die Entschlußkraft ...«

*Nr. 3: Wortwiederholung am Satzanfang/Anapher*

»... alles in seinem Dienste unterzuordnen ...«

*Nr. 71: Mittel zum Zweck/Finalität*

»... das ist das Gebot der Stunde!«

*Nr. 1: Wiederholung/Epizeuxis (oben bereits einmal verwendet)*

*Nr. 29: Ausruf/Exclamatio*

»Und darum lautet von jetzt ab die Parole ...«

*Nr. 54: Zeitabfolge/Sequenz*

»Nun, Volk, steh auf – und Sturm brich los!«

*Nr. 29: Ausruf/Exclamatio*

*Nr. 98: Beleg/Zitat*

*Nr. 43: Verfremdung/Transformation (Das Zitat »Volk steht auf – und Sturm brich los! »stammt aus T. Körners Buch »Männer und Buben«. Goebbels verfremdet das Zitat.*

# D
# Anhang

# Literatur

Aristoteles: Rhetorik. München 1980

Birkenbihl, V: Stroh im Kopf. Landsberg am Lech 1988

Bredemeier, K.: Provokative Rhetorik. Zürich 1996

Bühlmann, W.: Sprachliche Stilfiguren der Bibel. Gießen 1994

Duden: Reden gut und richtig halten! Mannheim 1994

Ebeling, P.: Rhetorikhandbuch. Stuttgart 1994

Ehmann, H.: Neues Lexikon der Jugendsprache. München 1996

Forgas, J.: Soziale Interaktion und Kommunikation. Weinheim 1995

Frey, K.: Allgemeine Didaktik. Zürich 1992

Gast, W: Juristische Rhetorik. Heidelberg 1992

Garavelli, B.: Manuale di retorica. Milano 1988

Garavelli, B.: Le figure retoriche. Milano 1994

Göttert, K.: Einführung in die Rhetorik. München 1994

Groddeck, W.: Reden über Rhetorik. Basel 1995

Herrmann, P.: Reden wie ein Profi. München 1991

Högn, E.: Der erfolgreiche Werbetexter. Landsberg 1990

Holzheu, H.: 100 Gesetze des Verkaufs im Außendienst. Berlin 1993

Knill, M.: Angewandte Rhetorik. Hölstein 1991

Kopperschmidt, J.: Politik und Rhetorik. Opladen 1995

Kopperschmidt, J.: Rhetorik. Darmstadt 1991

La Roche, W. von: Einführung in den praktischen Journalismus. München 1982

Lay, R.: Führen durch das Wort.München 1978

Lay, R.: Manipulation durch Sprache. München 1977

Lutz, C.: Leben und Arbeiten in der Zukunft. München 1995

Mohler, A.: Die 100 Gesetze überzeugender Rhetorik, 4. Aufl., München 1995

Motamedi, S.: Rede und Vortrag. Weinheim 1993

Nußbaumer, M.: Argumentation. Heidelberg 1995

Oldermann, R.: Business Communication. New York 1997

Otto, G.: Die Kunst, verantwortlich zu reden. Gütersloh 1994

Queneau, R.: Stilübungen. Frankfurt 1996

Rauter, E.: Die neue Schule des Schreibens. Düsseldorf 1996

Rico, G.: Garantiert schreiben lernen. Hamburg 1996

Ruhleder, R.: Rhetorik, Kinesik, Dialektik. Bonn 1991

Schneider, W.: Wörter machen Leute. Hamburg 1979

Schuh, H.: Erfolgreich reden und argumentieren. Ismaning 1994

Smith, C.: The White House Speaks. Westport 1994

Steiger, R.: Lehrbuch der Vortragstechnik. Frauenfeld 1990

Steinbuch, K.: Maßlos informiert. Wien 1978

Strittmatter, A.: An Einstellungen arbeiten. Luzern 1996

Tucholsky, K.: Sprache ist eine Waffe. Hamburg 1992

Ueding, G: Klassische Rhetorik. München 1995

Ueding, G.: Rhetorik des Schreibens. Weinheim 1996

Ueding, G.: Grundriß der Rhetorik. Weimar 1994

Unger, U.: Rhetorik des klassischen Chinesisch. Wiesbaden 1994

Watzlawick, P./Beavin, J./Jackson, D.: Menschliche Kommunikation. Bern 1990

Zhang, Z.: Chinesische und europäische Rhetorik. Frankfurt 1991

# Sachregister

# Namenregister

264